STATISTICAL YEARBOOK OF CHINA COMMODITY EXCHANGE MARKET

中国商品交易市场统计年鉴

2010

中华人民共和国国家统计局贸易外经统计司
中华人民共和国商务部市场运行调节司　编
中　国　商　业　联　合　会　信　息　部

Compiled by
Department of Trade and External Economic Relations Statistics, National Bureau of Statistics of China
Department of Market Operation Regulation, Ministry of Commerce of China
China General Chamber of Commerce Information Department

（京）新登字041号

图书在版编目（CIP）数据

中国商品交易市场统计年鉴. 2010 / 国家统计局贸易外经统计司编. -- 北京 : 中国统计出版社，2010.8
ISBN 978-7-5037-5977-2

Ⅰ. ①中… Ⅱ. ①国… Ⅲ. ①国内市场－统计资料－中国－2010－年鉴 Ⅳ. ①F723-66

中国版本图书馆CIP数据核字（2010）第129678号

中国商品交易市场统计年鉴—2010

作　者/中华人民共和国国家统计局贸易外经统计司
中华人民共和国商务部市场运行调节司
中国商业联合会信息部
责任编辑/徐　颖
装帧设计/李雪燕
出版发行/中国统计出版社
通信地址/北京市西城区月坛南街57号　邮政编码/100826
办公地址/北京市丰台区西三环南路甲6号　邮政编码/100073
网　址/ www.stats.gov.cn/tjshujia
电　话/邮购（010）63376907　书店(010)68783172
印　刷/河北天普润印刷厂
经　销/新华书店
开　本/880×1230mm 1/16
字　数/870千字
印　张/28.25
版　别/2010年9月第1版
版　次/2010年9月第1次印刷
书　号/ISBN 978-7-5037-5977-2/F・2925
定　价/230.00元

《中国商品交易市场统计年鉴—2010》
编辑委员会

编辑说明

一、《中国商品交易市场统计年鉴-2010》是反映我国大型商品交易市场全貌的资料性工具书。至今已连续出版了十一年，旨在通过大量、丰富、详实、具体和权威的统计数据，全面系统和多角度地反映中国大型商品交易市场发展情况。本年鉴是各级经济和市场管理部门、科研机构与大专院校分析研究市场、进行宏观调控和科学决策、理论研究和教学的重要资料；也是生产经营单位了解市场、获取商业信息的必备参考用书。

二、年鉴分为三部分：第一部分综合篇；第二部分地区篇；第三部分市场篇。并附有主要统计指标和统计标准解释。

三、年鉴中的亿元商品交易市场统计范围为2009年成交额亿元及以上的商品交易市场。全国性数据未包括台湾省、香港特别行政区和澳门特别行政区。

四、年鉴中的时期数据为2009年度，时点数据为2009年末，数据来自于2009年亿元以上商品交易市场统计年报。

五、年鉴数据表格中的空白，表示该项统计指标数据为0或无该项数据。

目 录

第一部分 综合篇

简要说明：

本篇资料主要内容为亿元以上商品交易市场的基本情况，包括市场个数、摊位个数、营业面积、成交额，以及按照市场类别、摊位类别、经营方式、经营状态和经营环境的分组数据等。

1-1 历年商品交易市场情况

年 份	市场数 (个)	年末出租摊位数 (个)	营业面积 (平方米)	成交额 (万元)
2000年	3087	2115115	82615615	156723889
2001年	3273	2200662	93973140	177190514
2002年	3258	2190814	103131711	198400373
2003年	3265	2148866	109840363	215144785
2004年	3365	2229818	124774690	261027342
2005年	3323	2248803	131408239	300209160
2006年	3876	2527987	180723148	371374661
2007年	4121	2681630	198146314	440850978
2008年	4567	2839070	212252204	524579577
2009年	4687	2994781	232303299	579637907

1-2 历年商品交易市场变动

(比上年增长 %)

年 份	市场数	年末出租摊位数	营业面积	成交额
2001年	6.03	4.04	13.75	13.06
2002年	-0.46	-0.45	9.75	11.97
2003年	0.21	-1.91	6.50	8.44
2004年	3.06	3.77	13.60	21.33
2005年	-1.25	0.85	5.32	15.01
2006年	16.64	12.41	37.53	23.71
2007年	6.32	6.08	9.64	18.71
2008年	10.82	5.87	7.12	18.99
2009年	2.63	5.48	9.45	10.50

1-3 商品交易市场总体情况

项 目	市场数量（个）	总摊位数（个）	年末出租摊位数（个）	营业面积（平方米）	成交额（万元）
总 计	**4687**	**3337874**	**2994781**	**232303299**	**579637907**
一、按市场类别分组					
1.综合市场	1280	1206775	1086242	55628735	117411503
生产资料综合市场	53	59212	53386	8071565	11732139
工业消费品综合市场	286	440697	396749	18835865	36538336
农产品综合市场	657	441600	396452	14935590	45824068
其他综合市场	284	265266	239655	13785715	23316960
2.专业市场	3407	2131099	1908539	176674564	462226404
生产资料市场	720	269043	239943	54314796	174614848
农业生产用具市场	16	4998	4562	1390022	1230159
农用生产资料市场	33	6835	5973	803648	1550343
煤炭市场	14	1747	1698	3765162	3033034
木材市场	56	18072	16977	4099949	4706960
建材市场	200	86860	80016	14204115	15494131
化工材料及制品市场	38	15302	12527	1742202	18807988
金属材料市场	279	88929	78940	21620772	114113538
机械设备市场	41	21050	17099	1950890	3821206
其他生产资料市场	43	25250	22151	4738036	11857489
农产品市场	946	587002	520888	37114723	91085860
粮油市场	102	27765	25452	3781462	12907058
肉禽蛋市场	116	38377	34507	2551920	7071242
水产品市场	142	95501	84564	3406164	18641363
蔬菜市场	289	250186	223538	14797725	25092174
干鲜果品市场	136	72282	62622	5243794	14046484
棉麻土畜、烟叶市场	23	21401	18742	3290326	4368172
其他农产品市场	138	81490	71463	4043332	8959367
食品、饮料及烟酒市场	140	83277	67206	3930052	11842503
食品饮料市场	57	36696	32655	1694323	3890378
茶叶市场	23	18898	8978	686170	1553439
烟酒市场	12	4048	3440	249170	1261863
其他食品饮料及烟酒市场	48	23635	22133	1300389	5136823
纺织、服装、鞋帽市场	531	649818	603438	22777957	85250647
布料及纺织品市场	76	118442	100854	6602677	36205122
服装市场	319	379474	358604	11010759	34305923
鞋帽市场	43	26118	24477	1259320	3386516
其他纺织服装鞋帽市场	93	125784	119503	3905201	11353086
日用品及文化用品市场	102	82849	77400	3122598	8687403
小商品市场	38	42629	39741	1202648	2695990
箱包市场	5	5970	5672	506436	1839340
玩具市场	1	115	115	12750	78200
文具市场	4	1061	579	61637	81929
图书、报刊杂志市场	11	1851	1811	102289	300899
音像制品及电子出版物市场	4	924	924	39800	117900
体育用品市场	1	80	80	6700	11578
其他日用品及文化用品市场	38	30219	28478	1190338	3561567

1-3 续表

项　　目	市场数量(个)	总摊位数(个)	年末出租摊位数(个)	营业面积(平方米)	成交额(万元)
黄金、珠宝、玉器等首饰市场	15	7521	6934	591253	2838017
电器、通讯器材、电子设备市场	151	67868	63164	3005444	10118999
家电市场	47	17518	16816	1357557	3207298
通讯器材市场	21	11845	10982	310671	922478
照相、摄像器材市场	1	150	150	3900	18279
计算机及辅助设备市场	71	27815	26339	1147470	5419652
其他电器、通讯器材、电子设备市场	11	10540	8877	185846	551292
医药、医疗用品及器材市场	24	37535	21756	1139700	3658703
中药材市场	22	36457	20968	1072470	3342813
其他医药、医疗用品及器材市场	2	1078	788	67230	315890
家具、五金及装饰材料市场	430	210392	195537	31903165	31092705
家具市场	130	59817	54350	14675449	7465228
装饰材料市场	168	69794	65468	8795682	10577064
灯具市场	11	5583	5404	552280	1328895
厨具、盥洗设备市场	4	1177	1120	104730	159526
五金材料市场	71	45359	41532	3775878	6748331
其他装修市场	46	28662	27663	3999146	4813661
汽车、摩托车及零配件市场	257	80232	63686	10443558	36415776
汽车市场	169	48894	33818	7603280	28488060
摩托车市场	16	5582	4837	354426	1080004
机动车零配件市场	72	25756	25031	2485852	6847712
花、鸟、鱼、虫市场	28	18813	17761	6107112	2349287
花卉市场	23	16329	15277	6027068	2231640
鸟市场					
观赏鱼市场	1	1000	1000	16650	20000
其他花鸟鱼虫市场	4	1484	1484	63394	97647
旧货市场	25	9011	8564	567425	1399733
古玩、古董、字画市场	1	630	630	3000	14100
邮票、硬币市场					
其他旧货市场	24	8381	7934	564425	1385633
其他专业市场	38	27738	22262	1656781	2871923
二、按营业状态分组					
1.常年营业	4575	3267531	2932481	227890670	572682943
2.季节性营业	102	64245	56387	4250294	6338095
3.其他	10	6098	5913	162335	616869
三、按经营方式分组					
1.以批发为主	2764	2185373	1949713	171637541	483082488
2.以零售为主	1923	1152501	1045068	60665758	96555419
四、按经营环境分组					
1.露天式	851	546206	479147	53135649	102770166
2.封闭式	3221	2330368	2110955	142027906	379118562
3.其他	615	461300	404679	37139744	97749179

1-4 商品交易市场情况(按营业状态分)

(常年营业)

项　　目	市场数量(个)	总摊位数(个)	年末出租摊位数(个)	营业面积(平方米)	成交额(万元)
总　计	**4575**	**3267531**	**2932481**	**227890670**	**572682943**
1.综合市场	**1270**	**1180989**	**1063757**	**55446810**	**117009221**
生产资料综合市场	53	59212	53386	8071565	11732139
工业消费品综合市场	286	440697	396749	18835865	36538336
农产品综合市场	648	416622	374217	14818665	45587806
其他综合市场	283	264458	239405	13720715	23150940
2.专业市场	**3305**	**2086542**	**1868724**	**172443860**	**455673722**
生产资料市场	708	266599	238082	54115606	174241605
农业生产用具市场	16	4998	4562	1390022	1230159
农用生产资料市场	26	5456	4966	675273	1439448
煤炭市场	14	1747	1698	3765162	3033034
木材市场	56	18072	16977	4099949	4706960
建材市场	200	86860	80016	14204115	15494131
化工材料及制品市场	37	15122	12347	1712202	18780988
金属材料市场	275	88044	78266	21579957	113878190
机械设备市场	41	21050	17099	1950890	3821206
其他生产资料市场	43	25250	22151	4738036	11857489
农产品市场	880	557753	494962	33713478	87387950
粮油市场	98	27619	25306	3718262	12688659
肉禽蛋市场	116	38377	34507	2551920	7071242
水产品市场	136	93522	83165	3302320	18281385
蔬菜市场	255	233952	207851	12768047	22960040
干鲜果品市场	122	63137	55562	4242219	13453123
棉麻土畜、烟叶市场	17	20599	17963	3167406	4061042
其他农产品市场	136	80547	70608	3963304	8872459
食品、饮料及烟酒市场	137	82679	66618	3911929	11716352
食品饮料市场	56	36336	32305	1688700	3859327
茶叶市场	21	18660	8740	673670	1458339
烟酒市场	12	4048	3440	249170	1261863
其他食品饮料及烟酒市场	48	23635	22133	1300389	5136823
纺织、服装、鞋帽市场	523	640840	594914	22465810	83432764
布料及纺织品市场	74	115423	98139	6544677	35494022
服装市场	315	376001	355273	10785112	33564421
鞋帽市场	43	26118	24477	1259320	3386516
其他纺织服装鞋帽市场	91	123298	117025	3876701	10987805
日用品及文化用品市场	100	81911	76834	3063624	8628149
小商品市场	37	42249	39361	1176968	2649740
箱包市场	5	5970	5672	506436	1839340

1-4 续表 1

(常年营业)

项 目	市场数量(个)	总摊位数(个)	年末出租摊位数(个)	营业面积(平方米)	成交额(万元)
玩具市场	1	115	115	12750	78200
文具市场	3	503	393	28343	68925
图书、报刊杂志市场	11	1851	1811	102289	300899
音像制品及电子出版物市场	4	924	924	39800	117900
体育用品市场	1	80	80	6700	11578
其他日用品及文化用品市场	38	30219	28478	1190338	3561567
黄金、珠宝、玉器等首饰市场	13	6891	6304	585953	2807068
电器、通讯器材、电子设备市场	151	67868	63164	3005444	10118999
家电市场	47	17518	16816	1357557	3207298
通讯器材市场	21	11845	10982	310671	922478
照相、摄像器材市场	1	150	150	3900	18279
计算机及辅助设备市场	71	27815	26339	1147470	5419652
其他电器、通讯器材、电子设备市场	11	10540	8877	185846	551292
医药、医疗用品及器材市场	24	37535	21756	1139700	3658703
中药材市场	22	36457	20968	1072470	3342813
其他医药、医疗用品及器材市场	2	1078	788	67230	315890
家具、五金及装饰材料市场	427	209642	194787	31836165	31042980
家具市场	130	59817	54350	14675449	7465228
装饰材料市场	166	69644	65318	8768682	10545839
灯具市场	11	5583	5404	552280	1328895
厨具、盥洗设备市场	4	1177	1120	104730	159526
五金材料市场	70	44759	40932	3735878	6729831
其他装修市场	46	28662	27663	3999146	4813661
汽车、摩托车及零配件市场	254	80081	63535	10385833	36197376
汽车市场	166	48743	33667	7545555	28269660
摩托车市场	16	5582	4837	354426	1080004
机动车零配件市场	72	25756	25031	2485852	6847712
花、鸟、鱼、虫市场	28	18813	17761	6107112	2349287
花卉市场	23	16329	15277	6027068	2231640
鸟市场					
观赏鱼市场	1	1000	1000	16650	20000
其他花鸟鱼虫市场	4	1484	1484	63394	97647
旧货市场	23	8205	7758	546425	1234566
古玩、古董、字画市场	1	630	630	3000	14100
邮票、硬币市场					
其他旧货市场	22	7575	7128	543425	1220466
其他专业市场	37	27725	22249	1566781	2857923

1-4 续表 2

(季节性营业)

项目	市场数量(个)	总摊位数(个)	年末出租摊位数(个)	营业面积(平方米)	成交额(万元)
总计	**102**	**64245**	**56387**	**4250294**	**6338095**
1.综合市场	**7**	**23504**	**20228**	**133125**	**335712**
生产资料综合市场					
工业消费品综合市场					
农产品综合市场	6	22696	19978	68125	169692
其他综合市场	1	808	250	65000	166020
2.专业市场	**95**	**40741**	**36159**	**4117169**	**6002383**
生产资料市场	12	2444	1861	199190	373243
农业生产用具市场					
农用生产资料市场	7	1379	1007	128375	110895
煤炭市场					
木材市场					
建材市场					
化工材料及制品市场	1	180	180	30000	27000
金属材料市场	4	885	674	40815	235348
机械设备市场					
其他生产资料市场					
农产品市场	66	29249	25926	3401245	3697910
粮油市场	4	146	146	63200	218399
肉禽蛋市场					
水产品市场	6	1979	1399	103844	359978
蔬菜市场	34	16234	15687	2029678	2132134
干鲜果品市场	14	9145	7060	1001575	593361
棉麻土畜、烟叶市场	6	802	779	122920	307130
其他农产品市场	2	943	855	80028	86908
食品、饮料及烟酒市场	2	238	238	12500	95100
食品饮料市场					
茶叶市场	2	238	238	12500	95100
烟酒市场					
其他食品饮料及烟酒市场					
纺织、服装、鞋帽市场	5	5988	5684	268915	1440052
布料及纺织品市场	2	3019	2715	58000	711100
服装市场	3	2969	2969	210915	728952
鞋帽市场					
其他纺织服装鞋帽市场					
日用品及文化用品市场	1	558	186	33294	13004
小商品市场					
箱包市场					

1-4 续表 3

(季节性营业)

项　　目	市场数量 (个)	总摊位数 (个)	年末出租摊位数 (个)	营业面积 (平方米)	成交额 (万元)
玩具市场					
文具市场	1	558	186	33294	13004
图书、报刊杂志市场					
音像制品及电子出版物市场					
体育用品市场					
其他日用品及文化用品市场					
黄金、珠宝、玉器等首饰市场	2	630	630	5300	30949
电器、通讯器材、电子设备市场					
家电市场					
通讯器材市场					
照相、摄像器材市场					
计算机及辅助设备市场					
其他电器、通讯器材、电子设备市场					
医药、医疗用品及器材市场					
中药材市场					
其他医药、医疗用品及器材市场					
家具、五金及装饰材料市场	3	750	750	67000	49725
家具市场					
装饰材料市场	2	150	150	27000	31225
灯具市场					
厨具、盥洗设备市场					
五金材料市场	1	600	600	40000	18500
其他装修市场					
汽车、摩托车及零配件市场	2	107	107	27725	162400
汽车市场	2	107	107	27725	162400
摩托车市场					
机动车零配件市场					
花、鸟、鱼、虫市场					
花卉市场					
鸟市场					
观赏鱼市场					
其他花鸟鱼虫市场					
旧货市场	1	764	764	12000	126000
古玩、古董、字画市场					
邮票、硬币市场					
其他旧货市场	1	764	764	12000	126000
其他专业市场	1	13	13	90000	14000

1-4 续表 4

(其他)

项 目	市场数量(个)	总摊位数(个)	年末出租摊位数(个)	营业面积(平方米)	成交额(万元)
总 计	**10**	**6098**	**5913**	**162335**	**616869**
1.综合市场	**3**	**2282**	**2257**	**48800**	**66570**
生产资料综合市场					
工业消费品综合市场					
农产品综合市场	3	2282	2257	48800	66570
其他综合市场					
2.专业市场	**7**	**3816**	**3656**	**113535**	**550299**
生产资料市场					
农业生产用具市场					
农用生产资料市场					
煤炭市场					
木材市场					
建材市场					
化工材料及制品市场					
金属材料市场					
机械设备市场					
其他生产资料市场					
农产品市场					
粮油市场					
肉禽蛋市场					
水产品市场					
蔬菜市场					
干鲜果品市场					
棉麻土畜、烟叶市场					
其他农产品市场					
食品、饮料及烟酒市场	1	360	350	5623	31051
食品饮料市场	1	360	350	5623	31051
茶叶市场					
烟酒市场					
其他食品饮料及烟酒市场					
纺织、服装、鞋帽市场	3	2990	2840	43232	377831
布料及纺织品市场					
服装市场	1	504	362	14732	12550
鞋帽市场					
其他纺织服装鞋帽市场	2	2486	2478	28500	365281
日用品及文化用品市场	1	380	380	25680	46250
小商品市场	1	380	380	25680	46250
箱包市场					

1-4 续表 5

(其他)

项 目	市场数量(个)	总摊位数(个)	年末出租摊位数(个)	营业面积(平方米)	成交额(万元)
玩具市场					
文具市场					
图书、报刊杂志市场					
音像制品及电子出版物市场					
体育用品市场					
其他日用品及文化用品市场					
黄金、珠宝、玉器等首饰市场					
电器、通讯器材、电子设备市场					
家电市场					
通讯器材市场					
照相、摄像器材市场					
计算机及辅助设备市场					
其他电器、通讯器材、电子设备市场					
医药、医疗用品及器材市场					
中药材市场					
其他医药、医疗用品及器材市场					
家具、五金及装饰材料市场					
家具市场					
装饰材料市场					
灯具市场					
厨具、盥洗设备市场					
五金材料市场					
其他装修市场					
汽车、摩托车及零配件市场	1	44	44	30000	56000
汽车市场	1	44	44	30000	56000
摩托车市场					
机动车零配件市场					
花、鸟、鱼、虫市场					
花卉市场					
鸟市场					
观赏鱼市场					
其他花鸟鱼虫市场					
旧货市场	1	42	42	9000	39167
古玩、古董、字画市场					
邮票、硬币市场					
其他旧货市场	1	42	42	9000	39167
其他专业市场					

1-5 商品交易市场情况(按经营方式分)

(批发为主)

项目	市场数量(个)	总摊位数(个)	年末出租摊位数(个)	营业面积(平方米)	成交额(万元)
总计	**2764**	**2185373**	**1949713**	**171637541**	**483082488**
1.综合市场	**456**	**604003**	**533923**	**39562321**	**88346818**
生产资料综合市场	35	44507	40352	6973737	11078935
工业消费品综合市场	123	259118	229954	12626206	27221548
农产品综合市场	188	182245	159706	10336456	32181262
其他综合市场	110	118133	103911	9625922	17865073
2.专业市场	**2308**	**1581370**	**1415790**	**132075220**	**394735670**
生产资料市场	615	225369	199235	48540309	167429933
农业生产用具市场	16	4998	4562	1390022	1230159
农用生产资料市场	32	6733	5871	793498	1536593
煤炭市场	14	1747	1698	3765162	3033034
木材市场	56	18072	16977	4099949	4706960
建材市场	113	49205	45096	9034947	8909455
化工材料及制品市场	38	15302	12527	1742202	18807988
金属材料市场	279	88929	78940	21620772	114113538
机械设备市场	37	20132	16327	1929515	3676777
其他生产资料市场	30	20251	17237	4164242	11415429
农产品市场	765	505861	448329	34749398	85223089
粮油市场	97	23016	21436	3665704	12442826
肉禽蛋市场	76	23031	20788	2010104	6233121
水产品市场	113	83993	73945	3115564	16893024
蔬菜市场	267	240616	214194	14374115	24493236
干鲜果品市场	135	72257	62597	5242644	14036379
棉麻土畜、烟叶市场	22	21305	18646	3281006	4356232
其他农产品市场	55	41643	36723	3060261	6768271
食品、饮料及烟酒市场	100	54628	49554	3478824	10564985
食品饮料市场	37	26834	23804	1467783	3224539
茶叶市场	18	8316	8205	629970	1306311
烟酒市场	9	2778	2200	216470	1102838
其他食品饮料及烟酒市场	36	16700	15345	1164601	4931297
纺织、服装、鞋帽市场	312	470029	430763	17248161	76770564
布料及纺织品市场	68	111217	94115	6372577	35481978
服装市场	171	267060	251421	8017056	29546533
鞋帽市场	41	24838	23302	1242144	3320266
其他纺织服装鞋帽市场	32	66914	61925	1616384	8421787
日用品及文化用品市场	80	70594	65596	2854009	7614452
小商品市场	31	38318	35485	1066819	2494124
箱包市场	5	5970	5672	506436	1839340

1-5 续表 1

(批发为主)

项 目	市场数量（个）	总摊位数（个）	年末出租摊位数（个）	营业面积（平方米）	成交额（万元）
玩具市场	1	115	115	12750	78200
文具市场	4	1061	579	61637	81929
图书、报刊杂志市场	8	1220	1217	73289	176234
音像制品及电子出版物市场	1	103	103	11000	24950
体育用品市场					
其他日用品及文化用品市场	30	23807	22425	1122078	2919675
黄金、珠宝、玉器等首饰市场	11	6372	5789	549953	2666327
电器、通讯器材、电子设备市场	52	25064	24168	1477453	4366124
家电市场	28	11814	11332	1077047	2351857
通讯器材市场	7	5953	5723	142848	510662
照相、摄像器材市场					
计算机及辅助设备市场	13	4397	4242	204558	1325831
其他电器、通讯器材、电子设备市场	4	2900	2871	53000	177774
医药、医疗用品及器材市场	21	36289	20510	1069793	3224062
中药材市场	19	35211	19722	1002563	2908172
其他医药、医疗用品及器材市场	2	1078	788	67230	315890
家具、五金及装饰材料市场	189	118766	111851	14089441	19863858
家具市场	21	19762	18940	3486235	3245228
装饰材料市场	77	39761	37509	5077506	6183066
灯具市场	8	5145	4997	465080	1064273
厨具、盥洗设备市场	3	897	870	43280	144526
五金材料市场	61	39123	35714	3448258	6149633
其他装修市场	19	14078	13821	1569082	3077132
汽车、摩托车及零配件市场	97	29498	27623	3531514	11779091
汽车市场	29	4661	4134	1218407	5465591
摩托车市场	12	3881	3143	214080	866911
机动车零配件市场	56	20956	20346	2099027	5446589
花、鸟、鱼、虫市场	22	15714	14712	2667612	2124460
花卉市场	20	15219	14217	2652068	2090449
鸟市场					
观赏鱼市场					
其他花鸟鱼虫市场	2	495	495	15544	34011
旧货市场	15	2923	2868	370661	820553
古玩、古董、字画市场	1	630	630	3000	14100
邮票、硬币市场					
其他旧货市场	14	2293	2238	367661	806453
其他专业市场	29	20263	14792	1448092	2288172

1-5 续表 2

(零售为主)

项 目	市场数量(个)	总摊位数(个)	年末出租摊位数(个)	营业面积(平方米)	成交额(万元)
总 计	**1923**	**1152501**	**1045068**	**60665758**	**96555419**
1.综合市场	**824**	**602772**	**552319**	**16066414**	**29064685**
生产资料综合市场	18	14705	13034	1097828	653204
工业消费品综合市场	163	181579	166795	6209659	9316788
农产品综合市场	469	259355	236746	4599134	13642806
其他综合市场	174	147133	135744	4159793	5451887
2.专业市场	**1099**	**549729**	**492749**	**44599344**	**67490734**
生产资料市场	105	43674	40708	5774487	7184915
农业生产用具市场					
农用生产资料市场	1	102	102	10150	13750
煤炭市场					
木材市场					
建材市场	87	37655	34920	5169168	6584676
化工材料及制品市场					
金属材料市场					
机械设备市场	4	918	772	21375	144429
其他生产资料市场	13	4999	4914	573794	442060
农产品市场	181	81141	72559	2365325	5862771
粮油市场	5	4749	4016	115758	464232
肉禽蛋市场	40	15346	13719	541816	838121
水产品市场	29	11508	10619	290600	1748339
蔬菜市场	22	9570	9344	423610	598938
干鲜果品市场	1	25	25	1150	10105
棉麻土畜、烟叶市场	1	96	96	9320	11940
其他农产品市场	83	39847	34740	983071	2191096
食品、饮料及烟酒市场	40	28649	17652	451228	1277518
食品饮料市场	20	9862	8851	226540	665839
茶叶市场	5	10582	773	56200	247128
烟酒市场	3	1270	1240	32700	159025
其他食品饮料及烟酒市场	12	6935	6788	135788	205526
纺织、服装、鞋帽市场	219	179789	172675	5529796	8480083
布料及纺织品市场	8	7225	6739	230100	723144
服装市场	148	112414	107183	2993703	4759390
鞋帽市场	2	1280	1175	17176	66250
其他纺织服装鞋帽市场	61	58870	57578	2288817	2931299
日用品及文化用品市场	22	12255	11804	268589	1072951
小商品市场	7	4311	4256	135829	201866
箱包市场					

1-5 续表 3

(零售为主)

项 目	市场数量(个)	总摊位数(个)	年末出租摊位数(个)	营业面积(平方米)	成交额(万元)
玩具市场					
文具市场					
图书、报刊杂志市场	3	631	594	29000	124665
音像制品及电子出版物市场	3	821	821	28800	92950
体育用品市场	1	80	80	6700	11578
其他日用品及文化用品市场	8	6412	6053	68260	641892
黄金、珠宝、玉器等首饰市场	4	1149	1145	41300	171690
电器、通讯器材、电子设备市场	99	42804	38996	1527991	5752875
家电市场	19	5704	5484	280510	855441
通讯器材市场	14	5892	5259	167823	411816
照相、摄像器材市场	1	150	150	3900	18279
计算机及辅助设备市场	58	23418	22097	942912	4093821
其他电器、通讯器材、电子设备市场	7	7640	6006	132846	373518
医药、医疗用品及器材市场	3	1246	1246	69907	434641
中药材市场	3	1246	1246	69907	434641
其他医药、医疗用品及器材市场					
家具、五金及装饰材料市场	241	91626	83686	17813724	11228847
家具市场	109	40055	35410	11189214	4220000
装饰材料市场	91	30033	27959	3718176	4393998
灯具市场	3	438	407	87200	264622
厨具、盥洗设备市场	1	280	250	61450	15000
五金材料市场	10	6236	5818	327620	598698
其他装修市场	27	14584	13842	2430064	1736529
汽车、摩托车及零配件市场	160	50734	36063	6912044	24636685
汽车市场	140	44233	29684	6384873	23022469
摩托车市场	4	1701	1694	140346	213093
机动车零配件市场	16	4800	4685	386825	1401123
花、鸟、鱼、虫市场	6	3099	3049	3439500	224827
花卉市场	3	1110	1060	3375000	141191
鸟市场					
观赏鱼市场	1	1000	1000	16650	20000
其他花鸟鱼虫市场	2	989	989	47850	63636
旧货市场	10	6088	5696	196764	579180
古玩、古董、字画市场					
邮票、硬币市场					
其他旧货市场	10	6088	5696	196764	579180
其他专业市场	9	7475	7470	208689	583751

1-6 商品交易市场情况(按经营环境分)

(露天式)

项　目	市场数量(个)	总摊位数(个)	年末出租摊位数(个)	营业面积(平方米)	成交额(万元)
总　计	**851**	**546206**	**479147**	**53135649**	**102770166**
1.综合市场	**139**	**157985**	**140515**	**7389918**	**18168588**
生产资料综合市场	6	8640	5265	562634	215685
工业消费品综合市场	27	41460	36417	1209691	3622858
农产品综合市场	68	62446	58927	3571930	11046628
其他综合市场	38	45439	39906	2045663	3283417
2.专业市场	**712**	**388221**	**338632**	**45745731**	**84601578**
生产资料市场	238	73756	67117	25139662	42962841
农业生产用具市场	4	2164	2160	529015	650974
农用生产资料市场	5	2378	2186	338000	450399
煤炭市场	9	1288	1239	3761962	1848961
木材市场	27	5981	5773	2874579	2486026
建材市场	34	11479	10775	2089693	3614238
化工材料及制品市场	3	993	989	87326	580861
金属材料市场	140	43389	38719	13350185	32630015
机械设备市场	8	3080	2327	418752	371759
其他生产资料市场	8	3004	2949	1690150	329608
农产品市场	277	208657	180499	12141101	24045998
粮油市场	29	8164	7899	1212155	2373030
肉禽蛋市场	20	5804	5147	560762	704212
水产品市场	31	13433	11836	677482	4873279
蔬菜市场	115	125016	106015	5121000	8809155
干鲜果品市场	46	31722	28635	2357287	4269753
棉麻土畜、烟叶市场	10	9776	9165	1190790	1612798
其他农产品市场	26	14742	11802	1021625	1403771
食品、饮料及烟酒市场	16	8858	8141	606938	601696
食品饮料市场	7	2806	2568	379398	280930
茶叶市场					
烟酒市场	4	1952	1644	95890	69175
其他食品饮料及烟酒市场	5	4100	3929	131650	251591
纺织、服装、鞋帽市场	35	31433	27377	1403669	4431260
布料及纺织品市场	7	7787	7384	305730	3114400
服装市场	16	12833	11287	561782	483550
鞋帽市场	5	2548	2372	141845	564268
其他纺织服装鞋帽市场	7	8265	6334	394312	269042
日用品及文化用品市场	10	13942	11901	286142	518675
小商品市场	5	12644	10978	202348	352581
箱包市场					

1-6 续表 1

(露天式)

项　　目	市场数量(个)	总摊位数(个)	年末出租摊位数(个)	营业面积(平方米)	成交额(万元)
玩具市场					
文具市场	1	558	186	33294	13004
图书、报刊杂志市场	3	587	584	30500	68700
音像制品及电子出版物市场					
体育用品市场					
其他日用品及文化用品市场	1	153	153	20000	84390
黄金、珠宝、玉器等首饰市场	1	1101	1100	36000	338000
电器、通讯器材、电子设备市场	2	437	336	27000	30200
家电市场	2	437	336	27000	30200
通讯器材市场					
照相、摄像器材市场					
计算机及辅助设备市场					
其他电器、通讯器材、电子设备市场					
医药、医疗用品及器材市场	2	498	498	22070	39689
中药材市场	2	498	498	22070	39689
其他医药、医疗用品及器材市场					
家具、五金及装饰材料市场	30	9301	8579	1281355	1403736
家具市场	3	693	688	170000	85003
装饰材料市场	18	4907	4525	451665	594078
灯具市场					
厨具、盥洗设备市场					
五金材料市场	8	3201	2946	604690	694745
其他装修市场	1	500	420	55000	29910
汽车、摩托车及零配件市场	69	20278	17957	3182570	8124408
汽车市场	54	16152	13916	2739121	6516584
摩托车市场	2	305	302	15400	40100
机动车零配件市场	13	3821	3739	428049	1567724
花、鸟、鱼、虫市场	4	2457	2403	265650	515040
花卉市场	3	1457	1403	249000	495040
鸟市场					
观赏鱼市场	1	1000	1000	16650	20000
其他花鸟鱼虫市场					
旧货市场	10	2412	2299	286860	790546
古玩、古董、字画市场					
邮票、硬币市场					
其他旧货市场	10	2412	2299	286860	790546
其他专业市场	18	15091	10425	1066714	799489

1-6 续表 2

(封闭式)

项 目	市场数量(个)	总摊位数(个)	年末出租摊位数(个)	营业面积(平方米)	成交额(万元)
总 计	**3221**	**2330368**	**2110955**	**142027906**	**379118562**
1.综合市场	**974**	**878350**	**795874**	**37581850**	**78640271**
生产资料综合市场	41	41304	38873	4604581	7181208
工业消费品综合市场	233	362449	327170	15656347	30729249
农产品综合市场	500	307115	277009	7856369	27266005
其他综合市场	200	167482	152822	9464553	13463809
2.专业市场	**2247**	**1452018**	**1315081**	**104446056**	**300478291**
生产资料市场	375	151148	132434	20854973	100079305
农业生产用具市场	10	2204	1859	807150	504850
农用生产资料市场	26	4170	3500	450768	1042557
煤炭市场	3	57	57	2200	727075
木材市场	19	4904	4471	575696	707843
建材市场	132	62514	56637	7411253	10062531
化工材料及制品市场	26	10076	8477	1390642	11632982
金属材料市场	98	31145	27146	5873780	62335392
机械设备市场	31	17871	14674	1508063	3403257
其他生产资料市场	30	18207	15613	2835421	9662818
农产品市场	509	262572	235520	17625487	48449937
粮油市场	59	15446	13696	2070607	6836414
肉禽蛋市场	84	25862	23614	1520953	4934445
水产品市场	90	57110	50050	2145886	11226316
蔬菜市场	115	73848	67608	6418453	11024322
干鲜果品市场	64	29851	26240	2114205	6663628
棉麻土畜、烟叶市场	10	7340	7292	1931976	2423560
其他农产品市场	87	53115	47020	1423407	5341252
食品、饮料及烟酒市场	105	55916	51001	2969782	10239365
食品饮料市场	41	28764	25470	1142832	3470054
茶叶市场	20	7878	7758	604210	1248439
烟酒市场	8	2096	1796	153280	1192688
其他食品饮料及烟酒市场	36	17178	15977	1069460	4328184
纺织、服装、鞋帽市场	458	562205	525137	18723060	71089999
布料及纺织品市场	57	85522	73143	5165336	26789432
服装市场	293	359196	340021	10234331	33498052
鞋帽市场	32	19483	18063	834143	2254108
其他纺织服装鞋帽市场	76	98004	93910	2489250	8548407
日用品及文化用品市场	84	63399	60418	2432172	7297552
小商品市场	30	25917	25120	694946	1766135
箱包市场	4	5814	5516	490926	1786040

1-6 续表 3

(封闭式)

项 目	市场数量(个)	总摊位数(个)	年末出租摊位数(个)	营业面积(平方米)	成交额(万元)
玩具市场	1	115	115	12750	78200
文具市场	3	503	393	28343	68925
图书、报刊杂志市场	8	1264	1227	71789	232199
音像制品及电子出版物市场	4	924	924	39800	117900
体育用品市场	1	80	80	6700	11578
其他日用品及文化用品市场	33	28782	27043	1086918	3236575
黄金、珠宝、玉器等首饰市场	13	5420	4834	395253	2100017
电器、通讯器材、电子设备市场	145	63468	58880	2744944	9205143
家电市场	43	16028	15440	1171557	2590842
通讯器材市场	20	9197	8334	250671	802478
照相、摄像器材市场	1	150	150	3900	18279
计算机及辅助设备市场	70	27553	26079	1132970	5242252
其他电器、通讯器材、电子设备市场	11	10540	8877	185846	551292
医药、医疗用品及器材市场	18	34523	19325	1030898	3245197
中药材市场	17	33555	18647	999668	3117197
其他医药、医疗用品及器材市场	1	968	678	31230	128000
家具、五金及装饰材料市场	359	181343	169695	28666245	26694024
家具市场	121	58157	52819	14350249	7209975
装饰材料市场	132	58037	54933	7535148	8849614
灯具市场	9	4421	4277	382280	707895
厨具、盥洗设备市场	4	1177	1120	104730	159526
五金材料市场	50	32387	30193	2519692	5230811
其他装修市场	43	27164	26353	3774146	4536203
汽车、摩托车及零配件市场	142	51192	38370	4924774	19379932
汽车市场	76	27022	15488	2943945	13573335
摩托车市场	12	4321	3590	264026	864936
机动车零配件市场	54	19849	19292	1716803	4941661
花、鸟、鱼、虫市场	18	13390	12671	3706634	1358487
花卉市场	14	11906	11187	3643240	1260840
鸟市场					
观赏鱼市场					
其他花鸟鱼虫市场	4	1484	1484	63394	97647
旧货市场	9	2750	2451	148097	476219
古玩、古董、字画市场	1	630	630	3000	14100
邮票、硬币市场					
其他旧货市场	8	2120	1821	145097	462119
其他专业市场	12	4692	4345	223737	863114

1-6 续表 4

(其他)

项　　目	市场数量(个)	总摊位数(个)	年末出租摊位数(个)	营业面积(平方米)	成交额(万元)
总　　计	**615**	**461300**	**404679**	**37139744**	**97749179**
1.综合市场	**167**	**170440**	**149853**	**10656967**	**20602644**
生产资料综合市场	6	9268	9248	2904350	4335246
工业消费品综合市场	26	36788	33162	1969827	2186229
农产品综合市场	89	72039	60516	3507291	7511435
其他综合市场	46	52345	46927	2275499	6569734
2.专业市场	**448**	**290860**	**254826**	**26482777**	**77146535**
生产资料市场	107	44139	40392	8320161	31572702
农业生产用具市场	2	630	543	53857	74335
农用生产资料市场	2	287	287	14880	57387
煤炭市场	2	402	402	1000	456998
木材市场	10	7187	6733	649674	1513091
建材市场	34	12867	12604	4703169	1817362
化工材料及制品市场	9	4233	3061	264234	6594145
金属材料市场	41	14395	13075	2396807	19148131
机械设备市场	2	99	98	24075	46190
其他生产资料市场	5	4039	3589	212465	1865063
农产品市场	160	115773	104869	7348135	18589925
粮油市场	14	4155	3857	498700	3697614
肉禽蛋市场	12	6711	5746	470205	1432585
水产品市场	21	24958	22678	582796	2541768
蔬菜市场	59	51322	49915	3258272	5258697
干鲜果品市场	26	10709	7747	772302	3113103
棉麻土畜、烟叶市场	3	4285	2285	167560	331814
其他农产品市场	25	13633	12641	1598300	2214344
食品、饮料及烟酒市场	19	18503	8064	353332	1001442
食品饮料市场	9	5126	4617	172093	139394
茶叶市场	3	11020	1220	81960	305000
烟酒市场					
其他食品饮料及烟酒市场	7	2357	2227	99279	557048
纺织、服装、鞋帽市场	38	56180	50924	2651228	9729388
布料及纺织品市场	12	25133	20327	1131611	6301290
服装市场	10	7445	7296	214646	324321
鞋帽市场	6	4087	4042	283332	568140
其他纺织服装鞋帽市场	10	19515	19259	1021639	2535637
日用品及文化用品市场	8	5508	5081	404284	871176
小商品市场	3	4068	3643	305354	577274
箱包市场	1	156	156	15510	53300

1-6　续表 5

(其他)

项　　目	市场数量(个)	总摊位数(个)	年末出租摊位数(个)	营业面积(平方米)	成交额(万元)
玩具市场					
文具市场					
图书、报刊杂志市场					
音像制品及电子出版物市场					
体育用品市场					
其他日用品及文化用品市场	4	1284	1282	83420	240602
黄金、珠宝、玉器等首饰市场	1	1000	1000	160000	400000
电器、通讯器材、电子设备市场	4	3963	3948	233500	883656
家电市场	2	1053	1040	159000	586256
通讯器材市场	1	2648	2648	60000	120000
照相、摄像器材市场					
计算机及辅助设备市场	1	262	260	14500	177400
其他电器、通讯器材、电子设备市场					
医药、医疗用品及器材市场	4	2514	1933	86732	373817
中药材市场	3	2404	1823	50732	185927
其他医药、医疗用品及器材市场	1	110	110	36000	187890
家具、五金及装饰材料市场	41	19748	17263	1955565	2994945
家具市场	6	967	843	155200	170250
装饰材料市场	18	6850	6010	808869	1133372
灯具市场	2	1162	1127	170000	621000
厨具、盥洗设备市场					
五金材料市场	13	9771	8393	651496	822775
其他装修市场	2	998	890	170000	247548
汽车、摩托车及零配件市场	46	8762	7359	2336214	8911436
汽车市场	39	5720	4414	1920214	8398141
摩托车市场	2	956	945	75000	174968
机动车零配件市场	5	2086	2000	341000	338327
花、鸟、鱼、虫市场	6	2966	2687	2134828	475760
花卉市场	6	2966	2687	2134828	475760
鸟市场					
观赏鱼市场					
其他花鸟鱼虫市场					
旧货市场	6	3849	3814	132468	132968
古玩、古董、字画市场					
邮票、硬币市场					
其他旧货市场	6	3849	3814	132468	132968
其他专业市场	8	7955	7492	366330	1209320

1-7 商品交易市场成交情况(按摊位分)

摊 位	摊位数(个)	成交额(万元)
总 计	**2994781**	**579637907**
1.食品、饮料、烟酒类	1022007	152599760
(1)食品类	939457	140759607
其中：粮油类	77699	20105775
肉禽蛋类	126926	19304683
水产品类	140129	27442992
蔬菜类	407198	38510544
干鲜果品类	138847	26694651
(2)饮料类	43110	5824356
(3)烟酒类	39440	6015797
2.服装鞋帽、针、纺织品类	841627	96662153
(1)服装类	507440	41328580
(2)鞋帽类	130740	10971997
(3)针、纺织品类	203447	44361576
3.化妆品类	28473	2420012
4.金银珠宝类	10872	3152014
5.日用品类	172059	19221837
其中：洗涤用品类	41548	3945600
儿童玩具类	26681	2456088
6.五金、电料类	87562	13295464
7.体育、娱乐用品类	11424	1446572
8.书报杂志类	4853	666647
9.电子出版物及音像制品类	8218	1432232
10.家用电器和音像器材类	33497	6323120
11.中西药品类	24006	3949662
其中：西药类	1092	261987
中草药及中成药类	21650	3438017
12.文化办公用品类	57085	9469641
13.家具类	73803	10172808
14.通讯器材类	19151	1849244
15.煤炭及制品类	1997	3170003
16.木材及制品类	29403	6925078
17.石油及制品类	1269	8990968
18.化工材料及制品类	28718	21960899
其中：化肥类	3385	866580
19.金属材料类	84322	115297693
20.建筑及装潢材料类	175844	32401271
21.机电产品及设备类	42999	10319485
其中：农机类	4549	1235315
22.汽车类	61339	36084634
23.种子饲料类	6786	886842
24.棉麻类	5540	4034611
25.其他类	161927	16871585

1-8　商品交易市场成交情况(按摊位与经营方式分)

(批发为主)

摊　　位	摊位数 (个)	成交额 (万元)
总　　计	**1949713**	**483082488**
1.食品、饮料、烟酒类	659454	129823349
(1)食品类	608617	120027198
其中：粮油类	47443	18081926
肉禽蛋类	54342	13374168
水产品类	86688	22288576
蔬菜类	277284	34231012
干鲜果品类	109701	24955974
(2)饮料类	28615	4822403
(3)烟酒类	22222	4973748
2.服装鞋帽、针、纺织品类	535392	84299770
(1)服装类	303902	33182803
(2)鞋帽类	75083	8981996
(3)针、纺织品类	156407	42134971
3.化妆品类	16956	1859594
4.金银珠宝类	7199	2768999
5.日用品类	118240	15771069
其中：洗涤用品类	26127	3293566
儿童玩具类	19083	2053925
6.五金、电料类	65238	11356901
7.体育、娱乐用品类	7201	1108591
8.书报杂志类	3093	499066
9.电子出版物及音像制品类	3329	1088031
10.家用电器和音像器材类	20300	4604442
11.中西药品类	20576	3387509
其中：西药类	438	196040
中草药及中成药类	19143	2970550
12.文化办公用品类	25819	4716563
13.家具类	29184	4705637
14.通讯器材类	8520	965979
15.煤炭及制品类	1737	3150141
16.木材及制品类	24850	6395626
17.石油及制品类	1086	8974858
18.化工材料及制品类	25864	21760543
其中：化肥类	2106	795388
19.金属材料类	81252	114806363
20.建筑及装潢材料类	107747	20736147
21.机电产品及设备类	37451	9696379
其中：农机类	4273	1208643
22.汽车类	27933	11720094
23.种子饲料类	5676	845506
24.棉麻类	4690	3982814
25.其他类	110926	14058517

1-8 续表

(零售为主)

摊　　位	摊位数 (个)	成交额 (万元)
总　　计	**1045068**	**96555419**
1.食品、饮料、烟酒类	362553	22776411
(1)食品类	330840	20732409
其中：粮油类	30256	2023849
肉禽蛋类	72584	5930515
水产品类	53441	5154416
蔬菜类	129914	4279532
干鲜果品类	29146	1738677
(2)饮料类	14495	1001953
(3)烟酒类	17218	1042049
2.服装鞋帽、针、纺织品类	306235	12362383
(1)服装类	203538	8145777
(2)鞋帽类	55657	1990001
(3)针、纺织品类	47040	2226605
3.化妆品类	11517	560418
4.金银珠宝类	3673	383015
5.日用品类	53819	3450768
其中：洗涤用品类	15421	652034
儿童玩具类	7598	402163
6.五金、电料类	22324	1938563
7.体育、娱乐用品类	4223	337981
8.书报杂志类	1760	167581
9.电子出版物及音像制品类	4889	344201
10.家用电器和音像器材类	13197	1718678
11.中西药品类	3430	562153
其中：西药类	654	65947
中草药及中成药类	2507	467467
12.文化办公用品类	31266	4753078
13.家具类	44619	5467171
14.通讯器材类	10631	883265
15.煤炭及制品类	260	19862
16.木材及制品类	4553	529452
17.石油及制品类	183	16110
18.化工材料及制品类	2854	200356
其中：化肥类	1279	71192
19.金属材料类	3070	491330
20.建筑及装潢材料类	68097	11665124
21.机电产品及设备类	5548	623106
其中：农机类	276	26672
22.汽车类	33406	24364540
23.种子饲料类	1110	41336
24.棉麻类	850	51797
25.其他类	51001	2813068

1-9 商品交易市场成交情况(按摊位与营业状态分)

(常年营业)

摊 位	年末出租摊位数 (个)	成交额 (万元)
总 计	**2932481**	**572682943**
1.食品、饮料、烟酒类	980700	148799081
(1)食品类	899358	137127410
其中：粮油类	77036	19799520
肉禽蛋类	125338	19204668
水产品类	138537	27045739
蔬菜类	378861	36370739
干鲜果品类	130933	26005815
(2)饮料类	42475	5696579
(3)烟酒类	38867	5975092
2.服装鞋帽、针、纺织品类	830818	95127511
(1)服装类	501761	40701864
(2)鞋帽类	129283	10863810
(3)针、纺织品类	199774	43561837
3.化妆品类	27678	2398719
4.金银珠宝类	10242	3121065
5.日用品类	170765	19025580
其中：洗涤用品类	41065	3930002
儿童玩具类	26568	2453056
6.五金、电料类	86760	13210531
7.体育、娱乐用品类	11394	1445890
8.书报杂志类	4788	666510
9.电子出版物及音像制品类	8199	1431119
10.家用电器和音像器材类	33433	6286504
11.中西药品类	23990	3948956
其中：西药类	1080	261553
中草药及中成药类	21647	3437777
12.文化办公用品类	56836	9451495
13.家具类	73771	10171201
14.通讯器材类	19125	1849071
15.煤炭及制品类	1987	3169703
16.木材及制品类	29382	6922392
17.石油及制品类	1262	8990347
18.化工材料及制品类	27982	21867210
其中：化肥类	2888	806186
19.金属材料类	83634	115061683
20.建筑及装潢材料类	175720	32376520
21.机电产品及设备类	42913	10284946
其中：农机类	4501	1233233
22.汽车类	61188	35866234
23.种子饲料类	6330	841656
24.棉麻类	4829	3741432
25.其他类	158755	16593915

1-9 续表 1

(季节性营业)

摊　　位	年末出租摊位数(个)	成交额(万元)
总　　计	**56387**	**6338095**
1.食品、饮料、烟酒类	39546	3714260
(1)食品类	38389	3546650
其中：粮油类	460	297664
肉禽蛋类	1067	61484
水产品类	1468	388053
蔬菜类	27641	2121116
干鲜果品类	7753	678333
(2)饮料类	627	127733
(3)烟酒类	530	39877
2.服装鞋帽、针、纺织品类	8135	1282355
(1)服装类	4373	565031
(2)鞋帽类	786	3312
(3)针、纺织品类	2976	714012
3.化妆品类	589	509
4.金银珠宝类	630	30949
5.日用品类	938	179895
其中：洗涤用品类	453	12458
儿童玩具类	95	1116
6.五金、电料类	636	22536
7.体育、娱乐用品类	8	82
8.书报杂志类	60	117
9.电子出版物及音像制品类	3	51
10.家用电器和音像器材类	8	128
11.中西药品类	1	21
其中：西药类	1	21
中草药及中成药类		
12.文化办公用品类	213	17164
13.家具类	1	210
14.通讯器材类	14	43
15.煤炭及制品类		
16.木材及制品类	13	2565
17.石油及制品类		
18.化工材料及制品类	711	92369
其中：化肥类	479	60274
19.金属材料类	674	235348
20.建筑及装潢材料类	112	24551
21.机电产品及设备类	45	1982
其中：农机类	45	1982
22.汽车类	107	162400
23.种子饲料类	433	44138
24.棉麻类	702	292990
25.其他类	2808	233432

1-9　续表 2

(其他)

摊　位	年末出租摊位数 (个)	成交额 (万元)
总　计	**5913**	**616869**
1.食品、饮料、烟酒类	1761	86419
(1)食品类	1710	85547
其中：粮油类	203	8591
肉禽蛋类	521	38531
水产品类	124	9200
蔬菜类	696	18689
干鲜果品类	161	10503
(2)饮料类	8	44
(3)烟酒类	43	828
2.服装鞋帽、针、纺织品类	2674	252287
(1)服装类	1306	61685
(2)鞋帽类	671	104875
(3)针、纺织品类	697	85727
3.化妆品类	206	20784
4.金银珠宝类		
5.日用品类	356	16362
其中：洗涤用品类	30	3140
儿童玩具类	18	1916
6.五金、电料类	166	62397
7.体育、娱乐用品类	22	600
8.书报杂志类	5	20
9.电子出版物及音像制品类	16	1062
10.家用电器和音像器材类	56	36488
11.中西药品类	15	685
其中：西药类	11	413
中草药及中成药类	3	240
12.文化办公用品类	36	982
13.家具类	31	1397
14.通讯器材类	12	130
15.煤炭及制品类	10	300
16.木材及制品类	8	121
17.石油及制品类	7	621
18.化工材料及制品类	25	1320
其中：化肥类	18	120
19.金属材料类	14	662
20.建筑及装潢材料类	12	200
21.机电产品及设备类	41	32557
其中：农机类	3	100
22.汽车类	44	56000
23.种子饲料类	23	1048
24.棉麻类	9	189
25.其他类	364	44238

1-10 商品交易市场成交情况(按摊位与经营环境分)

(露天式)

摊　　位	年末出租摊位数(个)	成交额(万元)
总　　计	**479147**	**102770166**
1.食品、饮料、烟酒类	242582	34166017
(1)食品类	230307	33184584
其中：粮油类	18002	4189829
肉禽蛋类	17825	2923245
水产品类	17593	5911579
蔬菜类	133264	12114949
干鲜果品类	39922	7562247
(2)饮料类	4963	387848
(3)烟酒类	7312	593585
2.服装鞋帽、针、纺织品类	62837	6580083
(1)服装类	33120	1625273
(2)鞋帽类	12157	1250693
(3)针、纺织品类	17560	3704117
3.化妆品类	2863	241081
4.金银珠宝类	1197	350893
5.日用品类	18341	1218201
其中：洗涤用品类	6052	526469
儿童玩具类	7571	169836
6.五金、电料类	6928	1106801
7.体育、娱乐用品类	1105	47942
8.书报杂志类	995	90761
9.电子出版物及音像制品类	674	44051
10.家用电器和音像器材类	2022	937313
11.中西药品类	1271	64042
其中：西药类	251	10814
中草药及中成药类	985	52544
12.文化办公用品类	1701	198182
13.家具类	1780	247958
14.通讯器材类	474	81545
15.煤炭及制品类	1061	1864379
16.木材及制品类	7944	2750486
17.石油及制品类	37	4877
18.化工材料及制品类	2299	829509
其中：化肥类	1133	217981
19.金属材料类	38231	31937388
20.建筑及装潢材料类	18073	4647609
21.机电产品及设备类	5295	1004410
其中：农机类	1793	515382
22.汽车类	17235	8210308
23.种子饲料类	2383	98430
24.棉麻类	1810	1478006
25.其他类	40009	4569894

1-10 续表 1

(封闭式)

摊 位	年末出租摊位数 (个)	成交额 (万元)
总 计	**2110955**	**379118562**
1.食品、饮料、烟酒类	592505	88997908
(1)食品类	534888	79489683
其中：粮油类	47969	11107684
肉禽蛋类	90020	12666974
水产品类	92712	17437354
蔬菜类	189199	18368178
干鲜果品类	78225	13375214
(2)饮料类	31582	4644398
(3)烟酒类	26035	4863827
2.服装鞋帽、针、纺织品类	703124	78967318
(1)服装类	439480	36682384
(2)鞋帽类	104637	8472840
(3)针、纺织品类	159007	33812094
3.化妆品类	22375	1921606
4.金银珠宝类	8093	2328127
5.日用品类	136529	15116341
其中：洗涤用品类	29465	2872206
儿童玩具类	17801	2244103
6.五金、电料类	67776	10102310
7.体育、娱乐用品类	9274	1288653
8.书报杂志类	3476	561032
9.电子出版物及音像制品类	6961	1328146
10.家用电器和音像器材类	28298	4562746
11.中西药品类	21214	3552404
其中：西药类	517	99279
中草药及中成药类	19492	3207481
12.文化办公用品类	52734	8731975
13.家具类	67248	9408514
14.通讯器材类	15400	1545534
15.煤炭及制品类	353	778027
16.木材及制品类	16075	2821798
17.石油及制品类	679	7613178
18.化工材料及制品类	21899	14282728
其中：化肥类	2049	637900
19.金属材料类	32665	63333134
20.建筑及装潢材料类	135317	23525401
21.机电产品及设备类	31598	7531309
其中：农机类	2157	579148
22.汽车类	37778	19173841
23.种子饲料类	3727	714046
24.棉麻类	2865	2500305
25.其他类	92992	8432181

1-10 续表 2

(其他)

摊 位	年末出租摊位数 (个)	成交额 (万元)
总 计	**404679**	**97749179**
1.食品、饮料、烟酒类	186920	29435835
(1)食品类	174262	28085340
其中：粮油类	11728	4808262
肉禽蛋类	19081	3714464
水产品类	29824	4094059
蔬菜类	84735	8027417
干鲜果品类	20700	5757190
(2)饮料类	6565	792110
(3)烟酒类	6093	558385
2.服装鞋帽、针、纺织品类	75666	11114752
(1)服装类	34840	3020923
(2)鞋帽类	13946	1248464
(3)针、纺织品类	26880	6845365
3.化妆品类	3235	257325
4.金银珠宝类	1582	472994
5.日用品类	17189	2887295
其中：洗涤用品类	6031	546925
儿童玩具类	1309	42149
6.五金、电料类	12858	2086353
7.体育、娱乐用品类	1045	109977
8.书报杂志类	382	14854
9.电子出版物及音像制品类	583	60035
10.家用电器和音像器材类	3177	823061
11.中西药品类	1521	333216
其中：西药类	324	151894
中草药及中成药类	1173	177992
12.文化办公用品类	2650	539484
13.家具类	4775	516336
14.通讯器材类	3277	222165
15.煤炭及制品类	583	527597
16.木材及制品类	5384	1352794
17.石油及制品类	553	1372913
18.化工材料及制品类	4520	6848662
其中：化肥类	203	10699
19.金属材料类	13426	20027171
20.建筑及装潢材料类	22454	4228261
21.机电产品及设备类	6106	1783766
其中：农机类	599	140785
22.汽车类	6326	8700485
23.种子饲料类	676	74366
24.棉麻类	865	56300
25.其他类	28926	3869510

第二部分　地区篇

简要说明：

本篇资料的主要内容为亿元以上商品交易市场分地区的情况，包括按照省（区、市）、东中西部及东北地区、36城市、三大地带等，以及按照市场类别、摊位类别、经营方式、经营状态和经营环境的分组数据。

（一）省、自治区、直辖市

2-1 商品交易市场总体情况

地区	市场数量（个）	总摊位数（个）	年末出租摊位数（个）	营业面积（平方米）	成交额（万元）
全国	**4687**	**3337874**	**2994781**	**232303299**	**579637907**
北京	126	118170	101518	11140981	19143810
天津	86	58972	54777	4395030	20163111
河北	281	339137	286813	24811279	35079782
山西	42	33438	28927	2397112	3465980
内蒙古	66	38305	35469	3610982	5072932
辽宁	225	194486	179694	9782225	26867435
吉林	68	70487	58680	2986422	5007419
黑龙江	87	60643	55751	3113420	7312489
上海	163	74346	68714	7991140	45425069
江苏	528	334893	306038	27807112	92259162
浙江	672	430628	393213	23040820	96522740
安徽	133	91159	79956	7144867	13990986
福建	155	59860	53089	3129980	11937052
江西	88	67495	59620	3313693	10475715
山东	536	361647	340156	33432894	54517045
河南	140	105209	96946	7497855	11579606
湖北	136	76834	72997	5139033	11733854
湖南	263	182854	162019	8073954	17067196
广东	340	193847	169977	16640216	37653749
广西	87	68265	57975	3449488	8068593
海南	7	3965	3875	54645	159433
重庆	107	76661	68626	4951364	15827115
四川	90	103447	90676	4535150	10155405
贵州	31	22347	20858	821009	3597591
云南	52	30923	24053	1617192	3809225
西藏	1	800	800	18805	69700
陕西	42	31051	30420	1394657	3208653
甘肃	37	31343	28167	1937917	2763554
青海	9	5900	5900	461858	284333
宁夏	27	18570	15473	3169321	1553155
新疆	62	52192	43604	4442878	4866018

2-2 商品交易市场情况（按市场类别分）

(综合市场)

地区	市场数量(个)	总摊位数(个)	年末出租摊位数(个)	营业面积(平方米)	成交额(万元)
全国	**1280**	**1206775**	**1086242**	**55628735**	**117411503**
北京	40	53193	48947	2969356	9555913
天津	26	30433	28695	1500529	3212851
河北	70	100083	92087	6958639	11219453
山西	5	9728	9115	1051041	1933917
内蒙古	6	4066	3968	312000	351965
辽宁	64	67482	61601	4344913	5330710
吉林	18	36252	25856	895748	814915
黑龙江	26	23932	20931	789291	1015016
上海	35	16178	14859	896961	2813318
江苏	167	119665	110417	6227389	14826045
浙江	214	171935	161801	6920352	22731072
安徽	37	37064	33270	3126747	5146037
福建	67	33309	27354	951769	2877228
江西	33	32597	27524	1085213	3491999
山东	81	88534	83087	4984597	5424249
河南	25	38719	35451	1191715	2762135
湖北	39	25606	24689	1307050	2225687
湖南	95	91586	76615	2593974	5106602
广东	81	49131	44562	1204665	4912685
广西	30	30524	27500	926467	1768408
海南	4	2738	2738	29245	88787
重庆	30	26971	22514	1401310	3522894
四川	22	43408	39335	713542	2232746
贵州	3	2925	2821	58327	122124
云南	13	10806	9280	220862	298776
西藏	1	800	800	18805	69700
陕西	11	14232	14145	460650	1537302
甘肃	9	13251	10957	391930	280641
青海	4	2061	2061	360345	106588
宁夏	6	3677	3445	330800	188253
新疆	18	25889	19817	1404503	1443487

2-2　续表 1

(生产资料综合市场)

地　区	市场数量(个)	总摊位数(个)	年末出租摊位数(个)	营业面积(平方米)	成交额(万元)
全　国	**53**	**59212**	**53386**	**8071565**	**11732139**
北　京	1	280	258	7200	11056
天　津	2	1192	1192	201000	581284
河　北	2	600	540	150050	71940
山　西					
内蒙古	2	75	75	23000	33700
辽　宁	1	606	606	11990	21850
吉　林	3	6850	5970	144000	200082
黑龙江	1	334	334	13000	24580
上　海	2	550	459	90000	45675
江　苏	7	10179	9546	2767370	1666673
浙　江	8	6209	6134	897877	4343210
安　徽	1	6550	5734	1570000	2098772
福　建	1	91	91	30000	12205
江　西	1	1500	1185	20000	183620
山　东	4	1112	976	102000	73250
河　南					
湖　北	4	5382	5352	669774	508363
湖　南	2	4300	4300	106200	152400
广　东					
广　西	1	248	240	17550	232500
海　南					
重　庆	1	1600	1600	260000	493423
四　川	4	5125	4855	267000	450910
贵　州					
云　南	1	173	168	10920	12132
西　藏					
陕　西					
甘　肃					
青　海	1	358	358	132534	38000
宁　夏	1	308	308	200000	52245
新　疆	2	5590	3105	380100	424269

2-2 续表 2

(工业消费品综合市场)

地　区	市场数量(个)	总摊位数(个)	年末出租摊位数(个)	营业面积(平方米)	成交额(万元)
全　国	**286**	**440697**	**396749**	**18835865**	**36538336**
北　京	11	13371	11746	246310	750877
天　津	6	8352	7821	219883	538987
河　北	20	48424	45824	3803011	7478998
山　西	2	1327	925	94041	31475
内蒙古	2	3110	3110	240000	290000
辽　宁	26	34143	31626	773433	970957
吉　林	8	25197	15717	676300	493185
黑龙江	12	13825	11233	366504	356215
上　海	2	1148	1148	36200	151228
江　苏	21	33848	30136	831887	3444627
浙　江	26	74391	73322	3909839	7976573
安　徽	5	8984	8239	660950	799742
福　建	4	5118	3073	209910	219904
江　西	8	8580	6678	341560	365668
山　东	31	44226	40916	2498093	3271114
河　南	12	20119	18693	678328	2418603
湖　北	7	6832	6412	184202	815206
湖　南	25	21539	19168	353965	1197058
广　东	19	11488	10851	358670	1457580
广　西	5	9042	7615	277184	359447
海　南					
重　庆	8	7755	6740	534948	605767
四　川	5	7961	7090	127565	463220
贵　州	1	1710	1710	25000	80000
云　南	1	1460	1306	40000	24090
西　藏					
陕　西	6	9693	9689	358980	1440743
甘　肃	6	5334	4423	325930	158025
青　海					
宁　夏	1	481	476	40000	70175
新　疆	6	13239	11062	623172	308872

2-2　续表 3

（农产品综合市场）

地　区	市场数量（个）	总摊位数（个）	年末出租摊位数（个）	营业面积（平方米）	成交额（万元）
全　国	**657**	**441600**	**396452**	**14935590**	**45824068**
北　京	20	23008	21578	2214801	6274405
天　津	11	15310	14155	606362	1489548
河　北	24	25688	22893	1569307	2343016
山　西	2	2300	2300	306000	339000
内蒙古					
辽　宁	22	14242	13210	351000	1693593
吉　林	2	765	765	11795	24866
黑龙江	7	4242	4228	318147	479556
上　海	24	9100	8905	573253	2126271
江　苏	120	62475	58700	1792222	7203266
浙　江	166	80053	72981	1581756	6980817
安　徽	22	13696	13209	401716	1876898
福　建	51	22057	18738	354501	1635087
江　西	10	10966	10176	352952	1847499
山　东	22	20719	19515	1002375	1369331
河　南	6	2917	2593	193360	234351
湖　北	14	4537	4403	154590	300914
湖　南	32	31263	20788	1209480	1744402
广　东	50	31260	28031	608453	3139615
广　西	13	11185	10674	313478	628513
海　南	1	619	619	1200	11615
重　庆	11	11395	8467	266256	2081778
四　川	10	28241	25438	281638	1210390
贵　州					
云　南	6	5723	5140	65528	168682
西　藏	1	800	800	18805	69700
陕　西	1	240	223	7200	11250
甘　肃	1	2500	2500	50000	35000
青　海					
宁　夏	4	2888	2661	90800	65833
新　疆	4	3411	2762	238615	438872

2-2 续表 4

(其他综合市场)

地　区	市场数量（个）	总摊位数（个）	年末出租摊位数（个）	营业面积（平方米）	成交额（万元）
全　国	**284**	**265266**	**239655**	**13785715**	**23316960**
北　京	8	16534	15365	501045	2519575
天　津	7	5579	5527	473284	603032
河　北	24	25371	22830	1436271	1325499
山　西	1	6101	5890	651000	1563442
内蒙古	2	881	783	49000	28265
辽　宁	15	18491	16159	3208490	2644310
吉　林	5	3440	3404	63653	96782
黑龙江	6	5531	5136	91640	154665
上　海	7	5380	4347	197508	490144
江　苏	19	13163	12035	835910	2511479
浙　江	14	11282	9364	530880	3430472
安　徽	9	7834	6088	494081	370625
福　建	11	6043	5452	357358	1010032
江　西	14	11551	9485	370701	1095212
山　东	24	22477	21680	1382129	710554
河　南	7	15683	14165	320027	109181
湖　北	14	8855	8522	298484	601204
湖　南	36	34484	32359	924329	2012742
广　东	12	6383	5680	237542	315490
广　西	11	10049	8971	318255	547948
海　南	3	2119	2119	28045	77172
重　庆	10	6221	5707	340106	341926
四　川	3	2081	1952	37339	108226
贵　州	2	1215	1111	33327	42124
云　南	5	3450	2666	104414	93872
西　藏					
陕　西	4	4299	4233	94470	85309
甘　肃	2	5417	4034	16000	87616
青　海	3	1703	1703	227811	68588
宁　夏					
新　疆	6	3649	2888	162616	271474

2-2　续表 5

（专业市场）

地　区	市场数量（个）	总摊位数（个）	年末出租摊位数（个）	营业面积（平方米）	成交额（万元）
全　国	**3407**	**2131099**	**1908539**	**176674564**	**462226404**
北　京	86	64977	52571	8171625	9587897
天　津	60	28539	26082	2894501	16950260
河　北	211	239054	194726	17852640	23860329
山　西	37	23710	19812	1346071	1532063
内蒙古	60	34239	31501	3298982	4720967
辽　宁	161	127004	118093	5437312	21536725
吉　林	50	34235	32824	2090674	4192504
黑龙江	61	36711	34820	2324129	6297473
上　海	128	58168	53855	7094179	42611751
江　苏	361	215228	195621	21579723	77433117
浙　江	458	258693	231412	16120468	73791668
安　徽	96	54095	46686	4018120	8844949
福　建	88	26551	25735	2178211	9059824
江　西	55	34898	32096	2228480	6983716
山　东	455	273113	257069	28448297	49092796
河　南	115	66490	61495	6306140	8817471
湖　北	97	51228	48308	3831983	9508167
湖　南	168	91268	85404	5479980	11960594
广　东	259	144716	125415	15435551	32741064
广　西	57	37741	30475	2523021	6300185
海　南	3	1227	1137	25400	70646
重　庆	77	49690	46112	3550054	12304221
四　川	68	60039	51341	3821608	7922659
贵　州	28	19422	18037	762682	3475467
云　南	39	20117	14773	1396330	3510449
西　藏					
陕　西	31	16819	16275	934007	1671351
甘　肃	28	18092	17210	1545987	2482913
青　海	5	3839	3839	101513	177745
宁　夏	21	14893	12028	2838521	1364902
新　疆	44	26303	23787	3038375	3422531

2-2 续表 6

(生产资料市场)

地 区	市场数量(个)	总摊位数(个)	年末出租摊位数(个)	营业面积(平方米)	成交额(万元)
全 国	**720**	**269043**	**239943**	**54314796**	**174614848**
北 京	14	4302	3769	327727	680731
天 津	21	3955	3730	884338	9377810
河 北	47	21605	20269	6818040	5188326
山 西	3	181	153	115488	589227
内蒙古	12	1761	1665	647076	2410750
辽 宁	34	11583	10489	1583406	6089707
吉 林	12	3719	3567	663681	408731
黑龙江	9	2026	1952	577200	3333141
上 海	46	13735	12899	3950387	34721358
江 苏	114	49242	41195	8312119	35621343
浙 江	104	36978	33964	4577383	27414004
安 徽	16	7361	6202	1108781	3333385
福 建	11	2933	2778	520785	2480352
江 西	9	5389	4638	360104	1306084
山 东	86	23824	22141	10117925	12825518
河 南	15	4661	3744	1670841	2053758
湖 北	19	6742	6244	623593	1592365
湖 南	37	21013	18440	1977777	3474118
广 东	20	6852	5659	2117563	4865758
广 西	17	6321	5687	1079849	4046665
海 南					
重 庆	25	9395	7968	1421081	5224945
四 川	14	10415	8473	1223320	2290244
贵 州	4	1485	1395	188500	630173
云 南	7	1137	1117	234978	1479231
西 藏					
陕 西	2	970	970	57300	45934
甘 肃	6	1846	1846	382800	1099074
青 海					
宁 夏	8	4127	3673	1797861	911976
新 疆	8	5485	5316	974893	1120140

2-2　续表 7

(农业生产用具市场)

地　区	市场数量(个)	总摊位数(个)	年末出租摊位数(个)	营业面积(平方米)	成交额(万元)
全　国	**16**	**4998**	**4562**	**1390022**	**1230159**
北　京					
天　津					
河　北	3	2713	2515	801200	672487
山　西					
内蒙古	1	45	45	130006	25600
辽　宁					
吉　林					
黑龙江					
上　海					
江　苏	1	550	465	45857	52615
浙　江					
安　徽					
福　建					
江　西	1	80	78	8000	21720
山　东	6	716	674	192000	223037
河　南	1	360	280	56000	100000
湖　北	1	163	163	25800	56579
湖　南					
广　东	1	180	180	115015	50589
广　西					
海　南					
重　庆					
四　川					
贵　州					
云　南					
西　藏					
陕　西					
甘　肃					
青　海					
宁　夏	1	191	162	16144	27532
新　疆					

2-2 续表 8

(农用生产资料市场)

地　区	市场数量(个)	总摊位数(个)	年末出租摊位数(个)	营业面积(平方米)	成交额(万元)
全　国	**33**	**6835**	**5973**	**803648**	**1550343**
北　京					
天　津					
河　北	4	2166	1780	328765	109337
山　西					
内蒙古	2	162	162	82800	31280
辽　宁	1	300	300	15000	275000
吉　林	2	657	581	12300	40107
黑龙江					
上　海					
江　苏	3	436	318	30270	118190
浙　江	2	199	199	8380	44276
安　徽	2	160	160	10340	20080
福　建	2	338	203	16750	75679
江　西					
山　东	6	802	782	76950	323576
河　南					
湖　北					
湖　南	2	62	62	37000	63500
广　东					
广　西	3	494	494	56960	167850
海　南					
重　庆	1	389	389	40000	152000
四　川					
贵　州					
云　南					
西　藏					
陕　西					
甘　肃					
青　海					
宁　夏					
新　疆	3	670	543	88133	129468

2-2　续表 9

(煤炭市场)

地　区	市场数量 (个)	总摊位数 (个)	年末出租摊位数 (个)	营业面积 (平方米)	成交额 (万元)
全　国	**14**	**1747**	**1698**	**3765162**	**3033034**
北　京					
天　津	3	439	439	1100	1160034
河　北	4	262	213	1800199	211969
山　西	2	11	11	3600	276775
内蒙古	1	29	29	20010	480000
辽　宁					
吉　林					
黑龙江					
上　海	1	10	10	1500	11725
江　苏	1	33	33	200000	182700
浙　江	1	67	67	405353	676994
安　徽					
福　建					
江　西					
山　东					
河　南					
湖　北					
湖　南					
广　东					
广　西					
海　南					
重　庆					
四　川					
贵　州					
云　南					
西　藏					
陕　西					
甘　肃					
青　海					
宁　夏	1	896	896	1333400	32837
新　疆					

2-2 续表 10

(木材市场)

地 区	市场数量 (个)	总摊位数 (个)	年末出租摊位数 (个)	营业面积 (平方米)	成交额 (万元)
全 国	**56**	**18072**	**16977**	**4099949**	**4706960**
北 京	1	600	600	40000	11476
天 津					
河 北	1	50	50	53000	20400
山 西					
内 蒙 古	1	132	132	56700	200000
辽 宁	2	307	307	5575	41457
吉 林	1	175	175	225000	12450
黑 龙 江	1	103	64	20000	23400
上 海	4	295	295	104982	139392
江 苏	10	4143	4045	722127	609938
浙 江	13	5622	5107	661218	1328308
安 徽					
福 建					
江 西					
山 东	12	3433	3299	1732788	1883415
河 南					
湖 北	1	270	270	30000	15000
湖 南	2	739	739	90120	67200
广 东	2	1067	818	123035	263580
广 西	2	278	278	122836	57755
海 南					
重 庆	2	526	476	60000	22500
四 川					
贵 州					
云 南					
西 藏					
陕 西					
甘 肃					
青 海					
宁 夏	1	332	322	52568	10689
新 疆					

2-2　续表 11

(建材市场)

地　区	市场数量(个)	总摊位数(个)	年末出租摊位数(个)	营业面积(平方米)	成交额(万元)
全　国	**200**	**86860**	**80016**	**14204115**	**15494131**
北　京	6	1884	1647	147800	162440
天　津	1	350	350	11800	93580
河　北	8	2251	2227	337883	332538
山　西					
内蒙古	3	766	670	150000	129540
辽　宁	11	4006	3639	766141	456685
吉　林	4	785	785	153200	71378
黑龙江	2	606	606	88000	41090
上　海	14	5778	5523	3207038	2349753
江　苏	42	19427	17833	3358045	3338067
浙　江	14	4180	3057	432632	783191
安　徽	6	4809	4053	634100	205039
福　建	5	1992	1972	328375	1116193
江　西	6	4206	3864	336324	514276
山　东	21	8236	7840	1586689	1615494
河　南	7	2547	2304	641010	444452
湖　北	8	3126	2801	236493	428351
湖　南	17	10811	10148	310064	573838
广　东	1	810	633	172889	224484
广　西	5	2873	2839	136720	496770
海　南					
重　庆	7	2483	2350	393895	1292537
四　川	4	2279	2240	360090	572634
贵　州	1	670	670	23500	90000
云　南	2	435	415	45575	36032
西　藏					
陕　西	2	970	970	57300	45934
甘　肃	2	217	217	209600	49835
青　海					
宁　夏	1	363	363	78952	30000
新　疆					

2-2 续表 12

(化工材料及制品市场)

地 区	市场数量(个)	总摊位数(个)	年末出租摊位数(个)	营业面积(平方米)	成交额(万元)
全 国	**38**	**15302**	**12527**	**1742202**	**18807988**
北 京					
天 津	3	377	319	10100	746308
河 北	3	802	755	83934	265933
山 西					
内 蒙 古					
辽 宁	1	135	135	8459	15375
吉 林					
黑 龙 江					
上 海	2	1080	941	24000	846206
江 苏	8	3722	2379	341180	7389319
浙 江	7	4550	4093	837520	7845380
安 徽	1	350	326	3700	18604
福 建	1	78	78	7500	31998
江 西					
山 东	4	1932	1932	270326	895920
河 南					
湖 北					
湖 南	3	1339	917	72600	87561
广 东	2	282	251	11657	89434
广 西					
海 南					
重 庆					
四 川	2	586	332	47546	515000
贵 州					
云 南	1	69	69	23680	60950
西 藏					
陕 西					
甘 肃					
青 海					
宁 夏					
新 疆					

2-2 续表 13

(金属材料市场)

地　区	市场数量(个)	总摊位数(个)	年末出租摊位数(个)	营业面积(平方米)	成交额(万元)
全　国	**279**	**88929**	**78940**	**21620772**	**114113538**
北　京	3	351	280	69171	117103
天　津	14	2789	2622	861338	7377888
河　北	19	10698	10458	2323584	2965214
山　西	1	170	142	111888	312452
内蒙古	3	443	443	149560	1466000
辽　宁	15	5707	5268	746907	3119156
吉　林	1	203	133	48181	168000
黑龙江	5	1167	1142	349200	3202851
上　海	21	5316	4926	581867	24427523
江　苏	42	15876	13115	2581680	23097454
浙　江	49	15526	14775	1851335	15200761
安　徽	6	1622	1495	445241	3062762
福　建	2	238	238	120160	1216027
江　西	2	1103	696	15780	770088
山　东	31	5959	4908	5287043	7470640
河　南	7	1754	1160	973831	1509306
湖　北	9	3183	3010	331300	1092435
湖　南	4	1421	1250	1025000	1996520
广　东	10	2582	1999	997967	3940301
广　西	5	1576	976	660333	3221490
海　南					
重　庆	9	3292	2499	531100	3496040
四　川	5	1979	1936	595684	464340
贵　州	3	815	725	165000	540173
云　南	4	633	633	165723	1382249
西　藏					
陕　西					
甘　肃	4	1629	1629	173200	1049239
青　海					
宁　夏	3	2049	1634	282071	780718
新　疆	2	848	848	176628	666808

2-2 续表 14

(机械设备市场)

地　区	市场数量(个)	总摊位数(个)	年末出租摊位数(个)	营业面积(平方米)	成交额(万元)
全　国	**41**	**21050**	**17099**	**1950890**	**3821206**
北　京	3	1187	967	50200	338283
天　津					
河　北	1	83	83	2075	15000
山　西					
内蒙古	1	184	184	58000	78330
辽　宁	1	260	182	7781	15000
吉　林					
黑龙江					
上　海					
江　苏	3	755	568	87960	345881
浙　江	12	4214	4058	170221	1241920
安　徽	1	420	168	15400	26900
福　建					
江　西					
山　东	2	569	529	24008	110743
河　南					
湖　北					
湖　南	7	5564	4251	383433	653946
广　东	2	960	834	487000	150053
广　西	1	500	500	23000	80000
海　南					
重　庆	3	1425	1100	342086	196680
四　川	2	3571	2317	135000	338270
贵　州					
云　南					
西　藏					
陕　西					
甘　肃					
青　海					
宁　夏	1	296	296	34726	30200
新　疆	1	1062	1062	130000	200000

2-2 续表 15

(其他生产资料市场)

地　区	市场数量 (个)	总摊位数 (个)	年末出租摊位数 (个)	营业面积 (平方米)	成交额 (万元)
全　国	**43**	**25250**	**22151**	**4738036**	**11857489**
北　京	1	280	275	20556	51429
天　津					
河　北	4	2580	2188	1087400	595448
山　西					
内蒙古					
辽　宁	3	868	658	33543	2167034
吉　林	4	1899	1893	225000	116796
黑龙江	1	150	140	120000	65800
上　海	4	1256	1204	31000	6946759
江　苏	4	4300	2439	945000	487179
浙　江	6	2620	2608	210724	293174
安　徽					
福　建	1	287	287	48000	40455
江　西					
山　东	4	2177	2177	948121	302693
河　南					
湖　北					
湖　南	2	1077	1073	59560	31553
广　东	2	971	944	210000	147317
广　西	1	600	600	80000	22800
海　南					
重　庆	3	1280	1154	54000	65188
四　川	1	2000	1648	85000	400000
贵　州					
云　南					
西　藏					
陕　西					
甘　肃					
青　海					
宁　夏					
新　疆	2	2905	2863	580132	123864

2-2 续表 16

(农产品市场)

地 区	市场数量(个)	总摊位数(个)	年末出租摊位数(个)	营业面积(平方米)	成交额(万元)
全 国	**946**	**587002**	**520888**	**37114723**	**91085860**
北 京	17	20445	10514	879776	2329452
天 津	16	11381	9416	581601	3500044
河 北	92	123905	110579	5465175	7469536
山 西	8	2958	2822	236670	350373
内蒙古	22	12573	10213	1826528	925241
辽 宁	45	21141	17412	1361695	2856201
吉 林	12	6810	6516	520435	1126276
黑龙江	13	3988	3839	555052	1208854
上 海	26	12034	10827	596297	3254493
江 苏	83	35637	31581	3016504	7238413
浙 江	114	51950	46953	2030170	12305744
安 徽	30	13632	12328	657840	1367766
福 建	36	7463	7067	548437	2440358
江 西	21	8831	8066	343931	1444169
山 东	151	118613	112404	9044852	16606661
河 南	31	16642	15422	1542398	2805282
湖 北	22	14808	13670	735600	3400996
湖 南	36	14359	13091	758443	1759213
广 东	70	28514	25297	1890690	9495919
广 西	16	12276	11722	621667	1227138
海 南					
重 庆	14	6258	5341	316153	1233817
四 川	17	14744	11522	1070595	2423231
贵 州	7	2600	2385	167441	552389
云 南	11	4063	3771	370236	851653
西 藏					
陕 西	10	5934	5576	376954	858427
甘 肃	8	4978	4761	341828	787948
青 海	1	423	423	39200	107726
宁 夏	4	4465	2618	187600	160773
新 疆	13	5577	4752	1030955	997767

2-2 续表 17

(粮油市场)

地 区	市场数量(个)	总摊位数(个)	年末出租摊位数(个)	营业面积(平方米)	成交额(万元)
全 国	**102**	**27765**	**25452**	**3781462**	**12907058**
北 京	3	1641	1432	160000	590935
天 津	3	376	376	69909	1732994
河 北	8	1187	1061	565653	403695
山 西	1	145	80	6000	14000
内蒙古	6	1830	1830	153012	115700
辽 宁	4	2842	1870	207869	217327
吉 林	1	1608	1608	177946	384000
黑龙江	2	117	110	53604	224686
上 海	3	1505	1418	116000	973271
江 苏	7	1053	921	285950	966618
浙 江	17	1736	1714	305678	1330181
安 徽	3	1187	1092	48159	258546
福 建	3	405	375	73220	368930
江 西	2	42	42	4900	261300
山 东	14	4152	4065	422877	1883170
河 南	4	2602	2572	725550	1314550
湖 北	2	330	305	45200	31734
湖 南	3	672	539	51500	235932
广 东	5	1457	1294	158375	717515
广 西	1	80	80	8000	25920
海 南					
重 庆	1	1000	1000	8000	54583
四 川	1	196	190	2000	87000
贵 州	1	100	100	19419	91000
云 南	2	272	222	7431	138658
西 藏					
陕 西	1	231	231	9010	150000
甘 肃	1	325	310	23000	96850
青 海	1	423	423	39200	107726
宁 夏					
新 疆	2	251	192	34000	130237

2-2 续表 18

(肉禽蛋市场)

地 区	市场数量(个)	总摊位数(个)	年末出租摊位数(个)	营业面积(平方米)	成交额(万元)
全 国	**116**	**38377**	**34507**	**2551920**	**7071242**
北 京	2	594	340	30901	44946
天 津	1	464	464	100000	32175
河 北	4	1096	1047	226700	630124
山 西					
内蒙古	3	649	649	25000	76771
辽 宁	5	1926	1746	139210	293181
吉 林					
黑龙江	3	789	652	213185	237562
上 海	4	624	546	21857	133214
江 苏	18	3344	3008	145210	975767
浙 江	15	2380	2333	68127	855064
安 徽	9	2810	2069	81735	351426
福 建	2	420	420	10400	128530
江 西	5	1819	1819	51560	327664
山 东	8	3389	3294	152981	283375
河 南	1	621	621	35200	21743
湖 北	2	650	650	80450	357100
湖 南	3	1314	1256	53126	53143
广 东	15	5280	4674	290290	974305
广 西	5	5170	4616	112732	382633
海 南					
重 庆	4	1910	1578	25218	79204
四 川	3	2258	1907	559533	685216
贵 州					
云 南	2	600	548	52718	66006
西 藏					
陕 西					
甘 肃					
青 海					
宁 夏	1	70	70	33600	63960
新 疆	1	200	200	42187	18133

2-2 续表 19

(水产品市场)

地 区	市场数量(个)	总摊位数(个)	年末出租摊位数(个)	营业面积(平方米)	成交额(万元)
全 国	**142**	**95501**	**84564**	**3406164**	**18641363**
北 京	3	1324	1248	61240	733301
天 津	5	3915	2050	108360	547934
河 北	5	2940	2917	110788	184017
山 西					
内蒙古					
辽 宁	8	2688	2376	252200	1023683
吉 林					
黑龙江	1	30	25	7779	10800
上 海	5	3061	2808	209300	1282704
江 苏	22	7771	5975	592959	1755684
浙 江	29	22676	19498	430543	3467044
安 徽					
福 建	10	1657	1600	93174	1030815
江 西					
山 东	22	38269	36516	858450	3782346
河 南	3	815	815	48950	88500
湖 北	3	3648	2792	96625	1698071
湖 南	4	721	649	166100	299184
广 东	16	3430	3097	209496	1812551
广 西	1	462	462	40000	21278
海 南					
重 庆	3	1070	735	88000	804322
四 川	1	624	601	27000	15129
贵 州					
云 南					
西 藏					
陕 西					
甘 肃					
青 海					
宁 夏					
新 疆	1	400	400	5200	84000

2-2 续表 20

(蔬菜市场)

地 区	市场数量(个)	总摊位数(个)	年末出租摊位数(个)	营业面积(平方米)	成交额(万元)
全 国	**289**	**250186**	**223538**	**14797725**	**25092174**
北 京	5	10056	2404	190400	269728
天 津	5	5482	5382	177006	420941
河 北	52	86903	80715	3298160	4070542
山 西	5	2670	2670	200670	312225
内蒙古	6	3642	3553	1103700	307671
辽 宁	16	8503	7333	336046	947809
吉 林	5	3229	3127	190800	508784
黑龙江	5	2709	2709	220512	638534
上 海	6	4592	4052	137423	422792
江 苏	17	10948	9738	1013654	1843247
浙 江	20	10094	9016	510699	1748320
安 徽	8	6285	6204	394512	442073
福 建	9	1663	1614	248108	512331
江 西	3	1119	1119	79700	347423
山 东	59	48735	45926	3851830	5936775
河 南	16	10123	9143	592009	1190457
湖 北	6	2778	2740	101250	141694
湖 南	6	3465	3226	238400	617110
广 东	7	2978	2599	390500	626213
广 西	4	2190	2190	333550	588808
海 南					
重 庆	2	450	230	22364	77848
四 川	7	8905	6088	320835	1171291
贵 州	2	1188	1116	35922	320040
云 南	3	1032	1032	203305	380763
西 藏					
陕 西	6	4443	4145	257744	619427
甘 肃	6	4156	3954	277628	486098
青 海					
宁 夏	1	1100	1100	35000	65130
新 疆	2	748	413	35998	78100

2-2　续表 21

(干鲜果品市场)

地　区	市场数量 (个)	总摊位数 (个)	年末出租摊位数 (个)	营业面积 (平方米)	成交额 (万元)
全　国	**136**	**72282**	**62622**	**5243794**	**14046484**
北　京	2	2690	1158	255000	68243
天　津					
河　北	13	12373	8023	388854	738875
山　西	2	143	72	30000	24148
内蒙古	1	12	12	199998	80000
辽　宁	5	1386	1172	139470	166466
吉　林	4	582	474	86118	184306
黑龙江	1	236	236	19972	85000
上　海	3	551	550	43927	308690
江　苏	10	6779	6570	386067	1037616
浙　江	18	7845	7634	486651	2522604
安　徽	3	260	260	61707	67046
福　建	4	405	377	79500	233446
江　西	5	2398	2203	168200	379333
山　东	26	14073	13025	980320	2258845
河　南	5	2145	1940	98419	134357
湖　北	4	4830	4790	377975	1028658
湖　南	8	1587	1349	139250	276004
广　东	10	6344	5388	660666	3489451
广　西	2	2891	2891	94600	115000
海　南					
重　庆	1	685	680	95000	78532
四　川	3	1158	1133	122000	147930
贵　州	2	338	338	107400	100500
云　南	1	312	312	28000	72000
西　藏					
陕　西	1	260	260	46200	23000
甘　肃					
青　海					
宁　夏					
新　疆	2	1999	1775	148500	426434

2-2 续表 22

(棉麻土畜、烟叶市场)

地　区	市场数量(个)	总摊位数(个)	年末出租摊位数(个)	营业面积(平方米)	成交额(万元)
全　国	**23**	**21401**	**18742**	**3290326**	**4368172**
北　京					
天　津	1	650	650	100	35300
河　北	5	17000	14500	669970	1368620
山　西					
内蒙古	1	300	300	32000	23600
辽　宁	1	400	300	12000	14100
吉　林					
黑龙江					
上　海					
江　苏					
浙　江	4	649	641	45926	1401684
安　徽	1	315	315	16850	38276
福　建					
江　西					
山　东	9	2007	1961	2480480	1441592
河　南	1	80	75	33000	45000
湖　北					
湖　南					
广　东					
广　西					
海　南					
重　庆					
四　川					
贵　州					
云　南					
西　藏					
陕　西					
甘　肃					
青　海					
宁　夏					
新　疆					

2-2　续表 23

(其他农产品市场)

地　区	市场数量(个)	总摊位数(个)	年末出租摊位数(个)	营业面积(平方米)	成交额(万元)
全　国	**138**	**81490**	**71463**	**4043332**	**8959367**
北　京	2	4140	3932	182235	622299
天　津	1	494	494	126226	730700
河　北	5	2406	2316	205050	73663
山　西					
内蒙古	5	6140	3869	312818	321499
辽　宁	6	3396	2615	274900	193635
吉　林	2	1391	1307	65571	49186
黑龙江	1	107	107	40000	12272
上　海	5	1701	1453	67790	133822
江　苏	9	5742	5369	592664	659481
浙　江	11	6570	6117	182546	980847
安　徽	6	2775	2388	54877	210399
福　建	8	2913	2681	44035	166306
江　西	6	3453	2883	39571	128449
山　东	13	7988	7617	297914	1020558
河　南	1	256	256	9270	10675
湖　北	5	2572	2393	34100	143739
湖　南	12	6600	6072	110067	277840
广　东	17	9025	8245	181363	1875884
广　西	3	1483	1483	32785	93499
海　南					
重　庆	3	1143	1118	77571	139328
四　川	2	1603	1603	39227	316665
贵　州	2	974	831	4700	40849
云　南	3	1847	1657	78782	194226
西　藏					
陕　西	2	1000	940	64000	66000
甘　肃	1	497	497	41200	205000
青　海					
宁　夏	2	3295	1448	119000	31683
新　疆	5	1979	1772	765070	260863

2-2 续表 24

(食品、饮料及烟酒市场)

地 区	市场数量(个)	总摊位数(个)	年末出租摊位数(个)	营业面积(平方米)	成交额(万元)
全 国	**140**	**83277**	**67206**	**3930052**	**11842503**
北 京	1	139	139	7000	16946
天 津					
河 北	3	1230	1177	50100	193947
山 西	4	686	642	21065	57851
内蒙古	1	228	228	20300	15230
辽 宁	2	1921	1870	21404	273615
吉 林	1	395	395	19537	117918
黑龙江	2	861	821	9400	24652
上 海	2	679	670	27000	301438
江 苏	17	6676	5777	736643	2656332
浙 江	20	18908	8567	525701	1961689
安 徽	6	4842	3839	318320	712244
福 建	3	1783	1781	87000	251282
江 西	1	1124	933	102295	708279
山 东	29	18936	18191	741636	2435938
河 南	5	3938	3253	169694	106553
湖 北	3	1661	1433	74299	156092
湖 南	7	2582	2383	88388	228774
广 东	10	3772	3606	217198	512727
广 西	6	3224	2901	56380	154937
海 南	1	890	800	6000	23446
重 庆	3	1257	1167	27089	177652
四 川	4	2571	2177	109961	137156
贵 州	4	2488	2319	53710	436717
云 南	1	360	326	24982	14598
西 藏					
陕 西					
甘 肃					
青 海					
宁 夏	2	1069	1045	365000	120540
新 疆	2	1057	766	49950	45950

2-2　续表 25

（食品饮料市场）

地　区	市场数量（个）	总摊位数（个）	年末出租摊位数（个）	营业面积（平方米）	成交额（万元）
全　国	**57**	**36696**	**32655**	**1694323**	**3890378**
北　京					
天　津					
河　北	2	1130	1079	45100	129947
山　西	4	686	642	21065	57851
内蒙古	1	228	228	20300	15230
辽　宁	1	1551	1500	12234	260000
吉　林					
黑龙江	1	550	550	7000	12201
上　海					
江　苏	7	2619	1848	154903	415335
浙　江	7	5097	4960	217445	1064737
安　徽	2	2625	1780	203000	92365
福　建					
江　西					
山　东	6	6609	6609	156698	915712
河　南	4	3853	3168	163884	96190
湖　北	1	250	250	8000	19100
湖　南	3	1355	1328	35000	110157
广　东	5	2069	1934	99748	189306
广　西	1	550	313	7000	21980
海　南	1	890	800	6000	23446
重　庆	3	1257	1167	27089	177652
四　川	4	2571	2177	109961	137156
贵　州	1	912	743	1950	10408
云　南					
西　藏					
陕　西					
甘　肃					
青　海					
宁　夏	2	1069	1045	365000	120540
新　疆	1	825	534	32946	21065

2-2 续表 26

(茶叶市场)

地　区	市场数量 (个)	总摊位数 (个)	年末出租摊位数 (个)	营业面积 (平方米)	成交额 (万元)
全　国	**23**	**18898**	**8978**	**686170**	**1553439**
北　京	1	139	139	7000	16946
天　津					
河　北					
山　西					
内蒙古					
辽　宁					
吉　林					
黑龙江					
上　海	1	290	281	15000	84380
江　苏	1	420	420	39960	18000
浙　江	6	11810	2010	117460	352662
安　徽	1	600	600	12000	163000
福　建	2	1555	1555	57000	171502
江　西					
山　东	4	1440	1440	263000	360555
河　南					
湖　北	1	1200	1090	63000	113766
湖　南	1	180	180	22000	14800
广　东	3	1026	1025	77250	162728
广　西	2	238	238	12500	95100
海　南					
重　庆					
四　川					
贵　州					
云　南					
西　藏					
陕　西					
甘　肃					
青　海					
宁　夏					
新　疆					

2-2 续表 27

(烟酒市场)

地 区	市场数量 (个)	总摊位数 (个)	年末出租摊位数 (个)	营业面积 (平方米)	成交额 (万元)
全 国	**12**	**4048**	**3440**	**249170**	**1261863**
北 京					
天 津					
河 北	1	100	98	5000	64000
山 西					
内蒙古					
辽 宁					
吉 林					
黑龙江					
上 海					
江 苏	1	200	180	3200	18750
浙 江					
安 徽	2	767	699	97320	351479
福 建					
江 西					
山 东	7	2940	2422	142860	814011
河 南					
湖 北					
湖 南					
广 东					
广 西					
海 南					
重 庆					
四 川					
贵 州	1	41	41	790	13623
云 南					
西 藏					
陕 西					
甘 肃					
青 海					
宁 夏					
新 疆					

2-2 续表 28

(其他食品饮料及烟酒市场)

地 区	市场数量 (个)	总摊位数 (个)	年末出租摊位数 (个)	营业面积 (平方米)	成交额 (万元)
全 国	**48**	**23635**	**22133**	**1300389**	**5136823**
北 京					
天 津					
河 北					
山 西					
内蒙古					
辽 宁	1	370	370	9170	13615
吉 林	1	395	395	19537	117918
黑龙江	1	311	271	2400	12451
上 海	1	389	389	12000	217058
江 苏	8	3437	3329	538580	2204247
浙 江	7	2001	1597	190796	544290
安 徽	1	850	760	6000	105400
福 建	1	228	226	30000	79780
江 西	1	1124	933	102295	708279
山 东	12	7947	7720	179078	345660
河 南	1	85	85	5810	10363
湖 北	1	211	93	3299	23226
湖 南	3	1047	875	31388	103817
广 东	2	677	647	40200	160693
广 西	3	2436	2350	36880	37857
海 南					
重 庆					
四 川					
贵 州	2	1535	1535	50970	412686
云 南	1	360	326	24982	14598
西 藏					
陕 西					
甘 肃					
青 海					
宁 夏					
新 疆	1	232	232	17004	24885

2-2 续表 29

(纺织、服装、鞋帽市场)

地　区	市场数量（个）	总摊位数（个）	年末出租摊位数（个）	营业面积（平方米）	成交额（万元）
全　国	**531**	**649818**	**603438**	**22777957**	**85250647**
北　京	10	13531	13282	376497	293645
天　津	7	5609	5595	303256	961744
河　北	29	41041	30341	1619440	6028651
山　西	10	15374	12208	579168	331444
内蒙古	14	14861	14654	494467	764653
辽　宁	29	59490	57377	1023353	7405338
吉　林	12	16002	15990	346000	617502
黑龙江	20	21408	19920	465081	887048
上　海	14	11975	11039	314257	1160148
江　苏	31	69836	66959	3515542	21075750
浙　江	61	84728	80729	3474236	17638822
安　徽	8	6611	5622	205426	408046
福　建	15	8561	8477	327518	1515945
江　西	5	9627	9313	214966	2460751
山　东	66	53916	51487	2199065	5335120
河　南	20	21165	20033	928413	822015
湖　北	18	14235	13766	1104207	727291
湖　南	39	34713	34255	1018546	1533602
广　东	62	58414	48760	1938044	8098000
广　西	6	6040	5721	223946	249023
海　南					
重　庆	5	17145	17035	453652	2292476
四　川	18	24307	21871	608265	1940199
贵　州	2	10200	9333	95325	994675
云　南	1	1500	1500	75000	61902
西　藏					
陕　西	10	7350	7184	176000	417703
甘　肃	6	7527	7392	418660	352349
青　海	1	2110	2110	15000	25300
宁　夏	2	3323	3323	40000	33855
新　疆	10	9219	8162	224627	817650

2-2 续表 30

(布料及纺织品市场)

地 区	市场数量(个)	总摊位数(个)	年末出租摊位数(个)	营业面积(平方米)	成交额(万元)
全 国	**76**	**118442**	**100854**	**6602677**	**36205122**
北 京	1	350	310	4500	13519
天 津	1	380	380	52000	368846
河 北	8	24138	15233	1160886	4957881
山 西					
内蒙古					
辽 宁					
吉 林					
黑龙江	3	3707	3392	82137	67522
上 海	1	2300	2300	100000	166483
江 苏	8	17241	16518	1558883	12402921
浙 江	18	38940	37720	2118642	11551844
安 徽					
福 建	2	521	514	28980	276260
江 西					
山 东	13	6753	6118	470525	1540314
河 南	2	1750	894	38600	28103
湖 北	1	800	800	3000	15430
湖 南	3	707	667	19400	67180
广 东	10	18924	14157	891484	4622836
广 西					
海 南					
重 庆					
四 川					
贵 州					
云 南					
西 藏					
陕 西	2	1100	1100	26000	80000
甘 肃	1	260	260	26640	12000
青 海					
宁 夏					
新 疆	2	571	491	21000	33983

2-2 续表 31

(服装市场)

地 区	市场数量(个)	总摊位数(个)	年末出租摊位数(个)	营业面积(平方米)	成交额(万元)
全 国	**319**	**379474**	**358604**	**11010759**	**34305923**
北 京	8	12081	11891	343997	257344
天 津	4	4168	4168	213300	561465
河 北	14	12842	11199	348554	763217
山 西	5	10463	9225	246068	171008
内蒙古	8	7703	7606	162700	305396
辽 宁	17	34167	33547	771731	4064798
吉 林	10	14606	14594	241000	587737
黑龙江	15	15969	14996	330944	740225
上 海	13	9675	8739	214257	993665
江 苏	9	30074	28230	1208611	5792882
浙 江	36	37312	34533	1281638	5336372
安 徽	5	5205	4244	162426	334536
福 建	11	7687	7610	285499	1212812
江 西	2	1012	870	31966	26922
山 东	37	35594	34142	1071508	2822285
河 南	12	11872	11687	501113	597951
湖 北	9	10273	9834	430807	535713
湖 南	25	21414	21289	668825	739307
广 东	44	28899	26214	745550	2406454
广 西	3	4202	3883	174796	205435
海 南					
重 庆	2	15026	15001	321652	1753782
四 川	11	19456	17427	426165	1805750
贵 州	2	10200	9333	95325	994675
云 南	1	1500	1500	75000	61902
西 藏					
陕 西	6	4043	3877	111200	148740
甘 肃	3	5723	5634	362500	312665
青 海					
宁 夏					
新 疆	7	8308	7331	183627	772885

2-2 续表 32

(鞋帽市场)

地　区	市场数量(个)	总摊位数(个)	年末出租摊位数(个)	营业面积(平方米)	成交额(万元)
全　国	**43**	**26118**	**24477**	**1259320**	**3386516**
北　京					
天　津	1	589	575	24000	12820
河　北	3	1020	1020	40000	128000
山　西	2	550	550	24500	120931
内蒙古					
辽　宁	3	3292	2416	62800	536530
吉　林					
黑龙江	1	1400	1200	20000	63800
上　海					
江　苏	3	2383	2383	246669	283290
浙　江	1	880	880	6000	46250
安　徽	1	291	291	5000	17950
福　建	1	288	288	5029	14196
江　西	1	478	478	22500	10148
山　东	6	2882	2750	113159	469536
河　南	4	2541	2450	291200	164880
湖　北	5	1246	1216	53400	119199
湖　南	3	1220	1082	62000	46001
广　东	6	4676	4516	173263	860985
广　西					
海　南					
重　庆	1	582	582	81000	312000
四　川					
贵　州					
云　南					
西　藏					
陕　西	1	1800	1800	28800	180000
甘　肃					
青　海					
宁　夏					
新　疆					

2-2　续表 33

（其他纺织服装鞋帽市场）

地　区	市场数量（个）	总摊位数（个）	年末出租摊位数（个）	营业面积（平方米）	成交额（万元）
全　国	**93**	**125784**	**119503**	**3905201**	**11353086**
北　京	1	1100	1081	28000	22782
天　津	1	472	472	13956	18613
河　北	4	3041	2889	70000	179553
山　西	3	4361	2433	308600	39505
内蒙古	6	7158	7048	331767	459257
辽　宁	9	22031	21414	188822	2804010
吉　林	2	1396	1396	105000	29765
黑龙江	1	332	332	32000	15501
上　海					
江　苏	11	20138	19828	501379	2596657
浙　江	6	7596	7596	67956	704356
安　徽	2	1115	1087	38000	55560
福　建	1	65	65	8010	12677
江　西	2	8137	7965	160500	2423681
山　东	10	8687	8477	543873	502985
河　南	2	5002	5002	97500	31081
湖　北	3	1916	1916	617000	56949
湖　南	8	11372	11217	268321	681114
广　东	2	5915	3873	127747	207725
广　西	3	1838	1838	49150	43588
海　南					
重　庆	2	1537	1452	51000	226694
四　川	7	4851	4444	182100	134449
贵　州					
云　南					
西　藏					
陕　西	1	407	407	10000	8963
甘　肃	2	1544	1498	29520	27684
青　海	1	2110	2110	15000	25300
宁　夏	2	3323	3323	40000	33855
新　疆	1	340	340	20000	10782

2-2 续表 34

(日用品及文化用品市场)

地　区	市场数量(个)	总摊位数(个)	年末出租摊位数(个)	营业面积(平方米)	成交额(万元)
全　国	**102**	**82849**	**77400**	**3122598**	**8687403**
北　京	5	7791	7433	162917	399856
天　津					
河　北	1	7200	7200	40000	214975
山　西	2	1880	1626	85680	61568
内蒙古	1	718	648	41000	95583
辽　宁	7	7848	7730	135500	1282511
吉　林	1	655	655	1000	50000
黑龙江	1	400	400	10000	40600
上　海	2	124	119	7800	49700
江　苏	9	8049	7825	213568	780238
浙　江	11	10810	10035	191294	822950
安　徽	2	1886	1715	95000	32641
福　建	2	630	580	182660	63371
江　西					
山　东	15	9032	8327	658042	1822576
河　南	4	2506	2171	90668	76727
湖　北	5	3411	3411	173173	328389
湖　南	6	951	948	59150	244310
广　东	23	16586	14210	890471	2159960
广　西	1	674	674	57620	46211
海　南					
重　庆	3	1137	1132	19242	105043
四　川					
贵　州					
云　南					
西　藏					
陕　西					
甘　肃					
青　海	1	561	561	7813	10194
宁　夏					
新　疆					

2-2 续表 35

(小商品市场)

地 区	市场数量(个)	总摊位数(个)	年末出租摊位数(个)	营业面积(平方米)	成交额(万元)
全 国	**38**	**42629**	**39741**	**1202648**	**2695990**
北 京	3	6509	6461	91417	230741
天 津					
河 北	1	7200	7200	40000	214975
山 西	2	1880	1626	85680	61568
内蒙古	1	718	648	41000	95583
辽 宁					
吉 林					
黑龙江					
上 海					
江 苏	5	4383	4354	49668	187340
浙 江	2	2180	2175	44600	145174
安 徽	1	1764	1593	80000	23261
福 建	1	58	58	5000	34613
江 西					
山 东	4	4694	4363	423332	1207462
河 南	3	2106	2031	50668	38727
湖 北	1	1100	1100	12000	17200
湖 南					
广 东	12	9318	7418	267454	397947
广 西					
海 南					
重 庆	1	158	153	4016	31205
四 川					
贵 州					
云 南					
西 藏					
陕 西					
甘 肃					
青 海	1	561	561	7813	10194
宁 夏					
新 疆					

2-2 续表 36

(箱包市场)

地　区	市场数量(个)	总摊位数(个)	年末出租摊位数(个)	营业面积(平方米)	成交额(万元)
全　国	**5**	**5970**	**5672**	**506436**	**1839340**
北　京					
天　津					
河　北					
山　西					
内蒙古					
辽　宁	1	1330	1298	2000	348284
吉　林					
黑龙江					
上　海					
江　苏					
浙　江					
安　徽					
福　建					
江　西					
山　东	2	316	306	23910	67500
河　南					
湖　北					
湖　南					
广　东	2	4324	4068	480526	1423556
广　西					
海　南					
重　庆					
四　川					
贵　州					
云　南					
西　藏					
陕　西					
甘　肃					
青　海					
宁　夏					
新　疆					

2-2　续表 37

(玩具市场)

地　区	市场数量 (个)	总摊位数 (个)	年末出租摊位数 (个)	营业面积 (平方米)	成交额 (万元)
全　国	**1**	**115**	**115**	**12750**	**78200**
北　京					
天　津					
河　北					
山　西					
内蒙古					
辽　宁					
吉　林					
黑龙江					
上　海					
江　苏					
浙　江					
安　徽					
福　建					
江　西					
山　东					
河　南					
湖　北					
湖　南					
广　东	1	115	115	12750	78200
广　西					
海　南					
重　庆					
四　川					
贵　州					
云　南					
西　藏					
陕　西					
甘　肃					
青　海					
宁　夏					
新　疆					

2-2 续表 38

(文具市场)

地　区	市场数量(个)	总摊位数(个)	年末出租摊位数(个)	营业面积(平方米)	成交额(万元)
全　国	**4**	**1061**	**579**	**61637**	**81929**
北　京					
天　津					
河　北					
山　西					
内蒙古					
辽　宁					
吉　林					
黑龙江					
上　海					
江　苏					
浙　江	1	558	186	33294	13004
安　徽					
福　建					
江　西					
山　东					
河　南					
湖　北					
湖　南	1	78	78	13000	32010
广　东	2	425	315	15343	36915
广　西					
海　南					
重　庆					
四　川					
贵　州					
云　南					
西　藏					
陕　西					
甘　肃					
青　海					
宁　夏					
新　疆					

2-2 续表 39

(图书、报刊杂志市场)

地 区	市场数量(个)	总摊位数(个)	年末出租摊位数(个)	营业面积(平方米)	成交额(万元)
全 国	**11**	**1851**	**1811**	**102289**	**300899**
北 京	1	212	212	7000	18810
天 津					
河 北					
山 西					
内蒙古					
辽 宁	1	83	83	4500	13000
吉 林					
黑龙江					
上 海	1	51	48	2500	16200
江 苏	2	208	171	15900	44665
浙 江	1	91	91	10000	23850
安 徽					
福 建					
江 西					
山 东	2	242	242	12800	27000
河 南					
湖 北	1	453	453	23500	39500
湖 南	1	423	423	13100	80000
广 东	1	88	88	12989	37874
广 西					
海 南					
重 庆					
四 川					
贵 州					
云 南					
西 藏					
陕 西					
甘 肃					
青 海					
宁 夏					
新 疆					

2-2 续表 40

(音像制品及电子出版物市场)

地　区	市场数量(个)	总摊位数(个)	年末出租摊位数(个)	营业面积(平方米)	成交额(万元)
全　国	**4**	**924**	**924**	**39800**	**117900**
北　京					
天　津					
河　北					
山　西					
内蒙古					
辽　宁					
吉　林					
黑龙江	1	400	400	10000	40600
上　海					
江　苏	1	238	238	11000	14350
浙　江					
安　徽					
福　建					
江　西					
山　东					
河　南					
湖　北					
湖　南	1	183	183	7800	38000
广　东	1	103	103	11000	24950
广　西					
海　南					
重　庆					
四　川					
贵　州					
云　南					
西　藏					
陕　西					
甘　肃					
青　海					
宁　夏					
新　疆					

2-2 续表 41

(体育用品市场)

地区	市场数量(个)	总摊位数(个)	年末出租摊位数(个)	营业面积(平方米)	成交额(万元)
全国	**1**	**80**	**80**	**6700**	**11578**
北京					
天津					
河北					
山西					
内蒙古					
辽宁					
吉林					
黑龙江					
上海					
江苏					
浙江					
安徽					
福建					
江西					
山东					
河南					
湖北					
湖南					
广东	1	80	80	6700	11578
广西					
海南					
重庆					
四川					
贵州					
云南					
西藏					
陕西					
甘肃					
青海					
宁夏					
新疆					

2-2 续表 42

(其他日用品及文化用品市场)

地　区	市场数量(个)	总摊位数(个)	年末出租摊位数(个)	营业面积(平方米)	成交额(万元)
全　国	**38**	**30219**	**28478**	**1190338**	**3561567**
北　京	1	1070	760	64500	150305
天　津					
河　北					
山　西					
内蒙古					
辽　宁	5	6435	6349	129000	921227
吉　林	1	655	655	1000	50000
黑龙江					
上　海	1	73	71	5300	33500
江　苏	1	3220	3062	137000	533883
浙　江	7	7981	7583	103400	640922
安　徽	1	122	122	15000	9380
福　建	1	572	522	177660	28758
江　西					
山　东	7	3780	3416	198000	520614
河　南	1	400	140	40000	38000
湖　北	3	1858	1858	137673	271689
湖　南	3	267	264	25250	94300
广　东	3	2133	2023	83709	148940
广　西	1	674	674	57620	46211
海　南					
重　庆	2	979	979	15226	73838
四　川					
贵　州					
云　南					
西　藏					
陕　西					
甘　肃					
青　海					
宁　夏					
新　疆					

2-2 续表 43

(黄金、珠宝、玉器等首饰市场)

地 区	市场数量(个)	总摊位数(个)	年末出租摊位数(个)	营业面积(平方米)	成交额(万元)
全 国	**15**	**7521**	**6934**	**591253**	**2838017**
北 京					
天 津					
河 北					
山 西					
内蒙古					
辽 宁	2	445	441	2000	28450
吉 林					
黑龙江					
上 海					
江 苏	2	1287	1286	73000	466000
浙 江	1	766	766	106973	447828
安 徽					
福 建	4	1602	1583	30880	933370
江 西					
山 东	3	2122	1596	210000	533860
河 南	1	187	150	5400	12800
湖 北					
湖 南					
广 东	2	1112	1112	163000	415709
广 西					
海 南					
重 庆					
四 川					
贵 州					
云 南					
西 藏					
陕 西					
甘 肃					
青 海					
宁 夏					
新 疆					

2-2 续表 44

(电器、通讯器材、电子设备市场)

地　区	市场数量 (个)	总摊位数 (个)	年末出租摊位数 (个)	营业面积 (平方米)	成交额 (万元)
全　国	**151**	**67868**	**63164**	**3005444**	**10118999**
北　京	7	4594	3901	113530	816443
天　津					
河　北	1	105	105	32000	49746
山　西	3	637	576	33000	38200
内蒙古	1	240	235	12000	29520
辽　宁	4	1856	1580	47341	386309
吉　林	3	1284	1284	6430	277777
黑龙江	1	1000	950	50000	285000
上　海	5	1140	1100	45494	163617
江　苏	8	3169	3034	88936	459957
浙　江	23	7728	7675	322011	1256827
安　徽	2	3947	3947	232000	903044
福　建	2	1113	1038	46000	151145
江　西	3	1474	1474	63594	99381
山　东	12	4616	4508	386339	1203699
河　南	7	3233	3141	338000	663439
湖　北	8	2351	2301	102678	439389
湖　南	17	4441	3999	206932	759179
广　东	19	16068	13998	296731	1058550
广　西	3	988	799	44259	203330
海　南	1	300	300	10500	28600
重　庆	4	1310	1271	68350	355257
四　川	4	1227	1191	34200	132300
贵　州	4	749	709	52300	123285
云　南					
西　藏					
陕　西	5	1893	1893	66221	139655
甘　肃	2	1636	1415	289500	62400
青　海					
宁　夏					
新　疆	2	769	740	17098	32950

2-2 续表 45

(家电市场)

地区	市场数量(个)	总摊位数(个)	年末出租摊位数(个)	营业面积(平方米)	成交额(万元)
全国	**47**	**17518**	**16816**	**1357557**	**3207298**
北京					
天津					
河北					
山西	1	197	136	15000	10200
内蒙古					
辽宁	1	595	584	7841	60210
吉林					
黑龙江					
上海	1	230	230	20000	98214
江苏	1	200	200	11000	33124
浙江	6	1328	1316	123338	269393
安徽	1	3902	3902	230000	887044
福建					
江西	2	1221	1221	53994	45040
山东	6	2209	2139	274800	521293
河南	4	707	702	51000	380856
湖北	2	410	410	25000	148500
湖南	7	1037	977	94232	278853
广东	5	1417	1195	48131	149823
广西					
海南					
重庆	1	268	268	8000	21580
四川	1	122	122	4200	11261
贵州	2	596	556	44800	103052
云南					
西藏					
陕西	5	1893	1893	66221	139655
甘肃	1	1186	965	280000	49200
青海					
宁夏					
新疆					

2-2 续表 46

(通讯器材市场)

地 区	市场数量(个)	总摊位数(个)	年末出租摊位数(个)	营业面积(平方米)	成交额(万元)
全 国	**21**	**11845**	**10982**	**310671**	**922478**
北 京					
天 津					
河 北	1	105	105	32000	49746
山 西					
内蒙古	1	240	235	12000	29520
辽 宁	1	570	485	30000	220000
吉 林	2	544	544	3630	37247
黑龙江					
上 海					
江 苏	1	1648	1520	44283	30940
浙 江	4	1120	1120	44400	63863
安 徽	1	45	45	2000	16000
福 建					
江 西					
山 东					
河 南	1	360	273	7000	13600
湖 北	1	371	371	21000	106645
湖 南	2	247	205	2000	21600
广 东	6	6595	6079	112358	333317
广 西					
海 南					
重 庆					
四 川					
贵 州					
云 南					
西 藏					
陕 西					
甘 肃					
青 海					
宁 夏					
新 疆					

2-2 续表 47

（照相、摄像器材市场）

地区	市场数量（个）	总摊位数（个）	年末出租摊位数（个）	营业面积（平方米）	成交额（万元）
全国	**1**	**150**	**150**	**3900**	**18279**
北京					
天津					
河北					
山西					
内蒙古					
辽宁					
吉林					
黑龙江					
上海	1	150	150	3900	18279
江苏					
浙江					
安徽					
福建					
江西					
山东					
河南					
湖北					
湖南					
广东					
广西					
海南					
重庆					
四川					
贵州					
云南					
西藏					
陕西					
甘肃					
青海					
宁夏					
新疆					

2-2 续表 48

(计算机及辅助设备市场)

地 区	市场数量(个)	总摊位数(个)	年末出租摊位数(个)	营业面积(平方米)	成交额(万元)
全 国	**71**	**27815**	**26339**	**1147470**	**5419652**
北 京	7	4594	3901	113530	816443
天 津					
河 北					
山 西	2	440	440	18000	28000
内蒙古					
辽 宁	1	195	195	3500	89950
吉 林	1	740	740	2800	240530
黑龙江	1	1000	950	50000	285000
上 海	3	760	720	21594	47124
江 苏	6	1321	1314	33653	395893
浙 江	11	3267	3226	115273	777734
安 徽					
福 建	2	1113	1038	46000	151145
江 西	1	253	253	9600	54341
山 东	5	2287	2249	105539	662306
河 南	2	2166	2166	280000	268983
湖 北	5	1570	1520	56678	184244
湖 南	6	2132	1935	92700	411349
广 东	5	1828	1808	40246	333038
广 西	3	988	799	44259	203330
海 南	1	300	300	10500	28600
重 庆	2	834	823	49000	267420
四 川	3	1105	1069	30000	121039
贵 州	2	153	153	7500	20233
云 南					
西 藏					
陕 西					
甘 肃					
青 海					
宁 夏					
新 疆	2	769	740	17098	32950

2-2 续表 49

(其他电器、通讯器材、电子设备市场)

地 区	市场数量(个)	总摊位数(个)	年末出租摊位数(个)	营业面积(平方米)	成交额(万元)
全 国	**11**	**10540**	**8877**	**185846**	**551292**
北 京					
天 津					
河 北					
山 西					
内蒙古					
辽 宁	1	496	316	6000	16149
吉 林					
黑龙江					
上 海					
江 苏					
浙 江	2	2013	2013	39000	145837
安 徽					
福 建					
江 西					
山 东	1	120	120	6000	20100
河 南					
湖 北					
湖 南	2	1025	882	18000	47377
广 东	3	6228	4916	95996	242372
广 西					
海 南					
重 庆	1	208	180	11350	66257
四 川					
贵 州					
云 南					
西 藏					
陕 西					
甘 肃	1	450	450	9500	13200
青 海					
宁 夏					
新 疆					

2-2 续表 50

(医药、医疗用品及器材市场)

地区	市场数量(个)	总摊位数(个)	年末出租摊位数(个)	营业面积(平方米)	成交额(万元)
全国	**24**	**37535**	**21756**	**1139700**	**3658703**
北京					
天津					
河北	1	14000	6400	360000	1000000
山西					
内蒙古	1	180	180	18000	21000
辽宁	1	680	320	78000	180000
吉林	2	1042	1042	50675	380000
黑龙江					
上海	1	317	260	7800	90000
江苏	1	110	110	36000	187890
浙江	2	1184	584	17886	43000
安徽	2	6500	5461	44500	835286
福建					
江西	1	700	358	19000	96000
山东	1	789	789	35800	28580
河南	2	2914	2814	123950	153869
湖北					
湖南	1	968	678	31230	128000
广东	2	758	611	14971	102245
广西	1	6000	800	25000	30000
海南					
重庆					
四川					
贵州					
云南	2	696	688	32888	127601
西藏					
陕西	2	337	337	224000	182432
甘肃					
青海					
宁夏	1	360	324	20000	72800
新疆					

2-2 续表 51

(中药材市场)

地区	市场数量(个)	总摊位数(个)	年末出租摊位数(个)	营业面积(平方米)	成交额(万元)
全国	**22**	**36457**	**20968**	**1072470**	**3342813**
北京					
天津					
河北	1	14000	6400	360000	1000000
山西					
内蒙古	1	180	180	18000	21000
辽宁	1	680	320	78000	180000
吉林	2	1042	1042	50675	380000
黑龙江					
上海	1	317	260	7800	90000
江苏					
浙江	2	1184	584	17886	43000
安徽	2	6500	5461	44500	835286
福建					
江西	1	700	358	19000	96000
山东	1	789	789	35800	28580
河南	2	2914	2814	123950	153869
湖北					
湖南					
广东	2	758	611	14971	102245
广西	1	6000	800	25000	30000
海南					
重庆					
四川					
贵州					
云南	2	696	688	32888	127601
西藏					
陕西	2	337	337	224000	182432
甘肃					
青海					
宁夏	1	360	324	20000	72800
新疆					

2-2 续表 52

(其他医药、医疗用品及器材市场)

地 区	市场数量(个)	总摊位数(个)	年末出租摊位数(个)	营业面积(平方米)	成交额(万元)
全 国	**2**	**1078**	**788**	**67230**	**315890**
北 京					
天 津					
河 北					
山 西					
内蒙古					
辽 宁					
吉 林					
黑龙江					
上 海					
江 苏	1	110	110	36000	187890
浙 江					
安 徽					
福 建					
江 西					
山 东					
河 南					
湖 北					
湖 南	1	968	678	31230	128000
广 东					
广 西					
海 南					
重 庆					
四 川					
贵 州					
云 南					
西 藏					
陕 西					
甘 肃					
青 海					
宁 夏					
新 疆					

2-2 续表 53

(家具、五金及装饰材料市场)

地区	市场数量(个)	总摊位数(个)	年末出租摊位数(个)	营业面积(平方米)	成交额(万元)
全国	**430**	**210392**	**195537**	**31903165**	**31092705**
北京	17	6510	6270	5499564	737962
天津	9	5239	5093	988806	921844
河北	21	13533	12876	2528264	2525583
山西	5	1530	1346	172000	67000
内蒙古	3	1373	1373	75502	184670
辽宁	26	14404	13318	847425	1485196
吉林	4	1346	1346	165046	181689
黑龙江	11	3627	3537	591396	345536
上海	16	15058	13954	1891945	930680
江苏	62	32531	30250	4214176	5730210
浙江	69	34370	31638	3486046	4719995
安徽	17	4293	3949	865275	530144
福建	7	1472	1455	334748	671810
江西	8	5550	5288	885090	536874
山东	47	19670	16927	2644625	4381683
河南	15	5473	5198	1023034	476873
湖北	14	4645	4319	455933	830016
湖南	15	8279	7917	1044620	2290410
广东	16	5207	4850	1115471	694653
广西	4	1628	1625	246350	175200
海南					
重庆	17	10628	9737	1032717	1942956
四川	4	4630	4064	555905	184263
贵州	3	1365	1365	168906	38968
云南	8	2329	2265	295591	235169
西藏					
陕西	1	125	105	28532	12600
甘肃	4	1341	1294	100740	141410
青海	1	600	600	25500	22525
宁夏	2	635	625	174060	40258
新疆	4	3001	2953	445898	56528

2-2 续表 54

(家具市场)

地 区	市场数量(个)	总摊位数(个)	年末出租摊位数(个)	营业面积(平方米)	成交额(万元)
全 国	**130**	**59817**	**54350**	**14675449**	**7465228**
北 京	6	3139	3056	5218198	332719
天 津	1	258	258	45000	25079
河 北	7	8635	8607	1761000	1720000
山 西	2	300	300	70000	26000
内蒙古	1	588	588	13502	31538
辽 宁	15	6292	5611	482686	441747
吉 林	3	638	638	65046	127929
黑龙江	4	1032	1009	139000	138396
上 海	7	3273	3262	583259	219664
江 苏	17	8540	8212	1485463	1284640
浙 江	20	4985	3377	784893	488919
安 徽	5	729	673	248000	140000
福 建	1	108	103	30000	10003
江 西	4	1850	1624	407000	140689
山 东	13	5911	4444	831600	547944
河 南	2	1932	1932	678000	220166
湖 北	5	960	634	152586	105873
湖 南	3	769	769	142200	337250
广 东	2	724	717	105008	56258
广 西	1	96	96	30000	9000
海 南					
重 庆	2	1185	1180	350000	823360
四 川	3	4310	3744	513905	89926
贵 州	1	541	541	137636	11700
云 南	1	213	213	38569	45000
西 藏					
陕 西					
甘 肃	2	926	909	72000	63800
青 海					
宁 夏					
新 疆	2	1883	1853	290898	27628

2-2 续表 55

(装饰材料市场)

地 区	市场数量(个)	总摊位数(个)	年末出租摊位数(个)	营业面积(平方米)	成交额(万元)
全 国	**168**	**69794**	**65468**	**8795682**	**10577064**
北 京	7	1716	1652	113300	128763
天 津	3	1290	1290	53260	132780
河 北	11	3398	2849	502264	676814
山 西	3	1230	1046	102000	41000
内蒙古	2	785	785	62000	153132
辽 宁	6	3636	3405	230186	530180
吉 林	1	708	708	100000	53760
黑龙江	5	1135	1068	406416	81140
上 海	2	6104	5960	653000	476966
江 苏	19	6464	5610	631337	832988
浙 江	25	11221	10743	1054605	1201788
安 徽	8	2274	2195	470275	279348
福 建	3	668	656	78868	457724
江 西	2	2679	2679	438442	199856
山 东	20	7656	6890	1158293	2785572
河 南	6	1745	1630	184284	104151
湖 北	6	2499	2499	197800	627395
湖 南	7	3124	2762	283293	403291
广 东	10	3540	3288	983899	473944
广 西	2	1032	1032	96350	131200
海 南					
重 庆	9	2452	2351	435685	519469
四 川					
贵 州	1	404	404	22870	12000
云 南	3	1261	1261	179423	111580
西 藏					
陕 西	1	125	105	28532	12600
甘 肃	2	415	385	28740	77610
青 海	1	600	600	25500	22525
宁 夏	1	515	515	120060	20588
新 疆	2	1118	1100	155000	28900

2-2 续表 56

(灯具市场)

地 区	市场数量(个)	总摊位数(个)	年末出租摊位数(个)	营业面积(平方米)	成交额(万元)
全 国	**11**	**5583**	**5404**	**552280**	**1328895**
北 京					
天 津					
河 北					
山 西					
内蒙古					
辽 宁	1	276	210	54000	59420
吉 林					
黑龙江					
上 海	1	120	120	11200	13822
江 苏	3	2038	2038	181000	448520
浙 江	2	1142	1137	98000	244500
安 徽					
福 建					
江 西					
山 东	2	1156	1100	146000	429800
河 南					
湖 北					
湖 南					
广 东					
广 西					
海 南					
重 庆					
四 川	1	320	320	42000	94337
贵 州					
云 南	1	531	479	20080	38496
西 藏					
陕 西					
甘 肃					
青 海					
宁 夏					
新 疆					

2-2 续表 57

(厨具、盥洗设备市场)

地区	市场数量(个)	总摊位数(个)	年末出租摊位数(个)	营业面积(平方米)	成交额(万元)
全国	**4**	**1177**	**1120**	**104730**	**159526**
北京					
天津					
河北					
山西					
内蒙古					
辽宁					
吉林					
黑龙江	1	160	160	5980	23600
上海					
江苏					
浙江	1	500	500	1300	102000
安徽					
福建					
江西					
山东	1	237	210	36000	18926
河南	1	280	250	61450	15000
湖北					
湖南					
广东					
广西					
海南					
重庆					
四川					
贵州					
云南					
西藏					
陕西					
甘肃					
青海					
宁夏					
新疆					

2-2 续表 58

(五金材料市场)

地　区	市场数量(个)	总摊位数(个)	年末出租摊位数(个)	营业面积(平方米)	成交额(万元)
全　国	**71**	**45359**	**41532**	**3775878**	**6748331**
北　京	1	238	238	8794	10047
天　津	3	3562	3416	860959	735386
河　北	1	600	600	170000	57473
山　西					
内蒙古					
辽　宁	1	1200	1200	21453	250000
吉　林					
黑龙江	1	1300	1300	40000	102400
上　海	2	3200	2262	464448	123535
江　苏	14	9197	8176	616028	1598051
浙　江	16	10786	10395	758173	2011025
安　徽	2	403	401	47000	36580
福　建	1	200	200	3900	47282
江　西					
山　东	7	3078	2704	201910	411501
河　南	5	1301	1241	69300	125556
湖　北	1	532	532	28926	50000
湖　南	3	1310	1310	195450	380000
广　东	4	943	845	26564	164451
广　西					
海　南					
重　庆	6	6991	6206	247032	600127
四　川					
贵　州	1	420	420	8400	15268
云　南	2	98	86	7541	29649
西　藏					
陕　西					
甘　肃					
青　海					
宁　夏					
新　疆					

2-2 续表 59

(其他装修市场)

地 区	市场数量(个)	总摊位数(个)	年末出租摊位数(个)	营业面积(平方米)	成交额(万元)
全 国	**46**	**28662**	**27663**	**3999146**	**4813661**
北 京	3	1417	1324	159272	266433
天 津	2	129	129	29587	28599
河 北	2	900	820	95000	71296
山 西					
内蒙古					
辽 宁	3	3000	2892	59100	203849
吉 林					
黑龙江					
上 海	4	2361	2350	180038	96693
江 苏	9	6292	6214	1300348	1566011
浙 江	5	5736	5486	789075	671763
安 徽	2	887	680	100000	74216
福 建	2	496	496	221980	156801
江 西	2	1021	985	39648	196329
山 东	4	1632	1579	270822	187940
河 南	1	215	145	30000	12000
湖 北	2	654	654	76621	46748
湖 南	2	3076	3076	423677	1169869
广 东					
广 西	1	500	497	120000	35000
海 南					
重 庆					
四 川					
贵 州					
云 南	1	226	226	49978	10444
西 藏					
陕 西					
甘 肃					
青 海					
宁 夏	1	120	110	54000	19670
新 疆					

2-2 续表 60

(汽车、摩托车及零配件市场)

地 区	市场数量(个)	总摊位数(个)	年末出租摊位数(个)	营业面积(平方米)	成交额(万元)
全 国	**257**	**80232**	**63686**	**10443558**	**36415776**
北 京	13	4269	3879	787646	4274329
天 津	5	1346	1239	86500	2161368
河 北	10	13497	2966	620621	532184
山 西	2	464	439	103000	36400
内蒙古	1	43	43	2600	19520
辽 宁	6	1260	1180	159538	1157389
吉 林	2	2443	1560	285870	1021972
黑龙江	4	3401	3401	66000	172642
上 海	11	1248	1215	187160	1588181
江 苏	22	4084	3535	901518	2196146
浙 江	38	7112	6725	967199	6098940
安 徽	9	2976	1714	349928	655363
福 建	4	397	379	47760	420489
江 西	6	1785	1608	224500	316284
山 东	35	12637	12121	1556123	2935260
河 南	10	3140	3021	322492	1174431
湖 北	8	3375	3164	562500	2033629
湖 南	10	3962	3693	294894	1542988
广 东	29	4316	4244	1491056	4825591
广 西	3	590	546	167950	167681
海 南					
重 庆	5	2518	2419	202770	932908
四 川	4	633	633	151362	667816
贵 州	4	535	531	36500	699260
云 南	6	1642	1466	289717	356659
西 藏					
陕 西	1	210	210	5000	14600
甘 肃	1	95	92	10400	25500
青 海	1	145	145	14000	12000
宁 夏	2	914	420	254000	24700
新 疆	5	1195	1098	294954	351546

2-2　续表 61

(汽车市场)

地　　区	市场数量 (个)	总摊位数 (个)	年末出租摊位数 (个)	营业面积 (平方米)	成交额 (万元)
全　　国	**169**	**48894**	**33818**	**7603280**	**28488060**
北　　京	7	1143	916	509732	3752627
天　　津	5	1346	1239	86500	2161368
河　　北	7	11827	1300	441721	371566
山　　西	1	38	13	43000	20400
内 蒙 古	1	43	43	2600	19520
辽　　宁	3	640	580	102500	1114439
吉　　林	2	2443	1560	285870	1021972
黑 龙 江	4	3401	3401	66000	172642
上　　海	9	385	352	117160	1299964
江　　苏	15	1914	1667	604138	1556205
浙　　江	31	4268	3881	728058	5262476
安　　徽	5	1474	882	254766	471490
福　　建	3	229	211	39960	395589
江　　西	4	1364	1199	161000	151661
山　　东	18	7899	7458	1116085	1958903
河　　南	4	180	165	79492	217231
湖　　北	5	815	654	286000	798166
湖　　南	6	3077	2808	238704	1469220
广　　东	17	1032	1013	1266385	4381164
广　　西	2	244	200	158050	154401
海　　南					
重　　庆	4	1846	1761	162770	426908
四　　川	4	633	633	151362	667816
贵　　州	1	82	78	9000	30000
云　　南	4	742	566	129593	242409
西　　藏					
陕　　西					
甘　　肃					
青　　海	1	145	145	14000	12000
宁　　夏	2	914	420	254000	24700
新　　疆	4	770	673	294834	333223

2-2 续表 62

(摩托车市场)

地　区	市场数量(个)	总摊位数(个)	年末出租摊位数(个)	营业面积(平方米)	成交额(万元)
全　国	**16**	**5582**	**4837**	**354426**	**1080004**
北　京					
天　津					
河　北	1	900	896	50000	42598
山　西					
内蒙古					
辽　宁	1	74	60	12038	15800
吉　林					
黑龙江					
上　海					
江　苏	1	115	92	9580	50000
浙　江	1	220	220	15226	21170
安　徽	2	1067	397	47162	131873
福　建					
江　西	1	56	49	25000	132370
山　东					
河　南	2	1120	1110	106000	71230
湖　北					
湖　南	2	282	282	24000	37260
广　东					
广　西	1	346	346	9900	13280
海　南					
重　庆	1	672	658	40000	506000
四　川					
贵　州					
云　南					
西　藏					
陕　西	1	210	210	5000	14600
甘　肃	1	95	92	10400	25500
青　海					
宁　夏					
新　疆	1	425	425	120	18323

2-2 续表 63

(机动车零配件市场)

地 区	市场数量 (个)	总摊位数 (个)	年末出租摊位数 (个)	营业面积 (平方米)	成交额 (万元)
全 国	**72**	**25756**	**25031**	**2485852**	**6847712**
北 京	6	3126	2963	277914	521702
天 津					
河 北	2	770	770	128900	118020
山 西	1	426	426	60000	16000
内蒙古					
辽 宁	2	546	540	45000	27150
吉 林					
黑龙江					
上 海	2	863	863	70000	288217
江 苏	6	2055	1776	287800	589941
浙 江	6	2624	2624	223915	815294
安 徽	2	435	435	48000	52000
福 建	1	168	168	7800	24900
江 西	1	365	360	38500	32253
山 东	17	4738	4663	440038	976357
河 南	4	1840	1746	137000	885970
湖 北	3	2560	2510	276500	1235463
湖 南	2	603	603	32190	36508
广 东	12	3284	3231	224671	444427
广 西					
海 南					
重 庆					
四 川					
贵 州	3	453	453	27500	669260
云 南	2	900	900	160124	114250
西 藏					
陕 西					
甘 肃					
青 海					
宁 夏					
新 疆					

2-2 续表 64

(花鸟鱼虫市场)

地 区	市场数量(个)	总摊位数(个)	年末出租摊位数(个)	营业面积(平方米)	成交额(万元)
全 国	**28**	**18813**	**17761**	**6107112**	**2349287**
北 京	1	200	188	2000	17900
天 津	2	1009	1009	50000	27450
河 北					
山 西					
内蒙古					
辽 宁	2	2200	2200	20650	120000
吉 林					
黑龙江					
上 海	2	669	614	36800	55560
江 苏	5	3145	2761	320000	718360
浙 江	3	1440	1382	105372	156211
安 徽	2	567	567	83000	20660
福 建	2	444	444	33330	58275
江 西					
山 东	2	2250	2250	139960	129329
河 南	2	1135	1130	34000	305100
湖 北					
湖 南					
广 东	3	2172	2136	5248000	375711
广 西					
海 南					
重 庆					
四 川	1	582	480	20000	43000
贵 州					
云 南	1	3000	2600	14000	321731
西 藏					
陕 西					
甘 肃					
青 海					
宁 夏					
新 疆					

2-2　续表 65

(花卉市场)

地　　区	市场数量 (个)	总摊位数 (个)	年末出租摊位数 (个)	营业面积 (平方米)	成交额 (万元)
全　　国	**23**	**16329**	**15277**	**6027068**	**2231640**
北　　京	1	200	188	2000	17900
天　　津					
河　　北					
山　　西					
内 蒙 古					
辽　　宁	1	1200	1200	4000	100000
吉　　林					
黑 龙 江					
上　　海	2	669	614	36800	55560
江　　苏	5	3145	2761	320000	718360
浙　　江	2	1154	1096	99828	134200
安　　徽	2	567	567	83000	20660
福　　建	1	255	255	25480	10089
江　　西					
山　　东	2	2250	2250	139960	129329
河　　南	2	1135	1130	34000	305100
湖　　北					
湖　　南					
广　　东	3	2172	2136	5248000	375711
广　　西					
海　　南					
重　　庆					
四　　川	1	582	480	20000	43000
贵　　州					
云　　南	1	3000	2600	14000	321731
西　　藏					
陕　　西					
甘　　肃					
青　　海					
宁　　夏					
新　　疆					

2-2 续表 66

(观赏鱼市场)

地　区	市场数量(个)	总摊位数(个)	年末出租摊位数(个)	营业面积(平方米)	成交额(万元)
全　国	**1**	**1000**	**1000**	**16650**	**20000**
北　京					
天　津					
河　北					
山　西					
内蒙古					
辽　宁	1	1000	1000	16650	20000
吉　林					
黑龙江					
上　海					
江　苏					
浙　江					
安　徽					
福　建					
江　西					
山　东					
河　南					
湖　北					
湖　南					
广　东					
广　西					
海　南					
重　庆					
四　川					
贵　州					
云　南					
西　藏					
陕　西					
甘　肃					
青　海					
宁　夏					
新　疆					

2-2 续表 67

(其他花鸟鱼虫市场)

地 区	市场数量(个)	总摊位数(个)	年末出租摊位数(个)	营业面积(平方米)	成交额(万元)
全 国	**4**	**1484**	**1484**	**63394**	**97647**
北 京					
天 津	2	1009	1009	50000	27450
河 北					
山 西					
内蒙古					
辽 宁					
吉 林					
黑龙江					
上 海					
江 苏					
浙 江	1	286	286	5544	22011
安 徽					
福 建	1	189	189	7850	48186
江 西					
山 东					
河 南					
湖 北					
湖 南					
广 东					
广 西					
海 南					
重 庆					
四 川					
贵 州					
云 南					
西 藏					
陕 西					
甘 肃					
青 海					
宁 夏					
新 疆					

2-2 续表 68

(旧货市场)

地 区	市场数量 (个)	总摊位数 (个)	年末出租摊位数 (个)	营业面积 (平方米)	成交额 (万元)
全 国	**25**	**9011**	**8564**	**567425**	**1399733**
北 京	1	3196	3196	14968	20633
天 津					
河 北					
山 西					
内蒙古					
辽 宁	1	576	576	72000	118009
吉 林	1	539	469	32000	10639
黑龙江					
上 海					
江 苏	3	186	157	93667	125738
浙 江	11	2569	2244	228197	913658
安 徽					
福 建	1	74	74	16593	63300
江 西	1	418	418	15000	15894
山 东	3	531	508	53000	49645
河 南					
湖 北					
湖 南					
广 东	1	630	630	3000	14100
广 西					
海 南					
重 庆	1	42	42	9000	39167
四 川	1	250	250	30000	28950
贵 州					
云 南					
西 藏					
陕 西					
甘 肃					
青 海					
宁 夏					
新 疆					

2-2　续表 69

(古玩、古董、字画市场)

地　区	市场数量(个)	总摊位数(个)	年末出租摊位数(个)	营业面积(平方米)	成交额(万元)
全　国	**1**	**630**	**630**	**3000**	**14100**
北　京					
天　津					
河　北					
山　西					
内蒙古					
辽　宁					
吉　林					
黑龙江					
上　海					
江　苏					
浙　江					
安　徽					
福　建					
江　西					
山　东					
河　南					
湖　北					
湖　南					
广　东	1	630	630	3000	14100
广　西					
海　南					
重　庆					
四　川					
贵　州					
云　南					
西　藏					
陕　西					
甘　肃					
青　海					
宁　夏					
新　疆					

2-2 续表 70

(其他旧货市场)

地 区	市场数量(个)	总摊位数(个)	年末出租摊位数(个)	营业面积(平方米)	成交额(万元)
全 国	**24**	**8381**	**7934**	**564425**	**1385633**
北 京	1	3196	3196	14968	20633
天 津					
河 北					
山 西					
内蒙古					
辽 宁	1	576	576	72000	118009
吉 林	1	539	469	32000	10639
黑龙江					
上 海					
江 苏	3	186	157	93667	125738
浙 江	11	2569	2244	228197	913658
安 徽					
福 建	1	74	74	16593	63300
江 西	1	418	418	15000	15894
山 东	3	531	508	53000	49645
河 南					
湖 北					
湖 南					
广 东					
广 西					
海 南					
重 庆	1	42	42	9000	39167
四 川	1	250	250	30000	28950
贵 州					
云 南					
西 藏					
陕 西					
甘 肃					
青 海					
宁 夏					
新 疆					

2-2 续表 71

(其他专业市场)

地 区	市场数量 (个)	总摊位数 (个)	年末出租摊位数 (个)	营业面积 (平方米)	成交额 (万元)
全 国	**38**	**27738**	**22262**	**1656781**	**2871923**
北 京					
天 津					
河 北	6	2938	2813	319000	657381
山 西					
内蒙古	4	2262	2262	161509	254800
辽 宁	2	3600	3600	85000	154000
吉 林					
黑龙江					
上 海	3	1189	1158	29239	296576
江 苏	4	1276	1151	58050	176740
浙 江	1	150	150	88000	12000
安 徽	2	1480	1342	58050	46370
福 建	1	79	79	2500	10127
江 西					
山 东	5	6177	5820	660930	804927
河 南	3	1496	1418	57250	166624
湖 北					
湖 南					
广 东	2	315	302	49356	122141
广 西					
海 南	1	37	37	8900	18600
重 庆					
四 川	1	680	680	18000	75500
贵 州					
云 南	2	5390	1040	58938	61905
西 藏					
陕 西					
甘 肃	1	669	410	2059	14232
青 海					
宁 夏					
新 疆					

2-3 商品交易市场情况(按营业状态分)

(常年营业)

地 区	市场数量(个)	总摊位数(个)	年末出租摊位数(个)	营业面积(平方米)	成交额(万元)
全 国	**4575**	**3267531**	**2932481**	**227890670**	**572682943**
北 京	124	115514	100476	10875981	19076249
天 津	85	58862	54667	4389630	20151111
河 北	265	329191	277313	23827764	34393615
山 西	40	32598	28087	2352832	3395684
内蒙古	60	37741	35040	3219056	4865632
辽 宁	222	193288	178701	9735225	26573687
吉 林	67	69890	58149	2982422	4982312
黑龙江	86	60603	55711	3068420	7177489
上 海	163	74346	68714	7991140	45425069
江 苏	522	332252	304105	27693398	92122364
浙 江	650	420264	384108	22528211	94434396
安 徽	128	90142	78939	7072380	13876998
福 建	154	59342	52571	3127680	11921812
江 西	84	65515	57790	3140461	10072184
山 东	513	352272	331508	32104536	52696470
河 南	137	104379	96121	7464635	11504292
湖 北	135	75790	71953	5127033	11721137
湖 南	261	181124	160387	8047989	17007019
广 东	336	193123	169253	16585216	37349561
广 西	84	67704	57414	3328988	7862832
海 南	7	3965	3875	54645	159433
重 庆	105	76259	68234	4936741	15756897
四 川	89	82447	72296	4499150	10100705
贵 州	31	22347	20858	821009	3597591
云 南	51	30899	24029	1516492	3759859
西 藏	1	800	800	18805	69700
陕 西	42	31051	30420	1394657	3208653
甘 肃	37	31343	28167	1937917	2763554
青 海	8	3790	3790	446858	259033
宁 夏	27	18570	15473	3169321	1553155
新 疆	61	52120	43532	4432078	4844450

2-3 续表 1

(季节性营业)

地区	市场数量(个)	总摊位数(个)	年末出租摊位数(个)	营业面积(平方米)	成交额(万元)
全国	**102**	**64245**	**56387**	**4250294**	**6338095**
北京	2	2656	1042	265000	67561
天津	1	110	110	5400	12000
河北	15	9544	9113	961715	674525
山西	1	460	460	18600	24046
内蒙古	6	564	429	391926	207300
辽宁	3	1198	993	47000	293748
吉林	1	597	531	4000	25107
黑龙江	1	40	40	45000	135000
上海					
江苏	5	2041	1343	105714	101198
浙江	22	10364	9105	512609	2088344
安徽	4	973	973	42487	57988
福建	1	518	518	2300	15240
江西	2	1100	1100	145000	51000
山东	23	9375	8648	1328358	1820575
河南	3	830	825	33220	75314
湖北	1	1044	1044	12000	12717
湖南	1	450	352	6965	40849
广东	4	724	724	55000	304188
广西	3	561	561	120500	205761
海南					
重庆					
四川	1	21000	18380	36000	54700
贵州					
云南	1	24	24	100700	49366
西藏					
陕西					
甘肃					
青海					
宁夏					
新疆	1	72	72	10800	21568

2-3 续表 2

(其他)

地 区	市场数量 (个)	总摊位数 (个)	年末出租摊位数 (个)	营业面积 (平方米)	成交额 (万元)
全 国	**10**	**6098**	**5913**	**162335**	**616869**
北 京					
天 津					
河 北	1	402	387	21800	11642
山 西	1	380	380	25680	46250
内蒙古					
辽 宁					
吉 林					
黑龙江					
上 海					
江 苏	1	600	590	8000	35600
浙 江					
安 徽	1	44	44	30000	56000
福 建					
江 西	2	880	730	28232	352531
山 东					
河 南					
湖 北					
湖 南	1	1280	1280	19000	19328
广 东					
广 西					
海 南					
重 庆	2	402	392	14623	70218
四 川					
贵 州					
云 南					
西 藏					
陕 西					
甘 肃					
青 海	1	2110	2110	15000	25300
宁 夏					
新 疆					

2-4　商品交易市场情况(按经营方式分)

(批发为主)

地　区	市场数量(个)	总摊位数(个)	年末出租摊位数(个)	营业面积(平方米)	成交额(万元)
全　国	**2764**	**2185373**	**1949713**	**171637541**	**483082488**
北　京	57	75141	62619	4201821	12225806
天　津	65	47154	43277	3762279	18752888
河　北	212	272020	235542	21705694	32600228
山　西	30	29161	25194	2213312	3295584
内蒙古	40	20382	17937	2930413	4008793
辽　宁	109	94955	88173	6471696	21522154
吉　林	23	35113	25377	1482503	2508879
黑龙江	42	28279	26043	1777531	5902854
上　海	90	46040	41758	6074435	40093670
江　苏	271	193820	173143	20310814	78312520
浙　江	361	280793	265228	17172929	78452724
安　徽	79	65287	56740	5513590	12207550
福　建	67	27870	24549	1842154	8504810
江　西	56	47309	41519	2554346	9179915
山　东	381	263886	247795	27274764	47575156
河　南	94	70669	64931	5550736	9882817
湖　北	71	47086	44817	3178679	8521513
湖　南	147	103114	87767	5989339	11608933
广　东	224	140401	122422	11172436	31731581
广　西	45	38516	30075	2456065	6824773
海　南	2	447	447	23900	31054
重　庆	60	55927	49610	3625843	13484768
四　川	64	68767	59673	3506174	8801835
贵　州	19	18008	16835	603526	2774218
云　南	35	21431	15580	1294870	3301771
西　藏	1	800	800	18805	69700
陕　西	27	19157	18635	956134	2561542
甘　肃	26	21538	19870	1472077	2429471
青　海	7	4821	4821	332395	253934
宁　夏	19	11691	9325	2750501	1419684
新　疆	40	35790	29211	3417780	4241363

2-4 续表

(零售为主)

地 区	市场数量(个)	总摊位数(个)	年末出租摊位数(个)	营业面积(平方米)	成交额(万元)
全 国	**1923**	**1152501**	**1045068**	**60665758**	**96555419**
北 京	69	43029	38899	6939160	6918004
天 津	21	11818	11500	632751	1410223
河 北	69	67117	51271	3105585	2479554
山 西	12	4277	3733	183800	170396
内蒙古	26	17923	17532	680569	1064139
辽 宁	116	99531	91521	3310529	5345281
吉 林	45	35374	33303	1503919	2498540
黑龙江	45	32364	29708	1335889	1409635
上 海	73	28306	26956	1916705	5331399
江 苏	257	141073	132895	7496298	13946642
浙 江	311	149835	127985	5867891	18070016
安 徽	54	25872	23216	1631277	1783436
福 建	88	31990	28540	1287826	3432242
江 西	32	20186	18101	759347	1295800
山 东	155	97761	92361	6158130	6941889
河 南	46	34540	32015	1947119	1696789
湖 北	65	29748	28180	1960354	3212341
湖 南	116	79740	74252	2084615	5458263
广 东	116	53446	47555	5467780	5922168
广 西	42	29749	27900	993423	1243820
海 南	5	3518	3428	30745	128379
重 庆	47	20734	19016	1325521	2342347
四 川	26	34680	31003	1028976	1353570
贵 州	12	4339	4023	217483	823373
云 南	17	9492	8473	322322	507454
西 藏					
陕 西	15	11894	11785	438523	647111
甘 肃	11	9805	8297	465840	334083
青 海	2	1079	1079	129463	30399
宁 夏	8	6879	6148	418820	133471
新 疆	22	16402	14393	1025098	624655

2-5 商品交易市场情况(按经营环境分)

(露天式)

地区	市场数量(个)	总摊位数(个)	年末出租摊位数(个)	营业面积(平方米)	成交额(万元)
全国	**851**	**546206**	**479147**	**53135649**	**102770166**
北京	17	23579	14439	2295415	7335369
天津	15	9824	9234	1610007	2465053
河北	102	123538	113644	9121478	6998992
山西	13	8938	6467	709621	800635
内蒙古	23	7717	7201	820309	2763539
辽宁	41	21820	19846	1507985	4144663
吉林	12	9925	8891	821464	702554
黑龙江	13	5146	4970	765477	3429950
上海	15	2774	2562	447077	2612782
江苏	71	27104	25514	3160648	9377713
浙江	80	28211	26533	3121620	11134799
安徽	23	15522	13909	982913	2028071
福建	12	5300	3359	245561	781914
江西	14	12307	10886	517428	2250043
山东	167	88527	82339	12906039	15887423
河南	33	15922	14705	2188727	2843005
湖北	17	11893	10596	784050	3003096
湖南	12	12047	10566	1231509	2530082
广东	44	19479	16393	1652523	4929889
广西	13	8123	6922	1041519	4013408
海南	1	410	410	15000	12454
重庆	19	11302	10278	1188130	2867407
四川	14	10862	7836	400637	1203178
贵州	12	4463	4419	228890	1483151
云南	14	10657	5501	512839	2125425
西藏					
陕西	11	8575	8379	278892	1219481
甘肃	17	17769	16579	927107	1726891
青海	2	1320	1320	232534	74583
宁夏	12	9829	7075	2678511	1071488
新疆	12	13323	8374	741739	953128

2-5 续表 1

(封闭式)

地　区	市场数量(个)	总摊位数(个)	年末出租摊位数(个)	营业面积(平方米)	成交额(万元)
全　国	**3221**	**2330368**	**2110955**	**142027906**	**379118562**
北　京	97	80047	73498	8385810	9914348
天　津	51	36807	33331	2387067	11805492
河　北	133	168640	133888	12760123	24514491
山　西	25	21585	19799	1565086	2562545
内蒙古	39	29093	26873	2518075	2093328
辽　宁	172	162127	149728	7353515	20420797
吉　林	52	56616	46726	1702717	3192578
黑龙江	71	54971	50260	2260192	3636739
上　海	115	56614	51693	3611477	36042353
江　苏	372	262583	239889	18456837	62996002
浙　江	513	346590	323117	16857609	65812210
安　徽	90	60105	52769	5389449	11329762
福　建	135	51520	46934	2753095	10804807
江　西	63	40304	35540	2258868	5447618
山　东	305	205602	194127	15817975	30928025
河　南	77	63927	58568	4473202	6830457
湖　北	102	56631	54266	3275734	7862749
湖　南	215	132578	123306	5144104	12306354
广　东	251	141483	125903	10576716	20835579
广　西	57	51301	43001	1661879	3199140
海　南	5	3518	3428	30745	128379
重　庆	67	53596	47926	3018017	9453168
四　川	63	84170	74881	3318002	7280304
贵　州	14	15447	14321	503827	1754345
云　南	29	17215	15578	704419	1391086
西　藏	1	800	800	18805	69700
陕　西	28	18911	18668	1014333	1940487
甘　肃	16	11646	9826	930170	720205
青　海	6	4357	4357	223163	197950
宁　夏	15	8741	8398	490810	481667
新　疆	42	32843	29556	2566085	3165897

2–5　续表 2

(其他)

地　区	市场数量(个)	总摊位数(个)	年末出租摊位数(个)	营业面积(平方米)	成交额(万元)
全　国	**615**	**461300**	**404679**	**37139744**	**97749179**
北　京	12	14544	13581	459756	1894093
天　津	20	12341	12212	397956	5892566
河　北	46	46959	39281	2929678	3566299
山　西	4	2915	2661	122405	102800
内蒙古	4	1495	1395	272598	216065
辽　宁	12	10539	10120	920725	2301975
吉　林	4	3946	3063	462241	1112287
黑龙江	3	526	521	87751	245800
上　海	33	14958	14459	3932586	6769934
江　苏	85	45206	40635	6189627	19885447
浙　江	79	55827	43563	3061591	19575731
安　徽	20	15532	13278	772505	633153
福　建	8	3040	2796	131324	350331
江　西	11	14884	13194	537397	2778054
山　东	64	67518	63690	4708880	7701597
河　南	30	25360	23673	835926	1906144
湖　北	17	8310	8135	1079249	868009
湖　南	36	38229	28147	1698341	2230760
广　东	45	32885	27681	4410977	11888281
广　西	17	8841	8052	746090	856045
海　南	1	37	37	8900	18600
重　庆	21	11763	10422	745217	3506540
四　川	13	8415	7959	816511	1671923
贵　州	5	2437	2118	88292	360095
云　南	9	3051	2974	399934	292714
西　藏					
陕　西	3	3565	3373	101432	48685
甘　肃	4	1928	1762	80640	316458
青　海	1	223	223	6161	11800
宁　夏					
新　疆	8	6026	5674	1135054	746993

2-6 商品交易市场成交情况(按摊位分)

地区	食品、饮料、烟酒类		食品类		#粮油类	
	摊位数(个)	成交额(万元)	摊位数(个)	成交额(万元)	摊位数(个)	成交额(万元)
全国	**1022007**	**152599760**	**939457**	**140759607**	**77699**	**20105775**
北京	35384	10106785	31968	9315137	3138	1230815
天津	24548	5222678	23081	4858117	1328	1980994
河北	127400	8911761	119677	8329189	7570	896180
山西	6615	1146097	6223	967277	651	103165
内蒙古	11085	888358	10575	847650	2308	157225
辽宁	35080	5627627	33003	5347665	3074	580690
吉林	10339	1364178	9297	1334807	2271	424151
黑龙江	11671	1812683	10596	1734012	1131	258009
上海	21916	5759878	20814	5460731	2448	1274088
江苏	96351	17323652	89674	16186172	5992	1865813
浙江	127491	21278045	120444	19821923	6948	2495456
安徽	32154	4250522	28347	3527182	2933	786329
福建	26714	4655173	24125	4254342	1741	497871
江西	20923	4691302	18758	4176104	1653	758780
山东	153215	18798363	140236	17185974	8304	2173777
河南	27848	3457575	23203	2734717	3582	1020406
湖北	24774	4210290	21666	3923951	2431	292402
湖南	47925	4676876	40637	3913112	5063	442059
广东	52968	13156754	50174	12456139	4828	1252944
广西	23525	2141997	21931	1930594	2315	241196
海南	2393	77633	1998	68091	56	1166
重庆	18882	3649690	17859	3570728	2018	252063
四川	34574	3859156	32527	3756067	1335	224462
贵州	4465	889502	3461	618701	577	117425
云南	8465	908325	7190	876586	685	186607
西藏	800	69700	800	69700	15	6970
陕西	8720	927416	7996	891967	1475	184709
甘肃	10349	869042	8803	830986	569	107032
青海	1054	133799	939	125751	423	107726
宁夏	4836	297595	4631	283965	104	6486
新疆	9543	1437308	8824	1362270	733	178779

2-6　续表 1

地区	#肉禽蛋类		#水产品类		#蔬菜类	
	摊位数（个）	成交额（万元）	摊位数（个）	成交额（万元）	摊位数（个）	成交额（万元）
全　国	**126926**	**19304683**	**140129**	**27442992**	**407198**	**38510544**
北　京	4622	1067452	3636	1436409	10183	2568804
天　津	1503	229768	2255	813055	14828	1027540
河　北	7203	900157	5141	337646	81711	4449168
山　西	196	32277	203	28252	3412	537245
内蒙古	1106	149573	789	33607	4235	292045
辽　宁	5017	613804	5682	1334865	11622	1128550
吉　林	1030	60285	479	25091	3173	510732
黑龙江	2063	326773	1111	68411	3738	768825
上　海	2733	737663	4223	1651059	9165	806205
江　苏	16727	3248498	15314	4132958	34372	3483545
浙　江	16333	2658391	31818	5244819	42899	3896618
安　徽	5442	762508	2475	479032	12397	860214
福　建	4664	531400	5844	1399900	6544	789190
江　西	4278	804780	944	155628	6716	828521
山　东	10553	1129026	34802	4002850	59337	6404323
河　南	1529	66821	1484	126750	9758	1169400
湖　北	3553	612106	3038	1391396	7241	618799
湖　南	8567	567784	3632	615034	13292	1156475
广　东	12419	2367463	8555	2421290	15352	2458987
广　西	5193	667424	2222	137067	8675	589274
海　南	446	24120	615	26948	701	14653
重　庆	3338	257270	1698	977832	5552	578576
四　川	3196	911865	1662	242638	19855	1496159
贵　州	642	46292	53	5229	1313	214022
云　南	1680	159255	503	30810	3153	395632
西　藏	27	8364	13	5576	685	27880
陕　西	888	69578	603	25628	4111	546544
甘　肃	496	89656	473	113804	6534	451668
青　海	1	9	3	23	166	5307
宁　夏	451	82095	155	8944	3006	115743
新　疆	1030	122226	704	170441	3472	319900

2-6 续表 2

地区	#干鲜果品类		饮料类		烟酒类	
	摊位数（个）	成交额（万元）	摊位数（个）	成交额（万元）	摊位数（个）	成交额（万元）
全国	**138847**	**26694651**	**43110**	**5824356**	**39440**	**6015797**
北京	7255	2749970	1635	301986	1781	489662
天津	2927	420722	344	131604	1123	232957
河北	16790	1449379	3573	217926	4150	364646
山西	1204	215983	62	9522	330	169298
内蒙古	1563	143246	156	4871	354	35837
辽宁	4367	423581	1111	147019	966	132943
吉林	1397	279858	583	18070	459	11301
黑龙江	2121	289530	529	32054	546	46617
上海	1591	839569	733	234356	369	64791
江苏	13803	2321548	3358	598797	3319	538683
浙江	15176	4370116	5410	960483	1637	495639
安徽	3783	546173	2089	269117	1718	454223
福建	2592	568614	2029	281125	560	119706
江西	3928	1067601	970	217220	1195	297978
山东	21790	2948962	5316	637101	7663	975288
河南	3218	196221	2268	399540	2377	323318
湖北	4059	866799	2181	190153	927	96186
湖南	6547	914685	3526	252375	3762	511389
广东	7971	3807903	1845	445245	949	255370
广西	3390	293282	842	139075	752	72328
海南	177	1171	155	3238	240	6304
重庆	2720	416237	493	38640	530	40322
四川	3667	488526	1056	58943	991	44146
贵州	715	225695	566	133737	438	137064
云南	1039	101722	749	21193	526	10546
西藏	60	20910				
陕西	817	60215	434	16576	290	18873
甘肃	535	66063	573	13846	973	24210
青海	346	12386	56	4013	59	4035
宁夏	911	70663	115	11894	90	1736
新疆	2388	517321	353	34637	366	40401

2-6 续表 3

地 区	服装鞋帽、针、纺织品类		服装类		鞋帽类	
	摊位数（个）	成交额（万元）	摊位数（个）	成交额（万元）	摊位数（个）	成交额（万元）
全 国	**841627**	**96662153**	**507440**	**41328580**	**130740**	**10971997**
北 京	23208	715332	16049	436740	2982	106938
天 津	11531	1244881	8524	743104	2134	111942
河 北	49040	6636466	25098	1431668	7533	615421
山 西	14273	555735	11020	278887	2349	219311
内蒙古	12593	623185	7958	453500	2430	110511
辽 宁	76127	7440439	45460	4326428	14860	1298934
吉 林	26080	895496	19292	728122	3216	86271
黑龙江	26490	1085259	15630	731817	3881	197807
上 海	12030	1175008	9268	1025026	1159	31363
江 苏	78203	21309830	40154	5990914	11643	1364853
浙 江	117368	20769026	50562	6599197	13611	1431058
安 徽	15311	1213027	9774	742362	2898	274376
福 建	12602	1816724	10828	1413331	918	85184
江 西	13516	1937183	8430	1059130	2666	371064
山 东	72852	6762365	43383	3166534	13438	1118662
河 南	32246	1805345	18168	1036732	9154	401987
湖 北	18352	1025211	12866	721649	3386	236577
湖 南	49873	2066265	35638	1354343	7500	349270
广 东	59429	8728435	35629	2748952	7102	1058023
广 西	18027	578883	12557	435266	2395	69736
海 南	881	29589	671	26640	184	2665
重 庆	18443	2416199	11421	1455797	3886	662126
四 川	27306	2245237	19781	1930299	2981	161732
贵 州	10300	978661	8497	739517	1080	142345
云 南	3088	87926	2308	74016	461	7264
西 藏						
陕 西	14211	1169440	9336	583030	2275	312719
甘 肃	8420	406515	6588	344984	832	26839
青 海	2441	32770	1122	16868	725	8107
宁 夏	3882	66027	2054	33169	911	11870
新 疆	13504	845694	9374	700558	2150	97042

2-6 续表 4

地 区	针、纺织品类		化妆品类		金银珠宝类	
	摊位数(个)	成交额(万元)	摊位数(个)	成交额(万元)	摊位数(个)	成交额(万元)
全 国	**203447**	**44361576**	**28473**	**2420012**	**10872**	**3152014**
北 京	4177	171654	785	51421	382	20496
天 津	873	389835	364	26149	4	146
河 北	16409	4589377	1519	271740	809	29707
山 西	904	57537	200	24926	3	145
内蒙古	2205	59174	615	35799	57	4200
辽 宁	15807	1815077	2401	224887	545	37370
吉 林	3572	81103	652	15209	25	797
黑龙江	6979	155635	1152	28441	77	7607
上 海	1603	118619	47	4214	7	269
江 苏	26406	13954063	1679	149462	1512	472284
浙 江	53195	12738771	2165	321440	799	458651
安 徽	2639	196289	940	81138	21	15061
福 建	856	318209	138	20981	1693	939498
江 西	2420	506989	895	115024	34	3439
山 东	16031	2477169	3033	314269	2191	563323
河 南	4924	366626	2317	146339	207	77220
湖 北	2100	66985	754	70231	11	2314
湖 南	6735	362652	1601	104661	84	5466
广 东	16698	4921460	2258	181333	2013	458729
广 西	3075	73881	347	18695	33	667
海 南	26	284	48	717		
重 庆	3136	298276	697	58589	6	2800
四 川	4544	153206	1759	30922	18	3555
贵 州	723	96799	56	14931	5	1000
云 南	319	6646	32	659	17	1300
西 藏						
陕 西	2600	273691	263	46208	48	33349
甘 肃	1000	34692	720	16973	29	6487
青 海	594	7795	119	4742		
宁 夏	917	20988	191	4431	15	103
新 疆	1980	48094	726	35481	227	6031

2-6 续表 5

地区	日用品类		#洗涤用品类		#儿童玩具类	
	摊位数（个）	成交额（万元）	摊位数（个）	成交额（万元）	摊位数（个）	成交额（万元）
全 国	**172059**	**19221837**	**41548**	**3945600**	**26681**	**2456088**
北 京	12176	780384	3006	361759	1131	30023
天 津	1659	165661	173	18685	57	1818
河 北	16126	2324400	4995	1050629	9804	1077605
山 西	2143	240906	267	6343	267	5869
内蒙古	1000	104328	244	16264	144	3862
辽 宁	15462	1846725	4045	184166	1490	95363
吉 林	2933	84476	656	10868	353	3316
黑龙江	2971	81549	1572	29332	535	22451
上 海	1814	185840	613	116556	23	6205
江 苏	20568	2311227	3949	379778	2034	187739
浙 江	22623	3657595	3568	252681	2352	312531
安 徽	2461	217620	641	112556	309	18554
福 建	1855	239074	411	71521	56	6816
江 西	3756	349509	933	67013	428	16830
山 东	19107	2335635	4197	207491	2582	142299
河 南	4998	279461	1962	111366	997	79492
湖 北	2254	307046	1189	202879	221	73235
湖 南	7396	581565	2737	170963	899	83186
广 东	14300	1971941	1276	110355	1196	170654
广 西	1363	82897	442	23827	345	22196
海 南	43	1061	36	1000	5	61
重 庆	4377	247852	1190	104323	249	13092
四 川	2985	165582	689	13101	197	12379
贵 州	773	116351	313	93926	60	14352
云 南	1099	52533	537	12696	66	1187
西 藏						
陕 西	1298	331118	498	139251	105	33644
甘 肃	854	33120	560	20350	145	6716
青 海	358	8412	94	1013	40	467
宁 夏	865	31973	131	2795	42	710
新 疆	2442	85996	624	52113	549	13436

2-6 续表 6

地 区	五金、电料类		体育、娱乐用品类		书报杂志类	
	摊位数(个)	成交额(万元)	摊位数(个)	成交额(万元)	摊位数(个)	成交额(万元)
全 国	**87562**	**13295464**	**11424**	**1446572**	**4853**	**666647**
北 京	1416	67933	805	153041	245	19272
天 津	4097	875622	63	7399	24	264
河 北	3780	898515	1230	375033	328	57615
山 西	553	85349	100	2078	5	60
内蒙古	450	52429	57	1811	62	4921
辽 宁	3725	312748	638	16591	732	106258
吉 林	1579	49196	154	1949	67	2408
黑龙江	1581	101354	89	7595	32	403
上 海	2733	184081	172	18686	51	18514
江 苏	13620	2850790	809	41573	471	72378
浙 江	16669	3482829	1227	184244	155	37666
安 徽	2170	301867	478	93529	388	101749
福 建	707	137519	50	1545	11	84
江 西	973	203314	133	11129	108	8894
山 东	8011	903478	1354	157408	566	54257
河 南	2540	173029	637	62978	252	7228
湖 北	2826	201974	188	22469	483	40688
湖 南	5705	765593	1089	109606	465	73950
广 东	3516	673930	550	63282	144	41531
广 西	933	55839	146	8628	24	215
海 南	5	100	5	138		
重 庆	4019	503622	336	7257	35	775
四 川	1010	91918	104	5316	76	1115
贵 州	643	27815	243	31720	21	2200
云 南	863	60320	17	126	8	52
西 藏						
陕 西	589	117462	333	46612	6	56
甘 肃	818	29926	121	2743	19	371
青 海	352	7780	19	570		
宁 夏	237	5208	15	232	33	12969
新 疆	1442	73924	262	11284	42	754

2-6 续表 7

地 区	电子出版物及音像制品类		家用电器和音像器材类		中西药品类	
	摊位数（个）	成交额（万元）	摊位数（个）	成交额（万元）	摊位数（个）	成交额（万元）
全 国	**8218**	**1432232**	**33497**	**6323120**	**24006**	**3949662**
北 京	24	440	1379	168517	24	1038
天 津	34	1628	184	19839	7	205
河 北	1205	765367	754	91604	6501	1010049
山 西	17	1208	182	12525		
内蒙古	87	1965	306	22215	231	23843
辽 宁	969	114766	2199	336561	280	164783
吉 林	559	82964	246	14972	1749	387919
黑龙江	467	41784	413	424089	24	2658
上 海	57	4829	322	101464	263	90656
江 苏	468	33532	2041	389257	103	171032
浙 江	135	16486	3677	520894	930	148623
安 徽	153	4488	2342	731872	4665	843955
福 建	55	4007	609	73842	88	3181
江 西	202	13478	1622	217041	466	127361
山 东	691	42067	3768	808878	1009	50527
河 南	418	85258	1517	482811	2776	154829
湖 北	38	1522	611	179122	64	20618
湖 南	1298	127731	2778	737416	1081	165323
广 东	411	42498	2306	331939	853	120347
广 西	115	3470	486	18594	904	34086
海 南			3	79	8	250
重 庆	33	1726	764	194125	100	13789
四 川	94	15427	305	12021	57	4244
贵 州	18	96	580	112000	29	306
云 南	109	1158	84	1029	746	129308
西 藏						
陕 西	281	5149	2088	205859	350	182583
甘 肃	192	8172	634	36561	307	21515
青 海			6	530		
宁 夏	21	142	19	245	335	72937
新 疆	67	10874	1272	77219	56	3697

2-6 续表 8

地区	#西药类		#中草药及中成药类		文化办公用品类	
	摊位数（个）	成交额（万元）	摊位数（个）	成交额（万元）	摊位数（个）	成交额（万元）
全国	**1092**	**261987**	**21650**	**3438017**	**57085**	**9469641**
北京	8	495	10	167	5453	1012089
天津	2	30	4	163	492	42971
河北	65	7518	6429	1001937	2139	385655
山西					637	33965
内蒙古	44	2637	187	21206	462	78600
辽宁	58	3443	219	161149	3105	884290
吉林	26	750	1625	382432	1165	159719
黑龙江	15	1795	8	844	1511	317470
上海	3	656	260	90000	685	117499
江苏	48	139218	26	1939	3356	744712
浙江	3	57	918	146689	8516	1345855
安徽	37	21080	4619	821745	603	63224
福建	14	521	56	440	859	103624
江西	25	11534	426	112552	1038	150831
山东	139	17063	843	31817	5005	978469
河南	131	3771	2620	149741	3152	325312
湖北	31	9897	12	262	3550	496501
湖南	71	6211	87	2007	3759	711432
广东	48	5993	797	113020	4283	522308
广西	15	1322	871	32508	1326	278679
海南	8	250			311	28930
重庆	65	11343	35	2436	1571	334469
四川	41	2584	13	1160	1100	122078
贵州	23	200	6	106	507	71921
云南	39	1458	707	127850	12	189
西藏						
陕西	6	92	339	152483	541	58080
甘肃	107	11183	200	10332	435	11725
青海					224	12246
宁夏	8	112	327	72819	77	1431
新疆	12	774	6	213	1211	75367

2-6 续表 9

地区	家具类		通讯器材类		煤炭及制品类	
	摊位数（个）	成交额（万元）	摊位数（个）	成交额（万元）	摊位数（个）	成交额（万元）
全　国	**73803**	**10172808**	**19151**	**1849244**	**1997**	**3170003**
北　京	3754	506339	694	142306		
天　津	1173	86061	88	33135	444	1211139
河　北	9444	1817555	497	113299	241	216316
山　西	247	22624	7	158	11	276775
内蒙古	980	123110	259	31045	106	488100
辽　宁	7054	594007	1537	255899	9	1405
吉　林	648	133487	699	60493	132	2346
黑龙江	1096	126508	42	10084		
上　海	4585	357301	89	19429	10	11725
江　苏	10584	1685597	1258	59346	65	200705
浙　江	6231	955319	2330	197105	73	700414
安　徽	2168	288825	143	35222	8	278
福　建	303	47146	128	11453		
江　西	1789	220807	108	19575		
山　东	6202	677852	639	56704	93	15826
河　南	2008	163591	455	16042	65	904
湖　北	1350	210612	511	115758		
湖　南	2192	686714	491	58742	13	1628
广　东	666	80978	8586	483844	1	33
广　西	506	31584	49	15660		
海　南						
重　庆	2233	966545	178	95361	1	306
四　川	4047	109509	7	343		
贵　州	590	21232	8	288		
云　南	300	53994	14	120	5	30
西　藏						
陕　西	9	411	42	651	3	47
甘　肃	1236	89067	50	5912	10	379
青　海	30	2126				
宁　夏	23	3578	4	12	606	29100
新　疆	2355	110329	238	11258	101	12547

2-6 续表 10

地　区	木材及制品类		石油及制品类		化工材料及制品类	
	摊位数（个）	成交额（万元）	摊位数（个）	成交额（万元）	摊位数（个）	成交额（万元）
全　国	**29403**	**6925078**	**1269**	**8990968**	**28718**	**21960899**
北　京	855	28144			170	12185
天　津	440	172299	2	178	365	764108
河　北	1163	233055	21	3974	8359	1394880
山　西					7	1200
内蒙古	211	211893	33	769	219	39828
辽　宁	1254	131622	215	2100280	507	89224
吉　林	507	20176	1	2044	1113	51150
黑龙江	136	29104			30	26400
上　海	1449	269266	570	6850000	1076	860799
江　苏	5021	1006004	7	2178	2803	7574560
浙　江	4219	1333206	3	2980	5784	8252335
安　徽	846	284044	4	55	731	172535
福　建	383	52332	2	47	97	33463
江　西	436	34118	2	23	246	19939
山　东	4438	2145657	107	5639	2713	1148832
河　南	200	3061	32	704	479	120467
湖　北	1040	153694	13	178	320	26586
湖　南	1532	121189	62	9661	1180	119974
广　东	1146	336179	19	526	255	230226
广　西	421	49728	5	148	316	229491
海　南						
重　庆	780	101085	3	154	174	35711
四　川	1552	122614			575	511060
贵　州	5	5				
云　南	109	7720			128	55412
西　藏						
陕　西	92	3989			1	12
甘　肃	152	25508			45	597
青　海	40	2373	5	330		
宁　夏	255	20737	7	1060	40	2101
新　疆	721	26276	156	10040	985	187824

2-6 续表 11

地区	#化肥类		金属材料类		建筑及装潢材料类	
	摊位数（个）	成交额（万元）	摊位数（个）	成交额（万元）	摊位数（个）	成交额（万元）
全国	**3385**	**866580**	**84322**	**115297693**	**175844**	**32401271**
北京			369	131141	4608	495490
天津	3	2590	2698	7427364	2652	523168
河北	323	125051	10325	3057436	6421	1187556
山西			235	470532	2203	278062
内蒙古	122	32522	520	1488098	1265	259340
辽宁	18	782	5079	3115105	8200	1164188
吉林	930	40940	1411	272310	2089	193744
黑龙江	30	26400	1030	2797252	2450	189705
上海	5	686	5217	24402038	10678	2806832
江苏	193	108622	13311	23119466	27742	5602397
浙江	5	425	14432	15878530	20300	3625052
安徽	58	11215	1807	3210280	6795	938175
福建			285	1226317	3287	1751121
江西	16	1798	956	807478	6853	855916
山东	420	228656	5451	7651494	17902	4510519
河南	303	14382	2208	1608377	4608	650058
湖北	119	12993	3387	1275440	8624	1197848
湖南	87	24409	1564	1672830	13936	1494904
广东	1	8	2168	3875261	3906	604514
广西	88	53737	996	3232529	4595	666344
海南						
重庆	47	4470	2855	3543181	5894	2084463
四川			2270	524333	2516	584969
贵州			725	540173	1003	87000
云南	63	30300	493	1385844	2045	174216
西藏						
陕西			11	49	1032	61549
甘肃	29	433	1563	1027189	599	125109
青海					587	22806
宁夏	10	1260	1650	801806	790	64716
新疆	515	144901	1306	755840	2264	201510

2-6 续表 12

地区	机电产品及设备类		#农机类		汽车类	
	摊位数（个）	成交额（万元）	摊位数（个）	成交额（万元）	摊位数（个）	成交额（万元）
全国	**42999**	**10319485**	**4549**	**1235315**	**61339**	**36084634**
北京	1116	349645			4129	4285491
天津	64	13756			1260	2176139
河北	4249	816062	2044	547715	2860	776150
山西	139	75179			457	211689
内蒙古	143	88730	65	27150	27	18500
辽宁	1046	54115	6	100	1121	1142389
吉林	788	61437	97	12697	1603	1025902
黑龙江	74	4079			3401	172642
上海	317	57479			1221	1639031
江苏	6541	1942157	349	52600	3479	2172044
浙江	6698	2351593	11	2300	6783	6106628
安徽	1069	423873	20	897	652	516327
福建	91	4524			379	420489
江西	586	324277	117	40368	1384	185236
山东	1927	483194	783	271987	11830	2870538
河南	1176	204326	318	101273	1918	1100027
湖北	349	68004	81	48778	3061	2062749
湖南	4707	741809	123	23839	6105	1667130
广东	966	168649	184	50641	4246	4825615
广西	905	97883			200	154401
海南						
重庆	2102	735952	14	865	1600	422023
四川	5001	878910	10	2722	634	672816
贵州					531	699260
云南	213	29242	93	19300	1098	328659
西藏						
陕西	210	14600			12	268
甘肃	95	26023	2	410		
青海	35	649			145	12000
宁夏	467	75971	168	23133	425	36479
新疆	1925	227367	64	8540	778	384012

2-6　续表 13

地　区	种子饲料类		棉麻类		其他类	
	摊位数（个）	成交额（万元）	摊位数（个）	成交额（万元）	摊位数（个）	成交额（万元）
全　国	**6786**	**886842**	**5540**	**4034611**	**161927**	**16871585**
北　京	2	108	86	935	4454	95278
天　津	6	1271	650	35300	1928	111750
河　北	2207	89399	29	2122	30166	3614066
山　西	2	420			891	26347
内蒙古	91	9130	43	1198	4567	471537
辽　宁	39	832	11	89	12359	1105235
吉　林	360	8941	4	150	3777	115956
黑龙江	86	15803	8	253	920	29767
上　海	1	207			3404	490024
江　苏	329	86386	714	891608	15003	2046985
浙　江	213	52953	561	1359194	23831	3452405
安　徽	315	17029	42	3050	3690	183241
福　建	176	63228			2577	331680
江　西	282	25397	159	16456	3153	137988
山　东	586	92867	2984	1671626	14482	1417258
河　南	127	7618	104	45214	4658	601832
湖　北	92	6245	42	920	303	37834
湖　南	370	57504	37	1081	6776	308146
广　东	33	520	2	104	4952	754273
广　西	478	138912			2275	229263
海　南					178	20936
重　庆	457	155317	17	1855	3069	254269
四　川	59	5086	5	870	4622	188324
贵　州	43	708	26	159	287	2263
云　南	131	11238			4977	519825
西　藏						
陕　西	10	201			270	3544
甘　肃	4	237	9	152	1506	20231
青　海					485	43200
宁　夏	40	2385	7	2275	633	19642
新　疆	247	36900			1734	238486

（二）东中西部及东北地区

2-7 商品交易市场总体情况

地　区	市场数量（个）	总摊位数（个）	年末出租摊位数（个）	营业面积（平方米）	成交额（万元）
全　国	**4687**	**3337874**	**2994781**	**232303299**	**579637907**
东部地区	**2894**	**1975465**	**1778170**	**152444097**	**412860953**
北　京	126	118170	101518	11140981	19143810
天　津	86	58972	54777	4395030	20163111
河　北	281	339137	286813	24811279	35079782
上　海	163	74346	68714	7991140	45425069
江　苏	528	334893	306038	27807112	92259162
浙　江	672	430628	393213	23040820	96522740
福　建	155	59860	53089	3129980	11937052
山　东	536	361647	340156	33432894	54517045
广　东	340	193847	169977	16640216	37653749
海　南	7	3965	3875	54645	159433
东北地区	**380**	**325616**	**294125**	**15882067**	**39187343**
辽　宁	225	194486	179694	9782225	26867435
吉　林	68	70487	58680	2986422	5007419
黑龙江	87	60643	55751	3113420	7312489
中部地区	**802**	**556989**	**500465**	**33566514**	**68313337**
山　西	42	33438	28927	2397112	3465980
安　徽	133	91159	79956	7144867	13990986
江　西	88	67495	59620	3313693	10475715
河　南	140	105209	96946	7497855	11579606
湖　北	136	76834	72997	5139033	11733854
湖　南	263	182854	162019	8073954	17067196
西部地区	**611**	**479804**	**422021**	**30410621**	**59276274**
内蒙古	66	38305	35469	3610982	5072932
广　西	87	68265	57975	3449488	8068593
重　庆	107	76661	68626	4951364	15827115
四　川	90	103447	90676	4535150	10155405
贵　州	31	22347	20858	821009	3597591
云　南	52	30923	24053	1617192	3809225
西　藏	1	800	800	18805	69700
陕　西	42	31051	30420	1394657	3208653
甘　肃	37	31343	28167	1937917	2763554
青　海	9	5900	5900	461858	284333
宁　夏	27	18570	15473	3169321	1553155
新　疆	62	52192	43604	4442878	4866018

2-8 商品交易市场情况(按市场类别分)

(综合市场)

地区	市场数量(个)	总摊位数(个)	年末出租摊位数(个)	营业面积(平方米)	成交额(万元)
全国	**1280**	**1206775**	**1086242**	**55628735**	**117411503**
东部地区	**785**	**665199**	**614547**	**32643502**	**77661601**
北京	40	53193	48947	2969356	9555913
天津	26	30433	28695	1500529	3212851
河北	70	100083	92087	6958639	11219453
上海	35	16178	14859	896961	2813318
江苏	167	119665	110417	6227389	14826045
浙江	214	171935	161801	6920352	22731072
福建	67	33309	27354	951769	2877228
山东	81	88534	83087	4984597	5424249
广东	81	49131	44562	1204665	4912685
海南	4	2738	2738	29245	88787
东北地区	**108**	**127666**	**108388**	**6029952**	**7160641**
辽宁	64	67482	61601	4344913	5330710
吉林	18	36252	25856	895748	814915
黑龙江	26	23932	20931	789291	1015016
中部地区	**234**	**235300**	**206664**	**10355740**	**20666377**
山西	5	9728	9115	1051041	1933917
安徽	37	37064	33270	3126747	5146037
江西	33	32597	27524	1085213	3491999
河南	25	38719	35451	1191715	2762135
湖北	39	25606	24689	1307050	2225687
湖南	95	91586	76615	2593974	5106602
西部地区	**153**	**178610**	**156643**	**6599541**	**11922884**
内蒙古	6	4066	3968	312000	351965
广西	30	30524	27500	926467	1768408
重庆	30	26971	22514	1401310	3522894
四川	22	43408	39335	713542	2232746
贵州	3	2925	2821	58327	122124
云南	13	10806	9280	220862	298776
西藏	1	800	800	18805	69700
陕西	11	14232	14145	460650	1537302
甘肃	9	13251	10957	391930	280641
青海	4	2061	2061	360345	106588
宁夏	6	3677	3445	330800	188253
新疆	18	25889	19817	1404503	1443487

2-8 续表 1

(生产资料综合市场)

地 区	市场数量(个)	总摊位数(个)	年末出租摊位数(个)	营业面积(平方米)	成交额(万元)
全 国	**53**	**59212**	**53386**	**8071565**	**11732139**
东部地区	**27**	**20213**	**19196**	**4245497**	**6805293**
北 京	1	280	258	7200	11056
天 津	2	1192	1192	201000	581284
河 北	2	600	540	150050	71940
上 海	2	550	459	90000	45675
江 苏	7	10179	9546	2767370	1666673
浙 江	8	6209	6134	897877	4343210
福 建	1	91	91	30000	12205
山 东	4	1112	976	102000	73250
广 东					
海 南					
东北地区	**5**	**7790**	**6910**	**168990**	**246512**
辽 宁	1	606	606	11990	21850
吉 林	3	6850	5970	144000	200082
黑龙江	1	334	334	13000	24580
中部地区	**8**	**17732**	**16571**	**2365974**	**2943155**
山 西					
安 徽	1	6550	5734	1570000	2098772
江 西	1	1500	1185	20000	183620
河 南					
湖 北	4	5382	5352	669774	508363
湖 南	2	4300	4300	106200	152400
西部地区	**13**	**13477**	**10709**	**1291104**	**1737179**
内蒙古	2	75	75	23000	33700
广 西	1	248	240	17550	232500
重 庆	1	1600	1600	260000	493423
四 川	4	5125	4855	267000	450910
贵 州					
云 南	1	173	168	10920	12132
西 藏					
陕 西					
甘 肃					
青 海	1	358	358	132534	38000
宁 夏	1	308	308	200000	52245
新 疆	2	5590	3105	380100	424269

2-8　续表 2

(工业消费品综合市场)

地　区	市场数量（个）	总摊位数（个）	年末出租摊位数（个）	营业面积（平方米）	成交额（万元）
全　国	**286**	**440697**	**396749**	**18835865**	**36538336**
东部地区	**140**	**240366**	**224837**	**12113803**	**25289888**
北　京	11	13371	11746	246310	750877
天　津	6	8352	7821	219883	538987
河　北	20	48424	45824	3803011	7478998
上　海	2	1148	1148	36200	151228
江　苏	21	33848	30136	831887	3444627
浙　江	26	74391	73322	3909839	7976573
福　建	4	5118	3073	209910	219904
山　东	31	44226	40916	2498093	3271114
广　东	19	11488	10851	358670	1457580
海　南					
东北地区	**46**	**73165**	**58576**	**1816237**	**1820357**
辽　宁	26	34143	31626	773433	970957
吉　林	8	25197	15717	676300	493185
黑龙江	12	13825	11233	366504	356215
中部地区	**59**	**67381**	**60115**	**2313046**	**5627752**
山　西	2	1327	925	94041	31475
安　徽	5	8984	8239	660950	799742
江　西	8	8580	6678	341560	365668
河　南	12	20119	18693	678328	2418603
湖　北	7	6832	6412	184202	815206
湖　南	25	21539	19168	353965	1197058
西部地区	**41**	**59785**	**53221**	**2592779**	**3800339**
内蒙古	2	3110	3110	240000	290000
广　西	5	9042	7615	277184	359447
重　庆	8	7755	6740	534948	605767
四　川	5	7961	7090	127565	463220
贵　州	1	1710	1710	25000	80000
云　南	1	1460	1306	40000	24090
西　藏					
陕　西	6	9693	9689	358980	1440743
甘　肃	6	5334	4423	325930	158025
青　海					
宁　夏	1	481	476	40000	70175
新　疆	6	13239	11062	623172	308872

2-8 续表 3

(农产品综合市场)

地 区	市场数量 (个)	总摊位数 (个)	年末出租摊位数 (个)	营业面积 (平方米)	成交额 (万元)
全 国	**657**	**441600**	**396452**	**14935590**	**45824068**
东部地区	**489**	**290289**	**266115**	**10304230**	**32572971**
北 京	20	23008	21578	2214801	6274405
天 津	11	15310	14155	606362	1489548
河 北	24	25688	22893	1569307	2343016
上 海	24	9100	8905	573253	2126271
江 苏	120	62475	58700	1792222	7203266
浙 江	166	80053	72981	1581756	6980817
福 建	51	22057	18738	354501	1635087
山 东	22	20719	19515	1002375	1369331
广 东	50	31260	28031	608453	3139615
海 南	1	619	619	1200	11615
东北地区	**31**	**19249**	**18203**	**680942**	**2198015**
辽 宁	22	14242	13210	351000	1693593
吉 林	2	765	765	11795	24866
黑 龙 江	7	4242	4228	318147	479556
中部地区	**86**	**65679**	**53469**	**2618098**	**6343064**
山 西	2	2300	2300	306000	339000
安 徽	22	13696	13209	401716	1876898
江 西	10	10966	10176	352952	1847499
河 南	6	2917	2593	193360	234351
湖 北	14	4537	4403	154590	300914
湖 南	32	31263	20788	1209480	1744402
西部地区	**51**	**66383**	**58665**	**1332320**	**4710018**
内 蒙 古					
广 西	13	11185	10674	313478	628513
重 庆	11	11395	8467	266256	2081778
四 川	10	28241	25438	281638	1210390
贵 州					
云 南	6	5723	5140	65528	168682
西 藏	1	800	800	18805	69700
陕 西	1	240	223	7200	11250
甘 肃	1	2500	2500	50000	35000
青 海					
宁 夏	4	2888	2661	90800	65833
新 疆	4	3411	2762	238615	438872

2-8 续表 4

(其他综合市场)

地 区	市场数量 (个)	总摊位数 (个)	年末出租摊位数 (个)	营业面积 (平方米)	成交额 (万元)
全 国	**284**	**265266**	**239655**	**13785715**	**23316960**
东部地区	**129**	**114331**	**104399**	**5979972**	**12993449**
北 京	8	16534	15365	501045	2519575
天 津	7	5579	5527	473284	603032
河 北	24	25371	22830	1436271	1325499
上 海	7	5380	4347	197508	490144
江 苏	19	13163	12035	835910	2511479
浙 江	14	11282	9364	530880	3430472
福 建	11	6043	5452	357358	1010032
山 东	24	22477	21680	1382129	710554
广 东	12	6383	5680	237542	315490
海 南	3	2119	2119	28045	77172
东北地区	**26**	**27462**	**24699**	**3363783**	**2895757**
辽 宁	15	18491	16159	3208490	2644310
吉 林	5	3440	3404	63653	96782
黑龙江	6	5531	5136	91640	154665
中部地区	**81**	**84508**	**76509**	**3058622**	**5752406**
山 西	1	6101	5890	651000	1563442
安 徽	9	7834	6088	494081	370625
江 西	14	11551	9485	370701	1095212
河 南	7	15683	14165	320027	109181
湖 北	14	8855	8522	298484	601204
湖 南	36	34484	32359	924329	2012742
西部地区	**48**	**38965**	**34048**	**1383338**	**1675348**
内蒙古	2	881	783	49000	28265
广 西	11	10049	8971	318255	547948
重 庆	10	6221	5707	340106	341926
四 川	3	2081	1952	37339	108226
贵 州	2	1215	1111	33327	42124
云 南	5	3450	2666	104414	93872
西 藏					
陕 西	4	4299	4233	94470	85309
甘 肃	2	5417	4034	16000	87616
青 海	3	1703	1703	227811	68588
宁 夏					
新 疆	6	3649	2888	162616	271474

2-8 续表 5

(专业市场)

地　区	市场数量(个)	总摊位数(个)	年末出租摊位数(个)	营业面积(平方米)	成交额(万元)
全　国	**3407**	**2131099**	**1908539**	**176674564**	**462226404**
东部地区	**2109**	**1310266**	**1163623**	**119800595**	**335199352**
北　京	86	64977	52571	8171625	9587897
天　津	60	28539	26082	2894501	16950260
河　北	211	239054	194726	17852640	23860329
上　海	128	58168	53855	7094179	42611751
江　苏	361	215228	195621	21579723	77433117
浙　江	458	258693	231412	16120468	73791668
福　建	88	26551	25735	2178211	9059824
山　东	455	273113	257069	28448297	49092796
广　东	259	144716	125415	15435551	32741064
海　南	3	1227	1137	25400	70646
东北地区	**272**	**197950**	**185737**	**9852115**	**32026702**
辽　宁	161	127004	118093	5437312	21536725
吉　林	50	34235	32824	2090674	4192504
黑龙江	61	36711	34820	2324129	6297473
中部地区	**568**	**321689**	**293801**	**23210774**	**47646960**
山　西	37	23710	19812	1346071	1532063
安　徽	96	54095	46686	4018120	8844949
江　西	55	34898	32096	2228480	6983716
河　南	115	66490	61495	6306140	8817471
湖　北	97	51228	48308	3831983	9508167
湖　南	168	91268	85404	5479980	11960594
西部地区	**458**	**301194**	**265378**	**23811080**	**47353390**
内蒙古	60	34239	31501	3298982	4720967
广　西	57	37741	30475	2523021	6300185
重　庆	77	49690	46112	3550054	12304221
四　川	68	60039	51341	3821608	7922659
贵　州	28	19422	18037	762682	3475467
云　南	39	20117	14773	1396330	3510449
西　藏					
陕　西	31	16819	16275	934007	1671351
甘　肃	28	18092	17210	1545987	2482913
青　海	5	3839	3839	101513	177745
宁　夏	21	14893	12028	2838521	1364902
新　疆	44	26303	23787	3038375	3422531

2-8　续表 6

(生产资料市场)

地　区	市场数量(个)	总摊位数(个)	年末出租摊位数(个)	营业面积(平方米)	成交额(万元)
全　国	**720**	**269043**	**239943**	**54314796**	**174614848**
东部地区	**463**	**163426**	**146404**	**37626267**	**133175200**
北　京	14	4302	3769	327727	680731
天　津	21	3955	3730	884338	9377810
河　北	47	21605	20269	6818040	5188326
上　海	46	13735	12899	3950387	34721358
江　苏	114	49242	41195	8312119	35621343
浙　江	104	36978	33964	4577383	27414004
福　建	11	2933	2778	520785	2480352
山　东	86	23824	22141	10117925	12825518
广　东	20	6852	5659	2117563	4865758
海　南					
东北地区	**55**	**17328**	**16008**	**2824287**	**9831579**
辽　宁	34	11583	10489	1583406	6089707
吉　林	12	3719	3567	663681	408731
黑龙江	9	2026	1952	577200	3333141
中部地区	**99**	**45347**	**39421**	**5856584**	**12348937**
山　西	3	181	153	115488	589227
安　徽	16	7361	6202	1108781	3333385
江　西	9	5389	4638	360104	1306084
河　南	15	4661	3744	1670841	2053758
湖　北	19	6742	6244	623593	1592365
湖　南	37	21013	18440	1977777	3474118
西部地区	**103**	**42942**	**38110**	**8007658**	**19259132**
内蒙古	12	1761	1665	647076	2410750
广　西	17	6321	5687	1079849	4046665
重　庆	25	9395	7968	1421081	5224945
四　川	14	10415	8473	1223320	2290244
贵　州	4	1485	1395	188500	630173
云　南	7	1137	1117	234978	1479231
西　藏					
陕　西	2	970	970	57300	45934
甘　肃	6	1846	1846	382800	1099074
青　海					
宁　夏	8	4127	3673	1797861	911976
新　疆	8	5485	5316	974893	1120140

2-8 续表 7

(农业生产用具市场)

地区	市场数量(个)	总摊位数(个)	年末出租摊位数(个)	营业面积(平方米)	成交额(万元)
全国	**16**	**4998**	**4562**	**1390022**	**1230159**
东部地区	**11**	**4159**	**3834**	**1154072**	**998728**
北京					
天津					
河北	3	2713	2515	801200	672487
上海					
江苏	1	550	465	45857	52615
浙江					
福建					
山东	6	716	674	192000	223037
广东	1	180	180	115015	50589
海南					
东北地区					
辽宁					
吉林					
黑龙江					
中部地区	**3**	**603**	**521**	**89800**	**178299**
山西					
安徽					
江西	1	80	78	8000	21720
河南	1	360	280	56000	100000
湖北	1	163	163	25800	56579
湖南					
西部地区	**2**	**236**	**207**	**146150**	**53132**
内蒙古	1	45	45	130006	25600
广西					
重庆					
四川					
贵州					
云南					
西藏					
陕西					
甘肃					
青海					
宁夏	1	191	162	16144	27532
新疆					

2-8　续表 8

(农用生产资料市场)

地　区	市场数量(个)	总摊位数(个)	年末出租摊位数(个)	营业面积(平方米)	成交额(万元)
全　国	**33**	**6835**	**5973**	**803648**	**1550343**
东部地区	**17**	**3941**	**3282**	**461115**	**671058**
北　京					
天　津					
河　北	4	2166	1780	328765	109337
上　海					
江　苏	3	436	318	30270	118190
浙　江	2	199	199	8380	44276
福　建	2	338	203	16750	75679
山　东	6	802	782	76950	323576
广　东					
海　南					
东北地区	**3**	**957**	**881**	**27300**	**315107**
辽　宁	1	300	300	15000	275000
吉　林	2	657	581	12300	40107
黑龙江					
中部地区	**4**	**222**	**222**	**47340**	**83580**
山　西					
安　徽	2	160	160	10340	20080
江　西					
河　南					
湖　北					
湖　南	2	62	62	37000	63500
西部地区	**9**	**1715**	**1588**	**267893**	**480598**
内蒙古	2	162	162	82800	31280
广　西	3	494	494	56960	167850
重　庆	1	389	389	40000	152000
四　川					
贵　州					
云　南					
西　藏					
陕　西					
甘　肃					
青　海					
宁　夏					
新　疆	3	670	543	88133	129468

2-8 续表 9

(煤炭市场)

地　区	市场数量(个)	总摊位数(个)	年末出租摊位数(个)	营业面积(平方米)	成交额(万元)
全　国	**14**	**1747**	**1698**	**3765162**	**3033034**
东部地区	**10**	**811**	**762**	**2408152**	**2243422**
北　京					
天　津	3	439	439	1100	1160034
河　北	4	262	213	1800199	211969
上　海	1	10	10	1500	11725
江　苏	1	33	33	200000	182700
浙　江	1	67	67	405353	676994
福　建					
山　东					
广　东					
海　南					
东北地区					
辽　宁					
吉　林					
黑龙江					
中部地区	**2**	**11**	**11**	**3600**	**276775**
山　西	2	11	11	3600	276775
安　徽					
江　西					
河　南					
湖　北					
湖　南					
西部地区	**2**	**925**	**925**	**1353410**	**512837**
内蒙古	1	29	29	20010	480000
广　西					
重　庆					
四　川					
贵　州					
云　南					
西　藏					
陕　西					
甘　肃					
青　海					
宁　夏	1	896	896	1333400	32837
新　疆					

2-8　续表 10

（木材市场）

地　区	市场数量（个）	总摊位数（个）	年末出租摊位数（个）	营业面积（平方米）	成交额（万元）
全　国	**56**	**18072**	**16977**	**4099949**	**4706960**
东部地区	**43**	**15210**	**14214**	**3437150**	**4256509**
北　京	1	600	600	40000	11476
天　津					
河　北	1	50	50	53000	20400
上　海	4	295	295	104982	139392
江　苏	10	4143	4045	722127	609938
浙　江	13	5622	5107	661218	1328308
福　建					
山　东	12	3433	3299	1732788	1883415
广　东	2	1067	818	123035	263580
海　南					
东北地区	**4**	**585**	**546**	**250575**	**77307**
辽　宁	2	307	307	5575	41457
吉　林	1	175	175	225000	12450
黑龙江	1	103	64	20000	23400
中部地区	**3**	**1009**	**1009**	**120120**	**82200**
山　西					
安　徽					
江　西					
河　南					
湖　北	1	270	270	30000	15000
湖　南	2	739	739	90120	67200
西部地区	**6**	**1268**	**1208**	**292104**	**290944**
内蒙古	1	132	132	56700	200000
广　西	2	278	278	122836	57755
重　庆	2	526	476	60000	22500
四　川					
贵　州					
云　南					
西　藏					
陕　西					
甘　肃					
青　海					
宁　夏	1	332	322	52568	10689
新　疆					

2-8 续表 11

(建材市场)

地　区	市场数量(个)	总摊位数(个)	年末出租摊位数(个)	营业面积(平方米)	成交额(万元)
全　国	**200**	**86860**	**80016**	**14204115**	**15494131**
东部地区	**112**	**44908**	**41082**	**9583151**	**10015740**
北　京	6	1884	1647	147800	162440
天　津	1	350	350	11800	93580
河　北	8	2251	2227	337883	332538
上　海	14	5778	5523	3207038	2349753
江　苏	42	19427	17833	3358045	3338067
浙　江	14	4180	3057	432632	783191
福　建	5	1992	1972	328375	1116193
山　东	21	8236	7840	1586689	1615494
广　东	1	810	633	172889	224484
海　南					
东北地区	**17**	**5397**	**5030**	**1007341**	**569153**
辽　宁	11	4006	3639	766141	456685
吉　林	4	785	785	153200	71378
黑龙江	2	606	606	88000	41090
中部地区	**44**	**25499**	**23170**	**2157991**	**2165956**
山　西					
安　徽	6	4809	4053	634100	205039
江　西	6	4206	3864	336324	514276
河　南	7	2547	2304	641010	444452
湖　北	8	3126	2801	236493	428351
湖　南	17	10811	10148	310064	573838
西部地区	**27**	**11056**	**10734**	**1455632**	**2743282**
内蒙古	3	766	670	150000	129540
广　西	5	2873	2839	136720	496770
重　庆	7	2483	2350	393895	1292537
四　川	4	2279	2240	360090	572634
贵　州	1	670	670	23500	90000
云　南	2	435	415	45575	36032
西　藏					
陕　西	2	970	970	57300	45934
甘　肃	2	217	217	209600	49835
青　海					
宁　夏	1	363	363	78952	30000
新　疆					

2-8 续表 12

(化工材料及制品市场)

地 区	市场数量(个)	总摊位数(个)	年末出租摊位数(个)	营业面积(平方米)	成交额(万元)
全 国	**38**	**15302**	**12527**	**1742202**	**18807988**
东部地区	**30**	**12823**	**10748**	**1586217**	**18110498**
北 京					
天 津	3	377	319	10100	746308
河 北	3	802	755	83934	265933
上 海	2	1080	941	24000	846206
江 苏	8	3722	2379	341180	7389319
浙 江	7	4550	4093	837520	7845380
福 建	1	78	78	7500	31998
山 东	4	1932	1932	270326	895920
广 东	2	282	251	11657	89434
海 南					
东北地区	**1**	**135**	**135**	**8459**	**15375**
辽 宁	1	135	135	8459	15375
吉 林					
黑 龙 江					
中部地区	**4**	**1689**	**1243**	**76300**	**106165**
山 西					
安 徽	1	350	326	3700	18604
江 西					
河 南					
湖 北					
湖 南	3	1339	917	72600	87561
西部地区	**3**	**655**	**401**	**71226**	**575950**
内 蒙 古					
广 西					
重 庆					
四 川	2	586	332	47546	515000
贵 州					
云 南	1	69	69	23680	60950
西 藏					
陕 西					
甘 肃					
青 海					
宁 夏					
新 疆					

2-8 续表 13

(金属材料市场)

地　区	市场数量(个)	总摊位数(个)	年末出租摊位数(个)	营业面积(平方米)	成交额(万元)
全　国	**279**	**88929**	**78940**	**21620772**	**114113538**
东部地区	**191**	**59335**	**53321**	**14674145**	**85812911**
北　京	3	351	280	69171	117103
天　津	14	2789	2622	861338	7377888
河　北	19	10698	10458	2323584	2965214
上　海	21	5316	4926	581867	24427523
江　苏	42	15876	13115	2581680	23097454
浙　江	49	15526	14775	1851335	15200761
福　建	2	238	238	120160	1216027
山　东	31	5959	4908	5287043	7470640
广　东	10	2582	1999	997967	3940301
海　南					
东北地区	**21**	**7077**	**6543**	**1144288**	**6490007**
辽　宁	15	5707	5268	746907	3119156
吉　林	1	203	133	48181	168000
黑龙江	5	1167	1142	349200	3202851
中部地区	**29**	**9253**	**7753**	**2903040**	**8743563**
山　西	1	170	142	111888	312452
安　徽	6	1622	1495	445241	3062762
江　西	2	1103	696	15780	770088
河　南	7	1754	1160	973831	1509306
湖　北	9	3183	3010	331300	1092435
湖　南	4	1421	1250	1025000	1996520
西部地区	**38**	**13264**	**11323**	**2899299**	**13067057**
内蒙古	3	443	443	149560	1466000
广　西	5	1576	976	660333	3221490
重　庆	9	3292	2499	531100	3496040
四　川	5	1979	1936	595684	464340
贵　州	3	815	725	165000	540173
云　南	4	633	633	165723	1382249
西　藏					
陕　西					
甘　肃	4	1629	1629	173200	1049239
青　海					
宁　夏	3	2049	1634	282071	780718
新　疆	2	848	848	176628	666808

2-8 续表 14

(机械设备市场)

地　区	市场数量(个)	总摊位数(个)	年末出租摊位数(个)	营业面积(平方米)	成交额(万元)
全　国	**41**	**21050**	**17099**	**1950890**	**3821206**
东部地区	**23**	**7768**	**7039**	**821464**	**2201880**
北　京	3	1187	967	50200	338283
天　津					
河　北	1	83	83	2075	15000
上　海					
江　苏	3	755	568	87960	345881
浙　江	12	4214	4058	170221	1241920
福　建					
山　东	2	569	529	24008	110743
广　东	2	960	834	487000	150053
海　南					
东北地区	**1**	**260**	**182**	**7781**	**15000**
辽　宁	1	260	182	7781	15000
吉　林					
黑龙江					
中部地区	**8**	**5984**	**4419**	**398833**	**680846**
山　西					
安　徽	1	420	168	15400	26900
江　西					
河　南					
湖　北					
湖　南	7	5564	4251	383433	653946
西部地区	**9**	**7038**	**5459**	**722812**	**923480**
内蒙古	1	184	184	58000	78330
广　西	1	500	500	23000	80000
重　庆	3	1425	1100	342086	196680
四　川	2	3571	2317	135000	338270
贵　州					
云　南					
西　藏					
陕　西					
甘　肃					
青　海					
宁　夏	1	296	296	34726	30200
新　疆	1	1062	1062	130000	200000

2-8 续表 15

(其他生产资料市场)

地 区	市场数量(个)	总摊位数(个)	年末出租摊位数(个)	营业面积(平方米)	成交额(万元)
全 国	**43**	**25250**	**22151**	**4738036**	**11857489**
东部地区	**26**	**14471**	**12122**	**3500801**	**8864454**
北 京	1	280	275	20556	51429
天 津					
河 北	4	2580	2188	1087400	595448
上 海	4	1256	1204	31000	6946759
江 苏	4	4300	2439	945000	487179
浙 江	6	2620	2608	210724	293174
福 建	1	287	287	48000	40455
山 东	4	2177	2177	948121	302693
广 东	2	971	944	210000	147317
海 南					
东北地区	**8**	**2917**	**2691**	**378543**	**2349630**
辽 宁	3	868	658	33543	2167034
吉 林	4	1899	1893	225000	116796
黑龙江	1	150	140	120000	65800
中部地区	**2**	**1077**	**1073**	**59560**	**31553**
山 西					
安 徽					
江 西					
河 南					
湖 北					
湖 南	2	1077	1073	59560	31553
西部地区	**7**	**6785**	**6265**	**799132**	**611852**
内蒙古					
广 西	1	600	600	80000	22800
重 庆	3	1280	1154	54000	65188
四 川	1	2000	1648	85000	400000
贵 州					
云 南					
西 藏					
陕 西					
甘 肃					
青 海					
宁 夏					
新 疆	2	2905	2863	580132	123864

2-8　续表 16

(农产品市场)

地　区	市场数量（个）	总摊位数（个）	年末出租摊位数（个）	营业面积（平方米）	成交额（万元）
全　国	**946**	**587002**	**520888**	**37114723**	**91085860**
东部地区	**605**	**409942**	**364638**	**24053502**	**64640620**
北　京	17	20445	10514	879776	2329452
天　津	16	11381	9416	581601	3500044
河　北	92	123905	110579	5465175	7469536
上　海	26	12034	10827	596297	3254493
江　苏	83	35637	31581	3016504	7238413
浙　江	114	51950	46953	2030170	12305744
福　建	36	7463	7067	548437	2440358
山　东	151	118613	112404	9044852	16606661
广　东	70	28514	25297	1890690	9495919
海　南					
东北地区	**70**	**31939**	**27767**	**2437182**	**5191331**
辽　宁	45	21141	17412	1361695	2856201
吉　林	12	6810	6516	520435	1126276
黑龙江	13	3988	3839	555052	1208854
中部地区	**148**	**71230**	**65399**	**4274882**	**11127799**
山　西	8	2958	2822	236670	350373
安　徽	30	13632	12328	657840	1367766
江　西	21	8831	8066	343931	1444169
河　南	31	16642	15422	1542398	2805282
湖　北	22	14808	13670	735600	3400996
湖　南	36	14359	13091	758443	1759213
西部地区	**123**	**73891**	**63084**	**6349157**	**10126110**
内蒙古	22	12573	10213	1826528	925241
广　西	16	12276	11722	621667	1227138
重　庆	14	6258	5341	316153	1233817
四　川	17	14744	11522	1070595	2423231
贵　州	7	2600	2385	167441	552389
云　南	11	4063	3771	370236	851653
西　藏					
陕　西	10	5934	5576	376954	858427
甘　肃	8	4978	4761	341828	787948
青　海	1	423	423	39200	107726
宁　夏	4	4465	2618	187600	160773
新　疆	13	5577	4752	1030955	997767

2-8 续表 17

(粮油市场)

地　区	市场数量(个)	总摊位数(个)	年末出租摊位数(个)	营业面积(平方米)	成交额(万元)
全　国	**102**	**27765**	**25452**	**3781462**	**12907058**
东部地区	**63**	**13512**	**12656**	**2157662**	**8967309**
北　京	3	1641	1432	160000	590935
天　津	3	376	376	69909	1732994
河　北	8	1187	1061	565653	403695
上　海	3	1505	1418	116000	973271
江　苏	7	1053	921	285950	966618
浙　江	17	1736	1714	305678	1330181
福　建	3	405	375	73220	368930
山　东	14	4152	4065	422877	1883170
广　东	5	1457	1294	158375	717515
海　南					
东北地区	**7**	**4567**	**3588**	**439419**	**826013**
辽　宁	4	2842	1870	207869	217327
吉　林	1	1608	1608	177946	384000
黑龙江	2	117	110	53604	224686
中部地区	**15**	**4978**	**4630**	**881309**	**2116062**
山　西	1	145	80	6000	14000
安　徽	3	1187	1092	48159	258546
江　西	2	42	42	4900	261300
河　南	4	2602	2572	725550	1314550
湖　北	2	330	305	45200	31734
湖　南	3	672	539	51500	235932
西部地区	**17**	**4708**	**4578**	**303072**	**997674**
内蒙古	6	1830	1830	153012	115700
广　西	1	80	80	8000	25920
重　庆	1	1000	1000	8000	54583
四　川	1	196	190	2000	87000
贵　州	1	100	100	19419	91000
云　南	2	272	222	7431	138658
西　藏					
陕　西	1	231	231	9010	150000
甘　肃	1	325	310	23000	96850
青　海	1	423	423	39200	107726
宁　夏					
新　疆	2	251	192	34000	130237

2-8　续表 18

(肉禽蛋市场)

地　区	市场数量（个）	总摊位数（个）	年末出租摊位数（个）	营业面积（平方米）	成交额（万元）
全　国	**116**	**38377**	**34507**	**2551920**	**7071242**
东部地区	**69**	**17591**	**16126**	**1046466**	**4057500**
北　京	2	594	340	30901	44946
天　津	1	464	464	100000	32175
河　北	4	1096	1047	226700	630124
上　海	4	624	546	21857	133214
江　苏	18	3344	3008	145210	975767
浙　江	15	2380	2333	68127	855064
福　建	2	420	420	10400	128530
山　东	8	3389	3294	152981	283375
广　东	15	5280	4674	290290	974305
海　南					
东北地区	**8**	**2715**	**2398**	**352395**	**530743**
辽　宁	5	1926	1746	139210	293181
吉　林					
黑龙江	3	789	652	213185	237562
中部地区	**20**	**7214**	**6415**	**302071**	**1111076**
山　西					
安　徽	9	2810	2069	81735	351426
江　西	5	1819	1819	51560	327664
河　南	1	621	621	35200	21743
湖　北	2	650	650	80450	357100
湖　南	3	1314	1256	53126	53143
西部地区	**19**	**10857**	**9568**	**850988**	**1371923**
内蒙古	3	649	649	25000	76771
广　西	5	5170	4616	112732	382633
重　庆	4	1910	1578	25218	79204
四　川	3	2258	1907	559533	685216
贵　州					
云　南	2	600	548	52718	66006
西　藏					
陕　西					
甘　肃					
青　海					
宁　夏	1	70	70	33600	63960
新　疆	1	200	200	42187	18133

2-8 续表 19

(水产品市场)

地　区	市场数量(个)	总摊位数(个)	年末出租摊位数(个)	营业面积(平方米)	成交额(万元)
全　国	**142**	**95501**	**84564**	**3406164**	**18641363**
东部地区	**117**	**85043**	**75709**	**2674310**	**14596396**
北　京	3	1324	1248	61240	733301
天　津	5	3915	2050	108360	547934
河　北	5	2940	2917	110788	184017
上　海	5	3061	2808	209300	1282704
江　苏	22	7771	5975	592959	1755684
浙　江	29	22676	19498	430543	3467044
福　建	10	1657	1600	93174	1030815
山　东	22	38269	36516	858450	3782346
广　东	16	3430	3097	209496	1812551
海　南					
东北地区	**9**	**2718**	**2401**	**259979**	**1034483**
辽　宁	8	2688	2376	252200	1023683
吉　林					
黑龙江	1	30	25	7779	10800
中部地区	**10**	**5184**	**4256**	**311675**	**2085755**
山　西					
安　徽					
江　西					
河　南	3	815	815	48950	88500
湖　北	3	3648	2792	96625	1698071
湖　南	4	721	649	166100	299184
西部地区	**6**	**2556**	**2198**	**160200**	**924729**
内蒙古					
广　西	1	462	462	40000	21278
重　庆	3	1070	735	88000	804322
四　川	1	624	601	27000	15129
贵　州					
云　南					
西　藏					
陕　西					
甘　肃					
青　海					
宁　夏					
新　疆	1	400	400	5200	84000

2-8　续表 20

(蔬菜市场)

地　区	市场数量(个)	总摊位数(个)	年末出租摊位数(个)	营业面积(平方米)	成交额(万元)
全　国	**289**	**250186**	**223538**	**14797725**	**25092174**
东部地区	**180**	**181451**	**161446**	**9817780**	**15850889**
北　京	5	10056	2404	190400	269728
天　津	5	5482	5382	177006	420941
河　北	52	86903	80715	3298160	4070542
上　海	6	4592	4052	137423	422792
江　苏	17	10948	9738	1013654	1843247
浙　江	20	10094	9016	510699	1748320
福　建	9	1663	1614	248108	512331
山　东	59	48735	45926	3851830	5936775
广　东	7	2978	2599	390500	626213
海　南					
东北地区	**26**	**14441**	**13169**	**747358**	**2095127**
辽　宁	16	8503	7333	336046	947809
吉　林	5	3229	3127	190800	508784
黑龙江	5	2709	2709	220512	638534
中部地区	**44**	**26440**	**25102**	**1606541**	**3050982**
山　西	5	2670	2670	200670	312225
安　徽	8	6285	6204	394512	442073
江　西	3	1119	1119	79700	347423
河　南	16	10123	9143	592009	1190457
湖　北	6	2778	2740	101250	141694
湖　南	6	3465	3226	238400	617110
西部地区	**39**	**27854**	**23821**	**2626046**	**4095176**
内蒙古	6	3642	3553	1103700	307671
广　西	4	2190	2190	333550	588808
重　庆	2	450	230	22364	77848
四　川	7	8905	6088	320835	1171291
贵　州	2	1188	1116	35922	320040
云　南	3	1032	1032	203305	380763
西　藏					
陕　西	6	4443	4145	257744	619427
甘　肃	6	4156	3954	277628	486098
青　海					
宁　夏	1	1100	1100	35000	65130
新　疆	2	748	413	35998	78100

2-8 续表 21

(干鲜果品市场)

地　区	市场数量(个)	总摊位数(个)	年末出租摊位数(个)	营业面积(平方米)	成交额(万元)
全　国	**136**	**72282**	**62622**	**5243794**	**14046484**
东部地区	**86**	**51060**	**42725**	**3280985**	**10657770**
北　京	2	2690	1158	255000	68243
天　津					
河　北	13	12373	8023	388854	738875
上　海	3	551	550	43927	308690
江　苏	10	6779	6570	386067	1037616
浙　江	18	7845	7634	486651	2522604
福　建	4	405	377	79500	233446
山　东	26	14073	13025	980320	2258845
广　东	10	6344	5388	660666	3489451
海　南					
东北地区	**10**	**2204**	**1882**	**245560**	**435772**
辽　宁	5	1386	1172	139470	166466
吉　林	4	582	474	86118	184306
黑龙江	1	236	236	19972	85000
中部地区	**27**	**11363**	**10614**	**875551**	**1909546**
山　西	2	143	72	30000	24148
安　徽	3	260	260	61707	67046
江　西	5	2398	2203	168200	379333
河　南	5	2145	1940	98419	134357
湖　北	4	4830	4790	377975	1028658
湖　南	8	1587	1349	139250	276004
西部地区	**13**	**7655**	**7401**	**841698**	**1043396**
内蒙古	1	12	12	199998	80000
广　西	2	2891	2891	94600	115000
重　庆	1	685	680	95000	78532
四　川	3	1158	1133	122000	147930
贵　州	2	338	338	107400	100500
云　南	1	312	312	28000	72000
西　藏					
陕　西	1	260	260	46200	23000
甘　肃					
青　海					
宁　夏					
新　疆	2	1999	1775	148500	426434

2-8 续表 22

(棉麻土畜、烟叶市场)

地 区	市场数量（个）	总摊位数（个）	年末出租摊位数（个）	营业面积（平方米）	成交额（万元）
全 国	**23**	**21401**	**18742**	**3290326**	**4368172**
东部地区	**19**	**20306**	**17752**	**3196476**	**4247196**
北 京					
天 津	1	650	650	100	35300
河 北	5	17000	14500	669970	1368620
上 海					
江 苏					
浙 江	4	649	641	45926	1401684
福 建					
山 东	9	2007	1961	2480480	1441592
广 东					
海 南					
东北地区	**1**	**400**	**300**	**12000**	**14100**
辽 宁	1	400	300	12000	14100
吉 林					
黑 龙 江					
中部地区	**2**	**395**	**390**	**49850**	**83276**
山 西					
安 徽	1	315	315	16850	38276
江 西					
河 南	1	80	75	33000	45000
湖 北					
湖 南					
西部地区	**1**	**300**	**300**	**32000**	**23600**
内 蒙 古	1	300	300	32000	23600
广 西					
重 庆					
四 川					
贵 州					
云 南					
西 藏					
陕 西					
甘 肃					
青 海					
宁 夏					
新 疆					

2-8 续表 23

(其他农产品市场)

地　区	市场数量(个)	总摊位数(个)	年末出租摊位数(个)	营业面积(平方米)	成交额(万元)
全　国	**138**	**81490**	**71463**	**4043332**	**8959367**
东部地区	**71**	**40979**	**38224**	**1879823**	**6263560**
北　京	2	4140	3932	182235	622299
天　津	1	494	494	126226	730700
河　北	5	2406	2316	205050	73663
上　海	5	1701	1453	67790	133822
江　苏	9	5742	5369	592664	659481
浙　江	11	6570	6117	182546	980847
福　建	8	2913	2681	44035	166306
山　东	13	7988	7617	297914	1020558
广　东	17	9025	8245	181363	1875884
海　南					
东北地区	**9**	**4894**	**4029**	**380471**	**255093**
辽　宁	6	3396	2615	274900	193635
吉　林	2	1391	1307	65571	49186
黑龙江	1	107	107	40000	12272
中部地区	**30**	**15656**	**13992**	**247885**	**771102**
山　西					
安　徽	6	2775	2388	54877	210399
江　西	6	3453	2883	39571	128449
河　南	1	256	256	9270	10675
湖　北	5	2572	2393	34100	143739
湖　南	12	6600	6072	110067	277840
西部地区	**28**	**19961**	**15218**	**1535153**	**1669612**
内蒙古	5	6140	3869	312818	321499
广　西	3	1483	1483	32785	93499
重　庆	3	1143	1118	77571	139328
四　川	2	1603	1603	39227	316665
贵　州	2	974	831	4700	40849
云　南	3	1847	1657	78782	194226
西　藏					
陕　西	2	1000	940	64000	66000
甘　肃	1	497	497	41200	205000
青　海					
宁　夏	2	3295	1448	119000	31683
新　疆	5	1979	1772	765070	260863

2-8　续表 24

(食品、饮料及烟酒市场)

地　　区	市场数量(个)	总摊位数(个)	年末出租摊位数(个)	营业面积(平方米)	成交额(万元)
全　　国	**140**	**83277**	**67206**	**3930052**	**11842503**
东部地区	**86**	**53013**	**40708**	**2398278**	**8353745**
北　　京	1	139	139	7000	16946
天　　津					
河　　北	3	1230	1177	50100	193947
上　　海	2	679	670	27000	301438
江　　苏	17	6676	5777	736643	2656332
浙　　江	20	18908	8567	525701	1961689
福　　建	3	1783	1781	87000	251282
山　　东	29	18936	18191	741636	2435938
广　　东	10	3772	3606	217198	512727
海　　南	1	890	800	6000	23446
东北地区	**5**	**3177**	**3086**	**50341**	**416185**
辽　　宁	2	1921	1870	21404	273615
吉　　林	1	395	395	19537	117918
黑 龙 江	2	861	821	9400	24652
中部地区	**26**	**14833**	**12483**	**774061**	**1969793**
山　　西	4	686	642	21065	57851
安　　徽	6	4842	3839	318320	712244
江　　西	1	1124	933	102295	708279
河　　南	5	3938	3253	169694	106553
湖　　北	3	1661	1433	74299	156092
湖　　南	7	2582	2383	88388	228774
西部地区	**23**	**12254**	**10929**	**707372**	**1102780**
内 蒙 古	1	228	228	20300	15230
广　　西	6	3224	2901	56380	154937
重　　庆	3	1257	1167	27089	177652
四　　川	4	2571	2177	109961	137156
贵　　州	4	2488	2319	53710	436717
云　　南	1	360	326	24982	14598
西　　藏					
陕　　西					
甘　　肃					
青　　海					
宁　　夏	2	1069	1045	365000	120540
新　　疆	2	1057	766	49950	45950

2-8 续表 25

(食品饮料市场)

地　　区	市场数量(个)	总摊位数(个)	年末出租摊位数(个)	营业面积(平方米)	成交额(万元)
全　　国	**57**	**36696**	**32655**	**1694323**	**3890378**
东部地区	**28**	**18414**	**17230**	**679894**	**2738483**
北　　京					
天　　津					
河　　北	2	1130	1079	45100	129947
上　　海					
江　　苏	7	2619	1848	154903	415335
浙　　江	7	5097	4960	217445	1064737
福　　建					
山　　东	6	6609	6609	156698	915712
广　　东	5	2069	1934	99748	189306
海　　南	1	890	800	6000	23446
东北地区	**2**	**2101**	**2050**	**19234**	**272201**
辽　　宁	1	1551	1500	12234	260000
吉　　林					
黑 龙 江	1	550	550	7000	12201
中部地区	**14**	**8769**	**7168**	**430949**	**375663**
山　　西	4	686	642	21065	57851
安　　徽	2	2625	1780	203000	92365
江　　西					
河　　南	4	3853	3168	163884	96190
湖　　北	1	250	250	8000	19100
湖　　南	3	1355	1328	35000	110157
西部地区	**13**	**7412**	**6207**	**564246**	**504031**
内 蒙 古	1	228	228	20300	15230
广　　西	1	550	313	7000	21980
重　　庆	3	1257	1167	27089	177652
四　　川	4	2571	2177	109961	137156
贵　　州	1	912	743	1950	10408
云　　南					
西　　藏					
陕　　西					
甘　　肃					
青　　海					
宁　　夏	2	1069	1045	365000	120540
新　　疆	1	825	534	32946	21065

2-8 续表 26

(茶叶市场)

地　区	市场数量（个）	总摊位数（个）	年末出租摊位数（个）	营业面积（平方米）	成交额（万元）
全　国	**23**	**18898**	**8978**	**686170**	**1553439**
东部地区	**18**	**16680**	**6870**	**576670**	**1166773**
北　京	1	139	139	7000	16946
天　津					
河　北					
上　海	1	290	281	15000	84380
江　苏	1	420	420	39960	18000
浙　江	6	11810	2010	117460	352662
福　建	2	1555	1555	57000	171502
山　东	4	1440	1440	263000	360555
广　东	3	1026	1025	77250	162728
海　南					
东北地区					
辽　宁					
吉　林					
黑龙江					
中部地区	**3**	**1980**	**1870**	**97000**	**291566**
山　西					
安　徽	1	600	600	12000	163000
江　西					
河　南					
湖　北	1	1200	1090	63000	113766
湖　南	1	180	180	22000	14800
西部地区	**2**	**238**	**238**	**12500**	**95100**
内蒙古					
广　西	2	238	238	12500	95100
重　庆					
四　川					
贵　州					
云　南					
西　藏					
陕　西					
甘　肃					
青　海					
宁　夏					
新　疆					

2-8 续表 27

(烟酒市场)

地　区	市场数量(个)	总摊位数(个)	年末出租摊位数(个)	营业面积(平方米)	成交额(万元)
全　国	**12**	**4048**	**3440**	**249170**	**1261863**
东部地区	**9**	**3240**	**2700**	**151060**	**896761**
北　京					
天　津					
河　北	1	100	98	5000	64000
上　海					
江　苏	1	200	180	3200	18750
浙　江					
福　建					
山　东	7	2940	2422	142860	814011
广　东					
海　南					
东北地区					
辽　宁					
吉　林					
黑龙江					
中部地区	**2**	**767**	**699**	**97320**	**351479**
山　西					
安　徽	2	767	699	97320	351479
江　西					
河　南					
湖　北					
湖　南					
西部地区	**1**	**41**	**41**	**790**	**13623**
内蒙古					
广　西					
重　庆					
四　川					
贵　州	1	41	41	790	13623
云　南					
西　藏					
陕　西					
甘　肃					
青　海					
宁　夏					
新　疆					

2-8　续表 28

(其他食品饮料及烟酒市场)

地　区	市场数量（个）	总摊位数（个）	年末出租摊位数（个）	营业面积（平方米）	成交额（万元）
全　国	**48**	**23635**	**22133**	**1300389**	**5136823**
东部地区	**31**	**14679**	**13908**	**990654**	**3551728**
北　京					
天　津					
河　北					
上　海	1	389	389	12000	217058
江　苏	8	3437	3329	538580	2204247
浙　江	7	2001	1597	190796	544290
福　建	1	228	226	30000	79780
山　东	12	7947	7720	179078	345660
广　东	2	677	647	40200	160693
海　南					
东北地区	**3**	**1076**	**1036**	**31107**	**143984**
辽　宁	1	370	370	9170	13615
吉　林	1	395	395	19537	117918
黑龙江	1	311	271	2400	12451
中部地区	**7**	**3317**	**2746**	**148792**	**951085**
山　西					
安　徽	1	850	760	6000	105400
江　西	1	1124	933	102295	708279
河　南	1	85	85	5810	10363
湖　北	1	211	93	3299	23226
湖　南	3	1047	875	31388	103817
西部地区	**7**	**4563**	**4443**	**129836**	**490026**
内蒙古					
广　西	3	2436	2350	36880	37857
重　庆					
四　川					
贵　州	2	1535	1535	50970	412686
云　南	1	360	326	24982	14598
西　藏					
陕　西					
甘　肃					
青　海					
宁　夏					
新　疆	1	232	232	17004	24885

2-8 续表 29

(纺织、服装、鞋帽市场)

地　区	市场数量(个)	总摊位数(个)	年末出租摊位数(个)	营业面积(平方米)	成交额(万元)
全　国	**531**	**649818**	**603438**	**22777957**	**85250647**
东部地区	**295**	**347611**	**316669**	**14067855**	**62107825**
北　京	10	13531	13282	376497	293645
天　津	7	5609	5595	303256	961744
河　北	29	41041	30341	1619440	6028651
上　海	14	11975	11039	314257	1160148
江　苏	31	69836	66959	3515542	21075750
浙　江	61	84728	80729	3474236	17638822
福　建	15	8561	8477	327518	1515945
山　东	66	53916	51487	2199065	5335120
广　东	62	58414	48760	1938044	8098000
海　南					
东北地区	**61**	**96900**	**93287**	**1834434**	**8909888**
辽　宁	29	59490	57377	1023353	7405338
吉　林	12	16002	15990	346000	617502
黑龙江	20	21408	19920	465081	887048
中部地区	**100**	**101725**	**95197**	**4050726**	**6283149**
山　西	10	15374	12208	579168	331444
安　徽	8	6611	5622	205426	408046
江　西	5	9627	9313	214966	2460751
河　南	20	21165	20033	928413	822015
湖　北	18	14235	13766	1104207	727291
湖　南	39	34713	34255	1018546	1533602
西部地区	**75**	**103582**	**98285**	**2824942**	**7949785**
内蒙古	14	14861	14654	494467	764653
广　西	6	6040	5721	223946	249023
重　庆	5	17145	17035	453652	2292476
四　川	18	24307	21871	608265	1940199
贵　州	2	10200	9333	95325	994675
云　南	1	1500	1500	75000	61902
西　藏					
陕　西	10	7350	7184	176000	417703
甘　肃	6	7527	7392	418660	352349
青　海	1	2110	2110	15000	25300
宁　夏	2	3323	3323	40000	33855
新　疆	10	9219	8162	224627	817650

2-8 续表 30

(布料及纺织品市场)

地 区	市场数量(个)	总摊位数(个)	年末出租摊位数(个)	营业面积(平方米)	成交额(万元)
全 国	**76**	**118442**	**100854**	**6602677**	**36205122**
东部地区	**62**	**109547**	**93250**	**6385900**	**35900904**
北 京	1	350	310	4500	13519
天 津	1	380	380	52000	368846
河 北	8	24138	15233	1160886	4957881
上 海	1	2300	2300	100000	166483
江 苏	8	17241	16518	1558883	12402921
浙 江	18	38940	37720	2118642	11551844
福 建	2	521	514	28980	276260
山 东	13	6753	6118	470525	1540314
广 东	10	18924	14157	891484	4622836
海 南					
东北地区	**3**	**3707**	**3392**	**82137**	**67522**
辽 宁					
吉 林					
黑 龙 江	3	3707	3392	82137	67522
中部地区	**6**	**3257**	**2361**	**61000**	**110713**
山 西					
安 徽					
江 西					
河 南	2	1750	894	38600	28103
湖 北	1	800	800	3000	15430
湖 南	3	707	667	19400	67180
西部地区	**5**	**1931**	**1851**	**73640**	**125983**
内 蒙 古					
广 西					
重 庆					
四 川					
贵 州					
云 南					
西 藏					
陕 西	2	1100	1100	26000	80000
甘 肃	1	260	260	26640	12000
青 海					
宁 夏					
新 疆	2	571	491	21000	33983

2-8 续表 31

(服装市场)

地　区	市场数量(个)	总摊位数(个)	年末出租摊位数(个)	营业面积(平方米)	成交额(万元)
全　国	**319**	**379474**	**358604**	**11010759**	**34305923**
东部地区	**176**	**178332**	**166726**	**5712914**	**20146496**
北　京	8	12081	11891	343997	257344
天　津	4	4168	4168	213300	561465
河　北	14	12842	11199	348554	763217
上　海	13	9675	8739	214257	993665
江　苏	9	30074	28230	1208611	5792882
浙　江	36	37312	34533	1281638	5336372
福　建	11	7687	7610	285499	1212812
山　东	37	35594	34142	1071508	2822285
广　东	44	28899	26214	745550	2406454
海　南					
东北地区	**42**	**64742**	**63137**	**1343675**	**5392760**
辽　宁	17	34167	33547	771731	4064798
吉　林	10	14606	14594	241000	587737
黑龙江	15	15969	14996	330944	740225
中部地区	**58**	**60239**	**57149**	**2041205**	**2405437**
山　西	5	10463	9225	246068	171008
安　徽	5	5205	4244	162426	334536
江　西	2	1012	870	31966	26922
河　南	12	11872	11687	501113	597951
湖　北	9	10273	9834	430807	535713
湖　南	25	21414	21289	668825	739307
西部地区	**43**	**76161**	**71592**	**1912965**	**6361230**
内蒙古	8	7703	7606	162700	305396
广　西	3	4202	3883	174796	205435
重　庆	2	15026	15001	321652	1753782
四　川	11	19456	17427	426165	1805750
贵　州	2	10200	9333	95325	994675
云　南	1	1500	1500	75000	61902
西　藏					
陕　西	6	4043	3877	111200	148740
甘　肃	3	5723	5634	362500	312665
青　海					
宁　夏					
新　疆	7	8308	7331	183627	772885

2-8 续表 32

(鞋帽市场)

地 区	市场数量(个)	总摊位数(个)	年末出租摊位数(个)	营业面积(平方米)	成交额(万元)
全 国	**43**	**26118**	**24477**	**1259320**	**3386516**
东部地区	**21**	**12718**	**12412**	**608120**	**1815077**
北 京					
天 津	1	589	575	24000	12820
河 北	3	1020	1020	40000	128000
上 海					
江 苏	3	2383	2383	246669	283290
浙 江	1	880	880	6000	46250
福 建	1	288	288	5029	14196
山 东	6	2882	2750	113159	469536
广 东	6	4676	4516	173263	860985
海 南					
东北地区	**4**	**4692**	**3616**	**82800**	**600330**
辽 宁	3	3292	2416	62800	536530
吉 林					
黑 龙 江	1	1400	1200	20000	63800
中部地区	**16**	**6326**	**6067**	**458600**	**479109**
山 西	2	550	550	24500	120931
安 徽	1	291	291	5000	17950
江 西	1	478	478	22500	10148
河 南	4	2541	2450	291200	164880
湖 北	5	1246	1216	53400	119199
湖 南	3	1220	1082	62000	46001
西部地区	**2**	**2382**	**2382**	**109800**	**492000**
内 蒙 古					
广 西					
重 庆	1	582	582	81000	312000
四 川					
贵 州					
云 南					
西 藏					
陕 西	1	1800	1800	28800	180000
甘 肃					
青 海					
宁 夏					
新 疆					

2-8 续表 33

(其他纺织服装鞋帽市场)

地　区	市场数量(个)	总摊位数(个)	年末出租摊位数(个)	营业面积(平方米)	成交额(万元)
全　国	**93**	**125784**	**119503**	**3905201**	**11353086**
东部地区	**36**	**47014**	**44281**	**1360921**	**4245348**
北　京	1	1100	1081	28000	22782
天　津	1	472	472	13956	18613
河　北	4	3041	2889	70000	179553
上　海					
江　苏	11	20138	19828	501379	2596657
浙　江	6	7596	7596	67956	704356
福　建	1	65	65	8010	12677
山　东	10	8687	8477	543873	502985
广　东	2	5915	3873	127747	207725
海　南					
东北地区	**12**	**23759**	**23142**	**325822**	**2849276**
辽　宁	9	22031	21414	188822	2804010
吉　林	2	1396	1396	105000	29765
黑龙江	1	332	332	32000	15501
中部地区	**20**	**31903**	**29620**	**1489921**	**3287890**
山　西	3	4361	2433	308600	39505
安　徽	2	1115	1087	38000	55560
江　西	2	8137	7965	160500	2423681
河　南	2	5002	5002	97500	31081
湖　北	3	1916	1916	617000	56949
湖　南	8	11372	11217	268321	681114
西部地区	**25**	**23108**	**22460**	**728537**	**970572**
内蒙古	6	7158	7048	331767	459257
广　西	3	1838	1838	49150	43588
重　庆	2	1537	1452	51000	226694
四　川	7	4851	4444	182100	134449
贵　州					
云　南					
西　藏					
陕　西	1	407	407	10000	8963
甘　肃	2	1544	1498	29520	27684
青　海	1	2110	2110	15000	25300
宁　夏	2	3323	3323	40000	33855
新　疆	1	340	340	20000	10782

2-8 续表 34

(日用品及文化用品市场)

地　区	市场数量(个)	总摊位数(个)	年末出租摊位数(个)	营业面积(平方米)	成交额(万元)
全　国	**102**	**82849**	**77400**	**3122598**	**8687403**
东部地区	**68**	**60222**	**55729**	**2346752**	**6313626**
北　京	5	7791	7433	162917	399856
天　津					
河　北	1	7200	7200	40000	214975
上　海	2	124	119	7800	49700
江　苏	9	8049	7825	213568	780238
浙　江	11	10810	10035	191294	822950
福　建	2	630	580	182660	63371
山　东	15	9032	8327	658042	1822576
广　东	23	16586	14210	890471	2159960
海　南					
东北地区	**9**	**8903**	**8785**	**146500**	**1373111**
辽　宁	7	7848	7730	135500	1282511
吉　林	1	655	655	1000	50000
黑龙江	1	400	400	10000	40600
中部地区	**19**	**10634**	**9871**	**503671**	**743635**
山　西	2	1880	1626	85680	61568
安　徽	2	1886	1715	95000	32641
江　西					
河　南	4	2506	2171	90668	76727
湖　北	5	3411	3411	173173	328389
湖　南	6	951	948	59150	244310
西部地区	**6**	**3090**	**3015**	**125675**	**257031**
内蒙古	1	718	648	41000	95583
广　西	1	674	674	57620	46211
重　庆	3	1137	1132	19242	105043
四　川					
贵　州					
云　南					
西　藏					
陕　西					
甘　肃					
青　海	1	561	561	7813	10194
宁　夏					
新　疆					

2-8 续表 35

(小商品市场)

地　区	市场数量(个)	总摊位数(个)	年末出租摊位数(个)	营业面积(平方米)	成交额(万元)
全　国	**38**	**42629**	**39741**	**1202648**	**2695990**
东部地区	**28**	**34342**	**32029**	**921471**	**2418252**
北　京	3	6509	6461	91417	230741
天　津					
河　北	1	7200	7200	40000	214975
上　海					
江　苏	5	4383	4354	49668	187340
浙　江	2	2180	2175	44600	145174
福　建	1	58	58	5000	34613
山　东	4	4694	4363	423332	1207462
广　东	12	9318	7418	267454	397947
海　南					
东北地区					
辽　宁					
吉　林					
黑龙江					
中部地区	**7**	**6850**	**6350**	**228348**	**140756**
山　西	2	1880	1626	85680	61568
安　徽	1	1764	1593	80000	23261
江　西					
河　南	3	2106	2031	50668	38727
湖　北	1	1100	1100	12000	17200
湖　南					
西部地区	**3**	**1437**	**1362**	**52829**	**136982**
内蒙古	1	718	648	41000	95583
广　西					
重　庆	1	158	153	4016	31205
四　川					
贵　州					
云　南					
西　藏					
陕　西					
甘　肃					
青　海	1	561	561	7813	10194
宁　夏					
新　疆					

2-8　续表 36

(箱包市场)

地　　区	市场数量 (个)	总摊位数 (个)	年末出租摊位数 (个)	营业面积 (平方米)	成交额 (万元)
全　　国	**5**	**5970**	**5672**	**506436**	**1839340**
东部地区	**4**	**4640**	**4374**	**504436**	**1491056**
北　　京					
天　　津					
河　　北					
上　　海					
江　　苏					
浙　　江					
福　　建					
山　　东	2	316	306	23910	67500
广　　东	2	4324	4068	480526	1423556
海　　南					
东北地区	**1**	**1330**	**1298**	**2000**	**348284**
辽　　宁	1	1330	1298	2000	348284
吉　　林					
黑 龙 江					
中部地区					
山　　西					
安　　徽					
江　　西					
河　　南					
湖　　北					
湖　　南					
西部地区					
内 蒙 古					
广　　西					
重　　庆					
四　　川					
贵　　州					
云　　南					
西　　藏					
陕　　西					
甘　　肃					
青　　海					
宁　　夏					
新　　疆					

2-8 续表 37

(玩具市场)

地　区	市场数量（个）	总摊位数（个）	年末出租摊位数（个）	营业面积（平方米）	成交额（万元）
全　国	**1**	**115**	**115**	**12750**	**78200**
东部地区	**1**	**115**	**115**	**12750**	**78200**
北　京					
天　津					
河　北					
上　海					
江　苏					
浙　江					
福　建					
山　东					
广　东	1	115	115	12750	78200
海　南					
东北地区					
辽　宁					
吉　林					
黑龙江					
中部地区					
山　西					
安　徽					
江　西					
河　南					
湖　北					
湖　南					
西部地区					
内蒙古					
广　西					
重　庆					
四　川					
贵　州					
云　南					
西　藏					
陕　西					
甘　肃					
青　海					
宁　夏					
新　疆					

2-8 续表 38

(文具市场)

地 区	市场数量(个)	总摊位数(个)	年末出租摊位数(个)	营业面积(平方米)	成交额(万元)
全 国	**4**	**1061**	**579**	**61637**	**81929**
东部地区	**3**	**983**	**501**	**48637**	**49919**
北 京					
天 津					
河 北					
上 海					
江 苏					
浙 江	1	558	186	33294	13004
福 建					
山 东					
广 东	2	425	315	15343	36915
海 南					
东北地区					
辽 宁					
吉 林					
黑 龙 江					
中部地区	**1**	**78**	**78**	**13000**	**32010**
山 西					
安 徽					
江 西					
河 南					
湖 北					
湖 南	1	78	78	13000	32010
西部地区					
内 蒙 古					
广 西					
重 庆					
四 川					
贵 州					
云 南					
西 藏					
陕 西					
甘 肃					
青 海					
宁 夏					
新 疆					

2-8 续表 39

(图书、报刊杂志市场)

地 区	市场数量(个)	总摊位数(个)	年末出租摊位数(个)	营业面积(平方米)	成交额(万元)
全 国	**11**	**1851**	**1811**	**102289**	**300899**
东部地区	**8**	**892**	**852**	**61189**	**168399**
北 京	1	212	212	7000	18810
天 津					
河 北					
上 海	1	51	48	2500	16200
江 苏	2	208	171	15900	44665
浙 江	1	91	91	10000	23850
福 建					
山 东	2	242	242	12800	27000
广 东	1	88	88	12989	37874
海 南					
东北地区	**1**	**83**	**83**	**4500**	**13000**
辽 宁	1	83	83	4500	13000
吉 林					
黑龙江					
中部地区	**2**	**876**	**876**	**36600**	**119500**
山 西					
安 徽					
江 西					
河 南					
湖 北	1	453	453	23500	39500
湖 南	1	423	423	13100	80000
西部地区					
内蒙古					
广 西					
重 庆					
四 川					
贵 州					
云 南					
西 藏					
陕 西					
甘 肃					
青 海					
宁 夏					
新 疆					

2-8 续表 40

(音像制品及电子出版物市场)

地区	市场数量(个)	总摊位数(个)	年末出租摊位数(个)	营业面积(平方米)	成交额(万元)
全国	**4**	**924**	**924**	**39800**	**117900**
东部地区	**2**	**341**	**341**	**22000**	**39300**
北京					
天津					
河北					
上海					
江苏	1	238	238	11000	14350
浙江					
福建					
山东					
广东	1	103	103	11000	24950
海南					
东北地区	**1**	**400**	**400**	**10000**	**40600**
辽宁					
吉林					
黑龙江	1	400	400	10000	40600
中部地区	**1**	**183**	**183**	**7800**	**38000**
山西					
安徽					
江西					
河南					
湖北					
湖南	1	183	183	7800	38000
西部地区					
内蒙古					
广西					
重庆					
四川					
贵州					
云南					
西藏					
陕西					
甘肃					
青海					
宁夏					
新疆					

2-8 续表 41

(体育用品市场)

地　区	市场数量(个)	总摊位数(个)	年末出租摊位数(个)	营业面积(平方米)	成交额(万元)
全　国	**1**	**80**	**80**	**6700**	**11578**
东部地区	**1**	**80**	**80**	**6700**	**11578**
北　京					
天　津					
河　北					
上　海					
江　苏					
浙　江					
福　建					
山　东					
广　东	1	80	80	6700	11578
海　南					
东北地区					
辽　宁					
吉　林					
黑龙江					
中部地区					
山　西					
安　徽					
江　西					
河　南					
湖　北					
湖　南					
西部地区					
内蒙古					
广　西					
重　庆					
四　川					
贵　州					
云　南					
西　藏					
陕　西					
甘　肃					
青　海					
宁　夏					
新　疆					

2-8 续表 42

(其他日用品及文化品市场)

地 区	市场数量 (个)	总摊位数 (个)	年末出租摊位数 (个)	营业面积 (平方米)	成交额 (万元)
全 国	**38**	**30219**	**28478**	**1190338**	**3561567**
东部地区	**21**	**18829**	**17437**	**769569**	**2056922**
北 京	1	1070	760	64500	150305
天 津					
河 北					
上 海	1	73	71	5300	33500
江 苏	1	3220	3062	137000	533883
浙 江	7	7981	7583	103400	640922
福 建	1	572	522	177660	28758
山 东	7	3780	3416	198000	520614
广 东	3	2133	2023	83709	148940
海 南					
东北地区	**6**	**7090**	**7004**	**130000**	**971227**
辽 宁	5	6435	6349	129000	921227
吉 林	1	655	655	1000	50000
黑龙江					
中部地区	**8**	**2647**	**2384**	**217923**	**413369**
山 西					
安 徽	1	122	122	15000	9380
江 西					
河 南	1	400	140	40000	38000
湖 北	3	1858	1858	137673	271689
湖 南	3	267	264	25250	94300
西部地区	**3**	**1653**	**1653**	**72846**	**120049**
内蒙古					
广 西	1	674	674	57620	46211
重 庆	2	979	979	15226	73838
四 川					
贵 州					
云 南					
西 藏					
陕 西					
甘 肃					
青 海					
宁 夏					
新 疆					

2-8 续表 43

(黄金、珠宝、玉器等首饰市场)

地　区	市场数量(个)	总摊位数(个)	年末出租摊位数(个)	营业面积(平方米)	成交额(万元)
全　国	**15**	**7521**	**6934**	**591253**	**2838017**
东部地区	**12**	**6889**	**6343**	**583853**	**2796767**
北　京					
天　津					
河　北					
上　海					
江　苏	2	1287	1286	73000	466000
浙　江	1	766	766	106973	447828
福　建	4	1602	1583	30880	933370
山　东	3	2122	1596	210000	533860
广　东	2	1112	1112	163000	415709
海　南					
东北地区	**2**	**445**	**441**	**2000**	**28450**
辽　宁	2	445	441	2000	28450
吉　林					
黑龙江					
中部地区	**1**	**187**	**150**	**5400**	**12800**
山　西					
安　徽					
江　西					
河　南	1	187	150	5400	12800
湖　北					
湖　南					
西部地区					
内蒙古					
广　西					
重　庆					
四　川					
贵　州					
云　南					
西　藏					
陕　西					
甘　肃					
青　海					
宁　夏					
新　疆					

2-8 续表 44

(电器、通讯器材、电子设备市场)

地 区	市场数量(个)	总摊位数(个)	年末出租摊位数(个)	营业面积(平方米)	成交额(万元)
全 国	**151**	**67868**	**63164**	**3005444**	**10118999**
东部地区	**78**	**38833**	**35659**	**1341541**	**5188584**
北 京	7	4594	3901	113530	816443
天 津					
河 北	1	105	105	32000	49746
上 海	5	1140	1100	45494	163617
江 苏	8	3169	3034	88936	459957
浙 江	23	7728	7675	322011	1256827
福 建	2	1113	1038	46000	151145
山 东	12	4616	4508	386339	1203699
广 东	19	16068	13998	296731	1058550
海 南	1	300	300	10500	28600
东北地区	**8**	**4140**	**3814**	**103771**	**949086**
辽 宁	4	1856	1580	47341	386309
吉 林	3	1284	1284	6430	277777
黑 龙 江	1	1000	950	50000	285000
中部地区	**40**	**16083**	**15438**	**976204**	**2902632**
山 西	3	637	576	33000	38200
安 徽	2	3947	3947	232000	903044
江 西	3	1474	1474	63594	99381
河 南	7	3233	3141	338000	663439
湖 北	8	2351	2301	102678	439389
湖 南	17	4441	3999	206932	759179
西部地区	**25**	**8812**	**8253**	**583928**	**1078697**
内 蒙 古	1	240	235	12000	29520
广 西	3	988	799	44259	203330
重 庆	4	1310	1271	68350	355257
四 川	4	1227	1191	34200	132300
贵 州	4	749	709	52300	123285
云 南					
西 藏					
陕 西	5	1893	1893	66221	139655
甘 肃	2	1636	1415	289500	62400
青 海					
宁 夏					
新 疆	2	769	740	17098	32950

2-8 续表 45

(家电市场)

地 区	市场数量(个)	总摊位数(个)	年末出租摊位数(个)	营业面积(平方米)	成交额(万元)
全 国	**47**	**17518**	**16816**	**1357557**	**3207298**
东部地区	**19**	**5384**	**5080**	**477269**	**1071847**
北 京					
天 津					
河 北					
上 海	1	230	230	20000	98214
江 苏	1	200	200	11000	33124
浙 江	6	1328	1316	123338	269393
福 建					
山 东	6	2209	2139	274800	521293
广 东	5	1417	1195	48131	149823
海 南					
东北地区	**1**	**595**	**584**	**7841**	**60210**
辽 宁	1	595	584	7841	60210
吉 林					
黑龙江					
中部地区	**17**	**7474**	**7348**	**469226**	**1750493**
山 西	1	197	136	15000	10200
安 徽	1	3902	3902	230000	887044
江 西	2	1221	1221	53994	45040
河 南	4	707	702	51000	380856
湖 北	2	410	410	25000	148500
湖 南	7	1037	977	94232	278853
西部地区	**10**	**4065**	**3804**	**403221**	**324748**
内蒙古					
广 西					
重 庆	1	268	268	8000	21580
四 川	1	122	122	4200	11261
贵 州	2	596	556	44800	103052
云 南					
西 藏					
陕 西	5	1893	1893	66221	139655
甘 肃	1	1186	965	280000	49200
青 海					
宁 夏					
新 疆					

2-8 续表 46

(通讯器材市场)

地 区	市场数量 (个)	总摊位数 (个)	年末出租摊位数 (个)	营业面积 (平方米)	成交额 (万元)
全 国	**21**	**11845**	**10982**	**310671**	**922478**
东部地区	**12**	**9468**	**8824**	**233041**	**477866**
北 京					
天 津					
河 北	1	105	105	32000	49746
上 海					
江 苏	1	1648	1520	44283	30940
浙 江	4	1120	1120	44400	63863
福 建					
山 东					
广 东	6	6595	6079	112358	333317
海 南					
东北地区	**3**	**1114**	**1029**	**33630**	**257247**
辽 宁	1	570	485	30000	220000
吉 林	2	544	544	3630	37247
黑 龙 江					
中部地区	**5**	**1023**	**894**	**32000**	**157845**
山 西					
安 徽	1	45	45	2000	16000
江 西					
河 南	1	360	273	7000	13600
湖 北	1	371	371	21000	106645
湖 南	2	247	205	2000	21600
西部地区	**1**	**240**	**235**	**12000**	**29520**
内 蒙 古	1	240	235	12000	29520
广 西					
重 庆					
四 川					
贵 州					
云 南					
西 藏					
陕 西					
甘 肃					
青 海					
宁 夏					
新 疆					

2-8 续表 47

(照相、摄像器材市场)

地　区	市场数量 (个)	总摊位数 (个)	年末出租摊位数 (个)	营业面积 (平方米)	成交额 (万元)
全　国	**1**	**150**	**150**	**3900**	**18279**
东部地区	**1**	**150**	**150**	**3900**	**18279**
北　京					
天　津					
河　北					
上　海	1	150	150	3900	18279
江　苏					
浙　江					
福　建					
山　东					
广　东					
海　南					
东北地区					
辽　宁					
吉　林					
黑龙江					
中部地区					
山　西					
安　徽					
江　西					
河　南					
湖　北					
湖　南					
西部地区					
内蒙古					
广　西					
重　庆					
四　川					
贵　州					
云　南					
西　藏					
陕　西					
甘　肃					
青　海					
宁　夏					
新　疆					

2-8　续表 48

(计算机及辅助设备市场)

地　区	市场数量（个）	总摊位数（个）	年末出租摊位数（个）	营业面积（平方米）	成交额（万元）
全　国	**71**	**27815**	**26339**	**1147470**	**5419652**
东部地区	**40**	**15470**	**14556**	**486335**	**3212283**
北　京	7	4594	3901	113530	816443
天　津					
河　北					
上　海	3	760	720	21594	47124
江　苏	6	1321	1314	33653	395893
浙　江	11	3267	3226	115273	777734
福　建	2	1113	1038	46000	151145
山　东	5	2287	2249	105539	662306
广　东	5	1828	1808	40246	333038
海　南	1	300	300	10500	28600
东北地区	**3**	**1935**	**1885**	**56300**	**615480**
辽　宁	1	195	195	3500	89950
吉　林	1	740	740	2800	240530
黑龙江	1	1000	950	50000	285000
中部地区	**16**	**6561**	**6314**	**456978**	**946917**
山　西	2	440	440	18000	28000
安　徽					
江　西	1	253	253	9600	54341
河　南	2	2166	2166	280000	268983
湖　北	5	1570	1520	56678	184244
湖　南	6	2132	1935	92700	411349
西部地区	**12**	**3849**	**3584**	**147857**	**644972**
内蒙古					
广　西	3	988	799	44259	203330
重　庆	2	834	823	49000	267420
四　川	3	1105	1069	30000	121039
贵　州	2	153	153	7500	20233
云　南					
西　藏					
陕　西					
甘　肃					
青　海					
宁　夏					
新　疆	2	769	740	17098	32950

2-8 续表 49

(其他电器、通讯器材、电子设备市场)

地　区	市场数量（个）	总摊位数（个）	年末出租摊位数（个）	营业面积（平方米）	成交额（万元）
全　国	**11**	**10540**	**8877**	**185846**	**551292**
东部地区	**6**	**8361**	**7049**	**140996**	**408309**
北　京					
天　津					
河　北					
上　海					
江　苏					
浙　江	2	2013	2013	39000	145837
福　建					
山　东	1	120	120	6000	20100
广　东	3	6228	4916	95996	242372
海　南					
东北地区	**1**	**496**	**316**	**6000**	**16149**
辽　宁	1	496	316	6000	16149
吉　林					
黑龙江					
中部地区	**2**	**1025**	**882**	**18000**	**47377**
山　西					
安　徽					
江　西					
河　南					
湖　北					
湖　南	2	1025	882	18000	47377
西部地区	**2**	**658**	**630**	**20850**	**79457**
内蒙古					
广　西					
重　庆	1	208	180	11350	66257
四　川					
贵　州					
云　南					
西　藏					
陕　西					
甘　肃	1	450	450	9500	13200
青　海					
宁　夏					
新　疆					

2-8　续表 50

（医药、医疗用品及器材市场）

地　区	市场数量（个）	总摊位数（个）	年末出租摊位数（个）	营业面积（平方米）	成交额（万元）
全　国	**24**	**37535**	**21756**	**1139700**	**3658703**
东部地区	**8**	**17158**	**8754**	**472457**	**1451715**
北　京					
天　津					
河　北	1	14000	6400	360000	1000000
上　海	1	317	260	7800	90000
江　苏	1	110	110	36000	187890
浙　江	2	1184	584	17886	43000
福　建					
山　东	1	789	789	35800	28580
广　东	2	758	611	14971	102245
海　南					
东北地区	**3**	**1722**	**1362**	**128675**	**560000**
辽　宁	1	680	320	78000	180000
吉　林	2	1042	1042	50675	380000
黑龙江					
中部地区	**6**	**11082**	**9311**	**218680**	**1213155**
山　西					
安　徽	2	6500	5461	44500	835286
江　西	1	700	358	19000	96000
河　南	2	2914	2814	123950	153869
湖　北					
湖　南	1	968	678	31230	128000
西部地区	**7**	**7573**	**2329**	**319888**	**433833**
内蒙古	1	180	180	18000	21000
广　西	1	6000	800	25000	30000
重　庆					
四　川					
贵　州					
云　南	2	696	688	32888	127601
西　藏					
陕　西	2	337	337	224000	182432
甘　肃					
青　海					
宁　夏	1	360	324	20000	72800
新　疆					

2-8 续表 51

(中药材市场)

地　区	市场数量(个)	总摊位数(个)	年末出租摊位数(个)	营业面积(平方米)	成交额(万元)
全　国	**22**	**36457**	**20968**	**1072470**	**3342813**
东部地区	**7**	**17048**	**8644**	**436457**	**1263825**
北　京					
天　津					
河　北	1	14000	6400	360000	1000000
上　海	1	317	260	7800	90000
江　苏					
浙　江	2	1184	584	17886	43000
福　建					
山　东	1	789	789	35800	28580
广　东	2	758	611	14971	102245
海　南					
东北地区	**3**	**1722**	**1362**	**128675**	**560000**
辽　宁	1	680	320	78000	180000
吉　林	2	1042	1042	50675	380000
黑龙江					
中部地区	**5**	**10114**	**8633**	**187450**	**1085155**
山　西					
安　徽	2	6500	5461	44500	835286
江　西	1	700	358	19000	96000
河　南	2	2914	2814	123950	153869
湖　北					
湖　南					
西部地区	**7**	**7573**	**2329**	**319888**	**433833**
内蒙古	1	180	180	18000	21000
广　西	1	6000	800	25000	30000
重　庆					
四　川					
贵　州					
云　南	2	696	688	32888	127601
西　藏					
陕　西	2	337	337	224000	182432
甘　肃					
青　海					
宁　夏	1	360	324	20000	72800
新　疆					

2-8　续表 52

(其他医药、医疗用品及器材市场)

地　区	市场数量(个)	总摊位数(个)	年末出租摊位数(个)	营业面积(平方米)	成交额(万元)
全　国	**2**	**1078**	**788**	**67230**	**315890**
东部地区	**1**	**110**	**110**	**36000**	**187890**
北　京					
天　津					
河　北					
上　海					
江　苏	1	110	110	36000	187890
浙　江					
福　建					
山　东					
广　东					
海　南					
东北地区					
辽　宁					
吉　林					
黑龙江					
中部地区	**1**	**968**	**678**	**31230**	**128000**
山　西					
安　徽					
江　西					
河　南					
湖　北					
湖　南	1	968	678	31230	128000
西部地区					
内蒙古					
广　西					
重　庆					
四　川					
贵　州					
云　南					
西　藏					
陕　西					
甘　肃					
青　海					
宁　夏					
新　疆					

2-8 续表 53

(家具、五金及装饰材料市场)

地　区	市场数量(个)	总摊位数(个)	年末出租摊位数(个)	营业面积(平方米)	成交额(万元)
全　国	**430**	**210392**	**195537**	**31903165**	**31092705**
东部地区	**264**	**133590**	**123313**	**22703645**	**21314420**
北　京	17	6510	6270	5499564	737962
天　津	9	5239	5093	988806	921844
河　北	21	13533	12876	2528264	2525583
上　海	16	15058	13954	1891945	930680
江　苏	62	32531	30250	4214176	5730210
浙　江	69	34370	31638	3486046	4719995
福　建	7	1472	1455	334748	671810
山　东	47	19670	16927	2644625	4381683
广　东	16	5207	4850	1115471	694653
海　南					
东北地区	**41**	**19377**	**18201**	**1603867**	**2012421**
辽　宁	26	14404	13318	847425	1485196
吉　林	4	1346	1346	165046	181689
黑龙江	11	3627	3537	591396	345536
中部地区	**74**	**29770**	**28017**	**4445952**	**4731317**
山　西	5	1530	1346	172000	67000
安　徽	17	4293	3949	865275	530144
江　西	8	5550	5288	885090	536874
河　南	15	5473	5198	1023034	476873
湖　北	14	4645	4319	455933	830016
湖　南	15	8279	7917	1044620	2290410
西部地区	**51**	**27655**	**26006**	**3149701**	**3034547**
内蒙古	3	1373	1373	75502	184670
广　西	4	1628	1625	246350	175200
重　庆	17	10628	9737	1032717	1942956
四　川	4	4630	4064	555905	184263
贵　州	3	1365	1365	168906	38968
云　南	8	2329	2265	295591	235169
西　藏					
陕　西	1	125	105	28532	12600
甘　肃	4	1341	1294	100740	141410
青　海	1	600	600	25500	22525
宁　夏	2	635	625	174060	40258
新　疆	4	3001	2953	445898	56528

2-8 续表 54

(家具市场)

地区	市场数量（个）	总摊位数（个）	年末出租摊位数（个）	营业面积（平方米）	成交额（万元）
全国	**130**	**59817**	**54350**	**14675449**	**7465228**
东部地区	**74**	**35573**	**32036**	**10844421**	**4685226**
北京	6	3139	3056	5218198	332719
天津	1	258	258	45000	25079
河北	7	8635	8607	1761000	1720000
上海	7	3273	3262	583259	219664
江苏	17	8540	8212	1485463	1284640
浙江	20	4985	3377	784893	488919
福建	1	108	103	30000	10003
山东	13	5911	4444	831600	547944
广东	2	724	717	105008	56258
海南					
东北地区	**22**	**7962**	**7258**	**686732**	**708072**
辽宁	15	6292	5611	482686	441747
吉林	3	638	638	65046	127929
黑龙江	4	1032	1009	139000	138396
中部地区	**21**	**6540**	**5932**	**1697786**	**969978**
山西	2	300	300	70000	26000
安徽	5	729	673	248000	140000
江西	4	1850	1624	407000	140689
河南	2	1932	1932	678000	220166
湖北	5	960	634	152586	105873
湖南	3	769	769	142200	337250
西部地区	**13**	**9742**	**9124**	**1446510**	**1101952**
内蒙古	1	588	588	13502	31538
广西	1	96	96	30000	9000
重庆	2	1185	1180	350000	823360
四川	3	4310	3744	513905	89926
贵州	1	541	541	137636	11700
云南	1	213	213	38569	45000
西藏					
陕西					
甘肃	2	926	909	72000	63800
青海					
宁夏					
新疆	2	1883	1853	290898	27628

2-8 续表 55

(装饰材料市场)

地　区	市场数量 (个)	总摊位数 (个)	年末出租摊位数 (个)	营业面积 (平方米)	成交额 (万元)
全　国	**168**	**69794**	**65468**	**8795682**	**10577064**
东部地区	**100**	**42057**	**38938**	**5228826**	**7167339**
北　京	7	1716	1652	113300	128763
天　津	3	1290	1290	53260	132780
河　北	11	3398	2849	502264	676814
上　海	2	6104	5960	653000	476966
江　苏	19	6464	5610	631337	832988
浙　江	25	11221	10743	1054605	1201788
福　建	3	668	656	78868	457724
山　东	20	7656	6890	1158293	2785572
广　东	10	3540	3288	983899	473944
海　南					
东北地区	**12**	**5479**	**5181**	**736602**	**665080**
辽　宁	6	3636	3405	230186	530180
吉　林	1	708	708	100000	53760
黑龙江	5	1135	1068	406416	81140
中部地区	**32**	**13551**	**12811**	**1676094**	**1655041**
山　西	3	1230	1046	102000	41000
安　徽	8	2274	2195	470275	279348
江　西	2	2679	2679	438442	199856
河　南	6	1745	1630	184284	104151
湖　北	6	2499	2499	197800	627395
湖　南	7	3124	2762	283293	403291
西部地区	**24**	**8707**	**8538**	**1154160**	**1089604**
内蒙古	2	785	785	62000	153132
广　西	2	1032	1032	96350	131200
重　庆	9	2452	2351	435685	519469
四　川					
贵　州	1	404	404	22870	12000
云　南	3	1261	1261	179423	111580
西　藏					
陕　西	1	125	105	28532	12600
甘　肃	2	415	385	28740	77610
青　海	1	600	600	25500	22525
宁　夏	1	515	515	120060	20588
新　疆	2	1118	1100	155000	28900

2-8 续表 56

(灯具市场)

地 区	市场数量(个)	总摊位数(个)	年末出租摊位数(个)	营业面积(平方米)	成交额(万元)
全 国	**11**	**5583**	**5404**	**552280**	**1328895**
东部地区	**8**	**4456**	**4395**	**436200**	**1136642**
北 京					
天 津					
河 北					
上 海	1	120	120	11200	13822
江 苏	3	2038	2038	181000	448520
浙 江	2	1142	1137	98000	244500
福 建					
山 东	2	1156	1100	146000	429800
广 东					
海 南					
东北地区	**1**	**276**	**210**	**54000**	**59420**
辽 宁	1	276	210	54000	59420
吉 林					
黑龙江					
中部地区					
山 西					
安 徽					
江 西					
河 南					
湖 北					
湖 南					
西部地区	**2**	**851**	**799**	**62080**	**132833**
内蒙古					
广 西					
重 庆					
四 川	1	320	320	42000	94337
贵 州					
云 南	1	531	479	20080	38496
西 藏					
陕 西					
甘 肃					
青 海					
宁 夏					
新 疆					

2-8 续表 57

(厨具、盥洗设备市场)

地 区	市场数量(个)	总摊位数(个)	年末出租摊位数(个)	营业面积(平方米)	成交额(万元)
全 国	**4**	**1177**	**1120**	**104730**	**159526**
东部地区	**2**	**737**	**710**	**37300**	**120926**
北 京					
天 津					
河 北					
上 海					
江 苏					
浙 江	1	500	500	1300	102000
福 建					
山 东	1	237	210	36000	18926
广 东					
海 南					
东北地区	**1**	**160**	**160**	**5980**	**23600**
辽 宁					
吉 林					
黑龙江	1	160	160	5980	23600
中部地区	**1**	**280**	**250**	**61450**	**15000**
山 西					
安 徽					
江 西					
河 南	1	280	250	61450	15000
湖 北					
湖 南					
西部地区					
内蒙古					
广 西					
重 庆					
四 川					
贵 州					
云 南					
西 藏					
陕 西					
甘 肃					
青 海					
宁 夏					
新 疆					

2-8 续表 58

(五金材料市场)

地　区	市场数量 (个)	总摊位数 (个)	年末出租摊位数 (个)	营业面积 (平方米)	成交额 (万元)
全　国	**71**	**45359**	**41532**	**3775878**	**6748331**
东部地区	**49**	**31804**	**28836**	**3110776**	**5158751**
北　京	1	238	238	8794	10047
天　津	3	3562	3416	860959	735386
河　北	1	600	600	170000	57473
上　海	2	3200	2262	464448	123535
江　苏	14	9197	8176	616028	1598051
浙　江	16	10786	10395	758173	2011025
福　建	1	200	200	3900	47282
山　东	7	3078	2704	201910	411501
广　东	4	943	845	26564	164451
海　南					
东北地区	**2**	**2500**	**2500**	**61453**	**352400**
辽　宁	1	1200	1200	21453	250000
吉　林					
黑龙江	1	1300	1300	40000	102400
中部地区	**11**	**3546**	**3484**	**340676**	**592136**
山　西					
安　徽	2	403	401	47000	36580
江　西					
河　南	5	1301	1241	69300	125556
湖　北	1	532	532	28926	50000
湖　南	3	1310	1310	195450	380000
西部地区	**9**	**7509**	**6712**	**262973**	**645044**
内蒙古					
广　西					
重　庆	6	6991	6206	247032	600127
四　川					
贵　州	1	420	420	8400	15268
云　南	2	98	86	7541	29649
西　藏					
陕　西					
甘　肃					
青　海					
宁　夏					
新　疆					

2-8 续表 59

(其他装修市场)

地　区	市场数量(个)	总摊位数(个)	年末出租摊位数(个)	营业面积(平方米)	成交额(万元)
全　国	**46**	**28662**	**27663**	**3999146**	**4813661**
东部地区	**31**	**18963**	**18398**	**3046122**	**3045536**
北　京	3	1417	1324	159272	266433
天　津	2	129	129	29587	28599
河　北	2	900	820	95000	71296
上　海	4	2361	2350	180038	96693
江　苏	9	6292	6214	1300348	1566011
浙　江	5	5736	5486	789075	671763
福　建	2	496	496	221980	156801
山　东	4	1632	1579	270822	187940
广　东					
海　南					
东北地区	**3**	**3000**	**2892**	**59100**	**203849**
辽　宁	3	3000	2892	59100	203849
吉　林					
黑 龙 江					
中部地区	**9**	**5853**	**5540**	**669946**	**1499162**
山　西					
安　徽	2	887	680	100000	74216
江　西	2	1021	985	39648	196329
河　南	1	215	145	30000	12000
湖　北	2	654	654	76621	46748
湖　南	2	3076	3076	423677	1169869
西部地区	**3**	**846**	**833**	**223978**	**65114**
内 蒙 古					
广　西	1	500	497	120000	35000
重　庆					
四　川					
贵　州					
云　南	1	226	226	49978	10444
西　藏					
陕　西					
甘　肃					
青　海					
宁　夏	1	120	110	54000	19670
新　疆					

2-8 续表 60

(汽车、摩托车及零配件市场)

地区	市场数量（个）	总摊位数（个）	年末出租摊位数（个）	营业面积（平方米）	成交额（万元）
全国	**257**	**80232**	**63686**	**10443558**	**36415776**
东部地区	**167**	**48906**	**36303**	**6645583**	**25032488**
北京	13	4269	3879	787646	4274329
天津	5	1346	1239	86500	2161368
河北	10	13497	2966	620621	532184
上海	11	1248	1215	187160	1588181
江苏	22	4084	3535	901518	2196146
浙江	38	7112	6725	967199	6098940
福建	4	397	379	47760	420489
山东	35	12637	12121	1556123	2935260
广东	29	4316	4244	1491056	4825591
海南					
东北地区	**12**	**7104**	**6141**	**511408**	**2352003**
辽宁	6	1260	1180	159538	1157389
吉林	2	2443	1560	285870	1021972
黑龙江	4	3401	3401	66000	172642
中部地区	**45**	**15702**	**13639**	**1857314**	**5759095**
山西	2	464	439	103000	36400
安徽	9	2976	1714	349928	655363
江西	6	1785	1608	224500	316284
河南	10	3140	3021	322492	1174431
湖北	8	3375	3164	562500	2033629
湖南	10	3962	3693	294894	1542988
西部地区	**33**	**8520**	**7603**	**1429253**	**3272190**
内蒙古	1	43	43	2600	19520
广西	3	590	546	167950	167681
重庆	5	2518	2419	202770	932908
四川	4	633	633	151362	667816
贵州	4	535	531	36500	699260
云南	6	1642	1466	289717	356659
西藏					
陕西	1	210	210	5000	14600
甘肃	1	95	92	10400	25500
青海	1	145	145	14000	12000
宁夏	2	914	420	254000	24700
新疆	5	1195	1098	294954	351546

2-8 续表 61

(汽车市场)

地　区	市场数量(个)	总摊位数(个)	年末出租摊位数(个)	营业面积(平方米)	成交额(万元)
全　国	**169**	**48894**	**33818**	**7603280**	**28488060**
东部地区	**112**	**30043**	**18037**	**4909739**	**21139862**
北　京	7	1143	916	509732	3752627
天　津	5	1346	1239	86500	2161368
河　北	7	11827	1300	441721	371566
上　海	9	385	352	117160	1299964
江　苏	15	1914	1667	604138	1556205
浙　江	31	4268	3881	728058	5262476
福　建	3	229	211	39960	395589
山　东	18	7899	7458	1116085	1958903
广　东	17	1032	1013	1266385	4381164
海　南					
东北地区	**9**	**6484**	**5541**	**454370**	**2309053**
辽　宁	3	640	580	102500	1114439
吉　林	2	2443	1560	285870	1021972
黑龙江	4	3401	3401	66000	172642
中部地区	**25**	**6948**	**5721**	**1062962**	**3128168**
山　西	1	38	13	43000	20400
安　徽	5	1474	882	254766	471490
江　西	4	1364	1199	161000	151661
河　南	4	180	165	79492	217231
湖　北	5	815	654	286000	798166
湖　南	6	3077	2808	238704	1469220
西部地区	**23**	**5419**	**4519**	**1176209**	**1910977**
内蒙古	1	43	43	2600	19520
广　西	2	244	200	158050	154401
重　庆	4	1846	1761	162770	426908
四　川	4	633	633	151362	667816
贵　州	1	82	78	9000	30000
云　南	4	742	566	129593	242409
西　藏					
陕　西					
甘　肃					
青　海	1	145	145	14000	12000
宁　夏	2	914	420	254000	24700
新　疆	4	770	673	294834	333223

2-8 续表 62

(摩托车市场)

地　区	市场数量(个)	总摊位数(个)	年末出租摊位数(个)	营业面积(平方米)	成交额(万元)
全　国	**16**	**5582**	**4837**	**354426**	**1080004**
东部地区	**3**	**1235**	**1208**	**74806**	**113768**
北　京					
天　津					
河　北	1	900	896	50000	42598
上　海					
江　苏	1	115	92	9580	50000
浙　江	1	220	220	15226	21170
福　建					
山　东					
广　东					
海　南					
东北地区	**1**	**74**	**60**	**12038**	**15800**
辽　宁	1	74	60	12038	15800
吉　林					
黑龙江					
中部地区	**7**	**2525**	**1838**	**202162**	**372733**
山　西					
安　徽	2	1067	397	47162	131873
江　西	1	56	49	25000	132370
河　南	2	1120	1110	106000	71230
湖　北					
湖　南	2	282	282	24000	37260
西部地区	**5**	**1748**	**1731**	**65420**	**577703**
内蒙古					
广　西	1	346	346	9900	13280
重　庆	1	672	658	40000	506000
四　川					
贵　州					
云　南					
西　藏					
陕　西	1	210	210	5000	14600
甘　肃	1	95	92	10400	25500
青　海					
宁　夏					
新　疆	1	425	425	120	18323

2-8 续表 63

(机动车零配件市场)

地　区	市场数量(个)	总摊位数(个)	年末出租摊位数(个)	营业面积(平方米)	成交额(万元)
全　国	**72**	**25756**	**25031**	**2485852**	**6847712**
东部地区	**52**	**17628**	**17058**	**1661038**	**3778858**
北　京	6	3126	2963	277914	521702
天　津					
河　北	2	770	770	128900	118020
上　海	2	863	863	70000	288217
江　苏	6	2055	1776	287800	589941
浙　江	6	2624	2624	223915	815294
福　建	1	168	168	7800	24900
山　东	17	4738	4663	440038	976357
广　东	12	3284	3231	224671	444427
海　南					
东北地区	**2**	**546**	**540**	**45000**	**27150**
辽　宁	2	546	540	45000	27150
吉　林					
黑龙江					
中部地区	**13**	**6229**	**6080**	**592190**	**2258194**
山　西	1	426	426	60000	16000
安　徽	2	435	435	48000	52000
江　西	1	365	360	38500	32253
河　南	4	1840	1746	137000	885970
湖　北	3	2560	2510	276500	1235463
湖　南	2	603	603	32190	36508
西部地区	**5**	**1353**	**1353**	**187624**	**783510**
内蒙古					
广　西					
重　庆					
四　川					
贵　州	3	453	453	27500	669260
云　南	2	900	900	160124	114250
西　藏					
陕　西					
甘　肃					
青　海					
宁　夏					
新　疆					

2-8　续表 64

(花鸟鱼虫市场)

地　区	市场数量(个)	总摊位数(个)	年末出租摊位数(个)	营业面积(平方米)	成交额(万元)
全　国	**28**	**18813**	**17761**	**6107112**	**2349287**
东部地区	**20**	**11329**	**10784**	**5935462**	**1538796**
北　京	1	200	188	2000	17900
天　津	2	1009	1009	50000	27450
河　北					
上　海	2	669	614	36800	55560
江　苏	5	3145	2761	320000	718360
浙　江	3	1440	1382	105372	156211
福　建	2	444	444	33330	58275
山　东	2	2250	2250	139960	129329
广　东	3	2172	2136	5248000	375711
海　南					
东北地区	**2**	**2200**	**2200**	**20650**	**120000**
辽　宁	2	2200	2200	20650	120000
吉　林					
黑龙江					
中部地区	**4**	**1702**	**1697**	**117000**	**325760**
山　西					
安　徽	2	567	567	83000	20660
江　西					
河　南	2	1135	1130	34000	305100
湖　北					
湖　南					
西部地区	**2**	**3582**	**3080**	**34000**	**364731**
内蒙古					
广　西					
重　庆					
四　川	1	582	480	20000	43000
贵　州					
云　南	1	3000	2600	14000	321731
西　藏					
陕　西					
甘　肃					
青　海					
宁　夏					
新　疆					

2-8 续表 65

(花卉市场)

地　区	市场数量(个)	总摊位数(个)	年末出租摊位数(个)	营业面积(平方米)	成交额(万元)
全　国	**23**	**16329**	**15277**	**6027068**	**2231640**
东部地区	**16**	**9845**	**9300**	**5872068**	**1441149**
北　京	1	200	188	2000	17900
天　津					
河　北					
上　海	2	669	614	36800	55560
江　苏	5	3145	2761	320000	718360
浙　江	2	1154	1096	99828	134200
福　建	1	255	255	25480	10089
山　东	2	2250	2250	139960	129329
广　东	3	2172	2136	5248000	375711
海　南					
东北地区	**1**	**1200**	**1200**	**4000**	**100000**
辽　宁	1	1200	1200	4000	100000
吉　林					
黑龙江					
中部地区	**4**	**1702**	**1697**	**117000**	**325760**
山　西					
安　徽	2	567	567	83000	20660
江　西					
河　南	2	1135	1130	34000	305100
湖　北					
湖　南					
西部地区	**2**	**3582**	**3080**	**34000**	**364731**
内蒙古					
广　西					
重　庆					
四　川	1	582	480	20000	43000
贵　州					
云　南	1	3000	2600	14000	321731
西　藏					
陕　西					
甘　肃					
青　海					
宁　夏					
新　疆					

2-8 续表 66

(观赏鱼市场)

地 区	市场数量(个)	总摊位数(个)	年末出租摊位数(个)	营业面积(平方米)	成交额(万元)
全 国	**1**	**1000**	**1000**	**16650**	**20000**
东部地区					
北 京					
天 津					
河 北					
上 海					
江 苏					
浙 江					
福 建					
山 东					
广 东					
海 南					
东北地区	**1**	**1000**	**1000**	**16650**	**20000**
辽 宁	1	1000	1000	16650	20000
吉 林					
黑 龙 江					
中部地区					
山 西					
安 徽					
江 西					
河 南					
湖 北					
湖 南					
西部地区					
内 蒙 古					
广 西					
重 庆					
四 川					
贵 州					
云 南					
西 藏					
陕 西					
甘 肃					
青 海					
宁 夏					
新 疆					

2-8 续表 67

(其他花鸟鱼虫市场)

地 区	市场数量(个)	总摊位数(个)	年末出租摊位数(个)	营业面积(平方米)	成交额(万元)
全 国	**4**	**1484**	**1484**	**63394**	**97647**
东部地区	**4**	**1484**	**1484**	**63394**	**97647**
北 京					
天 津	2	1009	1009	50000	27450
河 北					
上 海					
江 苏					
浙 江	1	286	286	5544	22011
福 建	1	189	189	7850	48186
山 东					
广 东					
海 南					
东北地区					
辽 宁					
吉 林					
黑 龙 江					
中部地区					
山 西					
安 徽					
江 西					
河 南					
湖 北					
湖 南					
西部地区					
内 蒙 古					
广 西					
重 庆					
四 川					
贵 州					
云 南					
西 藏					
陕 西					
甘 肃					
青 海					
宁 夏					
新 疆					

2-8　续表 68

(旧货市场)

地　区	市场数量(个)	总摊位数(个)	年末出租摊位数(个)	营业面积(平方米)	成交额(万元)
全　国	**25**	**9011**	**8564**	**567425**	**1399733**
东部地区	**20**	**7186**	**6809**	**409425**	**1187074**
北　京	1	3196	3196	14968	20633
天　津					
河　北					
上　海					
江　苏	3	186	157	93667	125738
浙　江	11	2569	2244	228197	913658
福　建	1	74	74	16593	63300
山　东	3	531	508	53000	49645
广　东	1	630	630	3000	14100
海　南					
东北地区	**2**	**1115**	**1045**	**104000**	**128648**
辽　宁	1	576	576	72000	118009
吉　林	1	539	469	32000	10639
黑龙江					
中部地区	**1**	**418**	**418**	**15000**	**15894**
山　西					
安　徽					
江　西	1	418	418	15000	15894
河　南					
湖　北					
湖　南					
西部地区	**2**	**292**	**292**	**39000**	**68117**
内蒙古					
广　西					
重　庆	1	42	42	9000	39167
四　川	1	250	250	30000	28950
贵　州					
云　南					
西　藏					
陕　西					
甘　肃					
青　海					
宁　夏					
新　疆					

2-8 续表 69

(古玩、古董、字画市场)

地 区	市场数量(个)	总摊位数(个)	年末出租摊位数(个)	营业面积(平方米)	成交额(万元)
全 国	**1**	**630**	**630**	**3000**	**14100**
东部地区	**1**	**630**	**630**	**3000**	**14100**
北 京					
天 津					
河 北					
上 海					
江 苏					
浙 江					
福 建					
山 东					
广 东	1	630	630	3000	14100
海 南					
东北地区					
辽 宁					
吉 林					
黑 龙 江					
中部地区					
山 西					
安 徽					
江 西					
河 南					
湖 北					
湖 南					
西部地区					
内 蒙 古					
广 西					
重 庆					
四 川					
贵 州					
云 南					
西 藏					
陕 西					
甘 肃					
青 海					
宁 夏					
新 疆					

2-8　续表 70

(其他旧货市场)

地　区	市场数量(个)	总摊位数(个)	年末出租摊位数(个)	营业面积(平方米)	成交额(万元)
全　国	**24**	**8381**	**7934**	**564425**	**1385633**
东部地区	**19**	**6556**	**6179**	**406425**	**1172974**
北　京	1	3196	3196	14968	20633
天　津					
河　北					
上　海					
江　苏	3	186	157	93667	125738
浙　江	11	2569	2244	228197	913658
福　建	1	74	74	16593	63300
山　东	3	531	508	53000	49645
广　东					
海　南					
东北地区	**2**	**1115**	**1045**	**104000**	**128648**
辽　宁	1	576	576	72000	118009
吉　林	1	539	469	32000	10639
黑龙江					
中部地区	**1**	**418**	**418**	**15000**	**15894**
山　西					
安　徽					
江　西	1	418	418	15000	15894
河　南					
湖　北					
湖　南					
西部地区	**2**	**292**	**292**	**39000**	**68117**
内蒙古					
广　西					
重　庆	1	42	42	9000	39167
四　川	1	250	250	30000	28950
贵　州					
云　南					
西　藏					
陕　西					
甘　肃					
青　海					
宁　夏					
新　疆					

2-8 续表 71

(其他专业市场)

地　区	市场数量(个)	总摊位数(个)	年末出租摊位数(个)	营业面积(平方米)	成交额(万元)
全　国	**38**	**27738**	**22262**	**1656781**	**2871923**
东部地区	**23**	**12161**	**11510**	**1215975**	**2098492**
北　京					
天　津					
河　北	6	2938	2813	319000	657381
上　海	3	1189	1158	29239	296576
江　苏	4	1276	1151	58050	176740
浙　江	1	150	150	88000	12000
福　建	1	79	79	2500	10127
山　东	5	6177	5820	660930	804927
广　东	2	315	302	49356	122141
海　南	1	37	37	8900	18600
东北地区	**2**	**3600**	**3600**	**85000**	**154000**
辽　宁	2	3600	3600	85000	154000
吉　林					
黑龙江					
中部地区	**5**	**2976**	**2760**	**115300**	**212994**
山　西					
安　徽	2	1480	1342	58050	46370
江　西					
河　南	3	1496	1418	57250	166624
湖　北					
湖　南					
西部地区	**8**	**9001**	**4392**	**240506**	**406437**
内蒙古	4	2262	2262	161509	254800
广　西					
重　庆					
四　川	1	680	680	18000	75500
贵　州					
云　南	2	5390	1040	58938	61905
西　藏					
陕　西					
甘　肃	1	669	410	2059	14232
青　海					
宁　夏					
新　疆					

2-9 商品交易市场情况(按营业状态分)

(常年营业)

地 区	市场数量(个)	总摊位数(个)	年末出租摊位数(个)	营业面积(平方米)	成交额(万元)
全 国	**4575**	**3267531**	**2932481**	**227890670**	**572682943**
东部地区	**2819**	**1939131**	**1746590**	**149178201**	**407730080**
北 京	124	115514	100476	10875981	19076249
天 津	85	58862	54667	4389630	20151111
河 北	265	329191	277313	23827764	34393615
上 海	163	74346	68714	7991140	45425069
江 苏	522	332252	304105	27693398	92122364
浙 江	650	420264	384108	22528211	94434396
福 建	154	59342	52571	3127680	11921812
山 东	513	352272	331508	32104536	52696470
广 东	336	193123	169253	16585216	37349561
海 南	7	3965	3875	54645	159433
东北地区	**375**	**323781**	**292561**	**15786067**	**38733488**
辽 宁	222	193288	178701	9735225	26573687
吉 林	67	69890	58149	2982422	4982312
黑 龙 江	86	60603	55711	3068420	7177489
中部地区	**785**	**549548**	**493277**	**33205330**	**67577314**
山 西	40	32598	28087	2352832	3395684
安 徽	128	90142	78939	7072380	13876998
江 西	84	65515	57790	3140461	10072184
河 南	137	104379	96121	7464635	11504292
湖 北	135	75790	71953	5127033	11721137
湖 南	261	181124	160387	8047989	17007019
西部地区	**596**	**455071**	**400053**	**29721072**	**58642061**
内 蒙 古	60	37741	35040	3219056	4865632
广 西	84	67704	57414	3328988	7862832
重 庆	105	76259	68234	4936741	15756897
四 川	89	82447	72296	4499150	10100705
贵 州	31	22347	20858	821009	3597591
云 南	51	30899	24029	1516492	3759859
西 藏	1	800	800	18805	69700
陕 西	42	31051	30420	1394657	3208653
甘 肃	37	31343	28167	1937917	2763554
青 海	8	3790	3790	446858	259033
宁 夏	27	18570	15473	3169321	1553155
新 疆	61	52120	43532	4432078	4844450

2-9 续表 1

(季节性营业)

地　区	市场数量(个)	总摊位数(个)	年末出租摊位数(个)	营业面积(平方米)	成交额(万元)
全　国	**102**	**64245**	**56387**	**4250294**	**6338095**
东部地区	**73**	**35332**	**30603**	**3236096**	**5083631**
北　京	2	2656	1042	265000	67561
天　津	1	110	110	5400	12000
河　北	15	9544	9113	961715	674525
上　海					
江　苏	5	2041	1343	105714	101198
浙　江	22	10364	9105	512609	2088344
福　建	1	518	518	2300	15240
山　东	23	9375	8648	1328358	1820575
广　东	4	724	724	55000	304188
海　南					
东北地区	**5**	**1835**	**1564**	**96000**	**453855**
辽　宁	3	1198	993	47000	293748
吉　林	1	597	531	4000	25107
黑龙江	1	40	40	45000	135000
中部地区	**12**	**4857**	**4754**	**258272**	**261914**
山　西	1	460	460	18600	24046
安　徽	4	973	973	42487	57988
江　西	2	1100	1100	145000	51000
河　南	3	830	825	33220	75314
湖　北	1	1044	1044	12000	12717
湖　南	1	450	352	6965	40849
西部地区	**12**	**22221**	**19466**	**659926**	**538695**
内蒙古	6	564	429	391926	207300
广　西	3	561	561	120500	205761
重　庆					
四　川	1	21000	18380	36000	54700
贵　州					
云　南	1	24	24	100700	49366
西　藏					
陕　西					
甘　肃					
青　海					
宁　夏					
新　疆	1	72	72	10800	21568

2-9 续表 2

(其他)

地　区	市场数量(个)	总摊位数(个)	年末出租摊位数(个)	营业面积(平方米)	成交额(万元)
全　国	**10**	**6098**	**5913**	**162335**	**616869**
东部地区	**2**	**1002**	**977**	**29800**	**47242**
北　京					
天　津					
河　北	1	402	387	21800	11642
上　海					
江　苏	1	600	590	8000	35600
浙　江					
福　建					
山　东					
广　东					
海　南					
东北地区					
辽　宁					
吉　林					
黑龙江					
中部地区	**5**	**2584**	**2434**	**102912**	**474109**
山　西	1	380	380	25680	46250
安　徽	1	44	44	30000	56000
江　西	2	880	730	28232	352531
河　南					
湖　北					
湖　南	1	1280	1280	19000	19328
西部地区	**3**	**2512**	**2502**	**29623**	**95518**
内蒙古					
广　西					
重　庆	2	402	392	14623	70218
四　川					
贵　州					
云　南					
西　藏					
陕　西					
甘　肃					
青　海	1	2110	2110	15000	25300
宁　夏					
新　疆					

2-10 商品交易市场情况(按经营方式分)

(批发为主)

地 区	市场数量(个)	总摊位数(个)	年末出租摊位数(个)	营业面积(平方米)	成交额(万元)
全 国	**2764**	**2185373**	**1949713**	**171637541**	**483082488**
东部地区	**1730**	**1347572**	**1216780**	**113541226**	**348280437**
北 京	57	75141	62619	4201821	12225806
天 津	65	47154	43277	3762279	18752888
河 北	212	272020	235542	21705694	32600228
上 海	90	46040	41758	6074435	40093670
江 苏	271	193820	173143	20310814	78312520
浙 江	361	280793	265228	17172929	78452724
福 建	67	27870	24549	1842154	8504810
山 东	381	263886	247795	27274764	47575156
广 东	224	140401	122422	11172436	31731581
海 南	2	447	447	23900	31054
东北地区	**174**	**158347**	**139593**	**9731730**	**29933887**
辽 宁	109	94955	88173	6471696	21522154
吉 林	23	35113	25377	1482503	2508879
黑龙江	42	28279	26043	1777531	5902854
中部地区	**477**	**362626**	**320968**	**25000002**	**54696312**
山 西	30	29161	25194	2213312	3295584
安 徽	79	65287	56740	5513590	12207550
江 西	56	47309	41519	2554346	9179915
河 南	94	70669	64931	5550736	9882817
湖 北	71	47086	44817	3178679	8521513
湖 南	147	103114	87767	5989339	11608933
西部地区	**383**	**316828**	**272372**	**23364583**	**50171852**
内蒙古	40	20382	17937	2930413	4008793
广 西	45	38516	30075	2456065	6824773
重 庆	60	55927	49610	3625843	13484768
四 川	64	68767	59673	3506174	8801835
贵 州	19	18008	16835	603526	2774218
云 南	35	21431	15580	1294870	3301771
西 藏	1	800	800	18805	69700
陕 西	27	19157	18635	956134	2561542
甘 肃	26	21538	19870	1472077	2429471
青 海	7	4821	4821	332395	253934
宁 夏	19	11691	9325	2750501	1419684
新 疆	40	35790	29211	3417780	4241363

2-10 续表

(零售为主)

地 区	市场数量(个)	总摊位数(个)	年末出租摊位数(个)	营业面积(平方米)	成交额(万元)
全 国	**1923**	**1152501**	**1045068**	**60665758**	**96555419**
东部地区	**1164**	**627893**	**561390**	**38902871**	**64580516**
北 京	69	43029	38899	6939160	6918004
天 津	21	11818	11500	632751	1410223
河 北	69	67117	51271	3105585	2479554
上 海	73	28306	26956	1916705	5331399
江 苏	257	141073	132895	7496298	13946642
浙 江	311	149835	127985	5867891	18070016
福 建	88	31990	28540	1287826	3432242
山 东	155	97761	92361	6158130	6941889
广 东	116	53446	47555	5467780	5922168
海 南	5	3518	3428	30745	128379
东北地区	**206**	**167269**	**154532**	**6150337**	**9253456**
辽 宁	116	99531	91521	3310529	5345281
吉 林	45	35374	33303	1503919	2498540
黑 龙 江	45	32364	29708	1335889	1409635
中部地区	**325**	**194363**	**179497**	**8566512**	**13617025**
山 西	12	4277	3733	183800	170396
安 徽	54	25872	23216	1631277	1783436
江 西	32	20186	18101	759347	1295800
河 南	46	34540	32015	1947119	1696789
湖 北	65	29748	28180	1960354	3212341
湖 南	116	79740	74252	2084615	5458263
西部地区	**228**	**162976**	**149649**	**7046038**	**9104422**
内 蒙 古	26	17923	17532	680569	1064139
广 西	42	29749	27900	993423	1243820
重 庆	47	20734	19016	1325521	2342347
四 川	26	34680	31003	1028976	1353570
贵 州	12	4339	4023	217483	823373
云 南	17	9492	8473	322322	507454
西 藏					
陕 西	15	11894	11785	438523	647111
甘 肃	11	9805	8297	465840	334083
青 海	2	1079	1079	129463	30399
宁 夏	8	6879	6148	418820	133471
新 疆	22	16402	14393	1025098	624655

2-11 商品交易市场情况(按经营环境分)

(露天式)

地　区	市场数量(个)	总摊位数(个)	年末出租摊位数(个)	营业面积(平方米)	成交额(万元)
全　国	**851**	**546206**	**479147**	**53135649**	**102770166**
东部地区	**524**	**328746**	**294427**	**34575368**	**61536388**
北　京	17	23579	14439	2295415	7335369
天　津	15	9824	9234	1610007	2465053
河　北	102	123538	113644	9121478	6998992
上　海	15	2774	2562	447077	2612782
江　苏	71	27104	25514	3160648	9377713
浙　江	80	28211	26533	3121620	11134799
福　建	12	5300	3359	245561	781914
山　东	167	88527	82339	12906039	15887423
广　东	44	19479	16393	1652523	4929889
海　南	1	410	410	15000	12454
东北地区	**66**	**36891**	**33707**	**3094926**	**8277167**
辽　宁	41	21820	19846	1507985	4144663
吉　林	12	9925	8891	821464	702554
黑龙江	13	5146	4970	765477	3429950
中部地区	**112**	**76629**	**67129**	**6414248**	**13454932**
山　西	13	8938	6467	709621	800635
安　徽	23	15522	13909	982913	2028071
江　西	14	12307	10886	517428	2250043
河　南	33	15922	14705	2188727	2843005
湖　北	17	11893	10596	784050	3003096
湖　南	12	12047	10566	1231509	2530082
西部地区	**149**	**103940**	**83884**	**9051107**	**19501679**
内蒙古	23	7717	7201	820309	2763539
广　西	13	8123	6922	1041519	4013408
重　庆	19	11302	10278	1188130	2867407
四　川	14	10862	7836	400637	1203178
贵　州	12	4463	4419	228890	1483151
云　南	14	10657	5501	512839	2125425
西　藏					
陕　西	11	8575	8379	278892	1219481
甘　肃	17	17769	16579	927107	1726891
青　海	2	1320	1320	232534	74583
宁　夏	12	9829	7075	2678511	1071488
新　疆	12	13323	8374	741739	953128

2-11 续表 1

(封闭式)

地　区	市场数量（个）	总摊位数（个）	年末出租摊位数（个）	营业面积（平方米）	成交额（万元）
全　国	**3221**	**2330368**	**2110955**	**142027906**	**379118562**
东部地区	**1977**	**1353404**	**1225808**	**91637454**	**273781686**
北　京	97	80047	73498	8385810	9914348
天　津	51	36807	33331	2387067	11805492
河　北	133	168640	133888	12760123	24514491
上　海	115	56614	51693	3611477	36042353
江　苏	372	262583	239889	18456837	62996002
浙　江	513	346590	323117	16857609	65812210
福　建	135	51520	46934	2753095	10804807
山　东	305	205602	194127	15817975	30928025
广　东	251	141483	125903	10576716	20835579
海　南	5	3518	3428	30745	128379
东北地区	**295**	**273714**	**246714**	**11316424**	**27250114**
辽　宁	172	162127	149728	7353515	20420797
吉　林	52	56616	46726	1702717	3192578
黑龙江	71	54971	50260	2260192	3636739
中部地区	**572**	**375130**	**344248**	**22106443**	**46339485**
山　西	25	21585	19799	1565086	2562545
安　徽	90	60105	52769	5389449	11329762
江　西	63	40304	35540	2258868	5447618
河　南	77	63927	58568	4473202	6830457
湖　北	102	56631	54266	3275734	7862749
湖　南	215	132578	123306	5144104	12306354
西部地区	**377**	**328120**	**294185**	**16967585**	**31747277**
内蒙古	39	29093	26873	2518075	2093328
广　西	57	51301	43001	1661879	3199140
重　庆	67	53596	47926	3018017	9453168
四　川	63	84170	74881	3318002	7280304
贵　州	14	15447	14321	503827	1754345
云　南	29	17215	15578	704419	1391086
西　藏	1	800	800	18805	69700
陕　西	28	18911	18668	1014333	1940487
甘　肃	16	11646	9826	930170	720205
青　海	6	4357	4357	223163	197950
宁　夏	15	8741	8398	490810	481667
新　疆	42	32843	29556	2566085	3165897

2-11 续表 2

(其他)

地 区	市场数量(个)	总摊位数(个)	年末出租摊位数(个)	营业面积(平方米)	成交额(万元)
全 国	**615**	**461300**	**404679**	**37139744**	**97749179**
东部地区	**393**	**293315**	**257935**	**26231275**	**77542879**
北 京	12	14544	13581	459756	1894093
天 津	20	12341	12212	397956	5892566
河 北	46	46959	39281	2929678	3566299
上 海	33	14958	14459	3932586	6769934
江 苏	85	45206	40635	6189627	19885447
浙 江	79	55827	43563	3061591	19575731
福 建	8	3040	2796	131324	350331
山 东	64	67518	63690	4708880	7701597
广 东	45	32885	27681	4410977	11888281
海 南	1	37	37	8900	18600
东北地区	**19**	**15011**	**13704**	**1470717**	**3660062**
辽 宁	12	10539	10120	920725	2301975
吉 林	4	3946	3063	462241	1112287
黑 龙 江	3	526	521	87751	245800
中部地区	**118**	**105230**	**89088**	**5045823**	**8518920**
山 西	4	2915	2661	122405	102800
安 徽	20	15532	13278	772505	633153
江 西	11	14884	13194	537397	2778054
河 南	30	25360	23673	835926	1906144
湖 北	17	8310	8135	1079249	868009
湖 南	36	38229	28147	1698341	2230760
西部地区	**85**	**47744**	**43952**	**4391929**	**8027318**
内 蒙 古	4	1495	1395	272598	216065
广 西	17	8841	8052	746090	856045
重 庆	21	11763	10422	745217	3506540
四 川	13	8415	7959	816511	1671923
贵 州	5	2437	2118	88292	360095
云 南	9	3051	2974	399934	292714
西 藏					
陕 西	3	3565	3373	101432	48685
甘 肃	4	1928	1762	80640	316458
青 海	1	223	223	6161	11800
宁 夏					
新 疆	8	6026	5674	1135054	746993

2-12 商品交易市场成交情况(按摊位分)

地区	食品、饮料、烟酒类		食品类		#粮油类	
	摊位数（个）	成交额（万元）	摊位数（个）	成交额（万元）	摊位数（个）	成交额（万元）
全　国	**1022007**	**152599760**	**939457**	**140759607**	**77699**	**20105775**
东部地区	**668380**	**105290722**	**622191**	**97935815**	**42353**	**13669104**
北　京	35384	10106785	31968	9315137	3138	1230815
天　津	24548	5222678	23081	4858117	1328	1980994
河　北	127400	8911761	119677	8329189	7570	896180
上　海	21916	5759878	20814	5460731	2448	1274088
江　苏	96351	17323652	89674	16186172	5992	1865813
浙　江	127491	21278045	120444	19821923	6948	2495456
福　建	26714	4655173	24125	4254342	1741	497871
山　东	153215	18798363	140236	17185974	8304	2173777
广　东	52968	13156754	50174	12456139	4828	1252944
海　南	2393	77633	1998	68091	56	1166
东北地区	**57090**	**8804488**	**52896**	**8416484**	**6476**	**1262850**
辽　宁	35080	5627627	33003	5347665	3074	580690
吉　林	10339	1364178	9297	1334807	2271	424151
黑龙江	11671	1812683	10596	1734012	1131	258009
中部地区	**160239**	**22432662**	**138834**	**19242343**	**16313**	**3403141**
山　西	6615	1146097	6223	967277	651	103165
安　徽	32154	4250522	28347	3527182	2933	786329
江　西	20923	4691302	18758	4176104	1653	758780
河　南	27848	3457575	23203	2734717	3582	1020406
湖　北	24774	4210290	21666	3923951	2431	292402
湖　南	47925	4676876	40637	3913112	5063	442059
西部地区	**136298**	**16071888**	**125536**	**15164965**	**12557**	**1770680**
内蒙古	11085	888358	10575	847650	2308	157225
广　西	23525	2141997	21931	1930594	2315	241196
重　庆	18882	3649690	17859	3570728	2018	252063
四　川	34574	3859156	32527	3756067	1335	224462
贵　州	4465	889502	3461	618701	577	117425
云　南	8465	908325	7190	876586	685	186607
西　藏	800	69700	800	69700	15	6970
陕　西	8720	927416	7996	891967	1475	184709
甘　肃	10349	869042	8803	830986	569	107032
青　海	1054	133799	939	125751	423	107726
宁　夏	4836	297595	4631	283965	104	6486
新　疆	9543	1437308	8824	1362270	733	178779

2-12 续表 1

地　区	#肉禽蛋类		#水产品类		#蔬菜类	
	摊位数（个）	成交额（万元）	摊位数（个）	成交额（万元）	摊位数（个）	成交额（万元）
全　国	**126926**	**19304683**	**140129**	**27442992**	**407198**	**38510544**
东部地区	**77203**	**12893938**	**112203**	**21466934**	**275092**	**25899033**
北　京	4622	1067452	3636	1436409	10183	2568804
天　津	1503	229768	2255	813055	14828	1027540
河　北	7203	900157	5141	337646	81711	4449168
上　海	2733	737663	4223	1651059	9165	806205
江　苏	16727	3248498	15314	4132958	34372	3483545
浙　江	16333	2658391	31818	5244819	42899	3896618
福　建	4664	531400	5844	1399900	6544	789190
山　东	10553	1129026	34802	4002850	59337	6404323
广　东	12419	2367463	8555	2421290	15352	2458987
海　南	446	24120	615	26948	701	14653
东北地区	**8110**	**1000862**	**7272**	**1428367**	**18533**	**2408107**
辽　宁	5017	613804	5682	1334865	11622	1128550
吉　林	1030	60285	479	25091	3173	510732
黑龙江	2063	326773	1111	68411	3738	768825
中部地区	**23565**	**2846276**	**11776**	**2796092**	**52816**	**5170654**
山　西	196	32277	203	28252	3412	537245
安　徽	5442	762508	2475	479032	12397	860214
江　西	4278	804780	944	155628	6716	828521
河　南	1529	66821	1484	126750	9758	1169400
湖　北	3553	612106	3038	1391396	7241	618799
湖　南	8567	567784	3632	615034	13292	1156475
西部地区	**18048**	**2563607**	**8878**	**1751599**	**60757**	**5032750**
内蒙古	1106	149573	789	33607	4235	292045
广　西	5193	667424	2222	137067	8675	589274
重　庆	3338	257270	1698	977832	5552	578576
四　川	3196	911865	1662	242638	19855	1496159
贵　州	642	46292	53	5229	1313	214022
云　南	1680	159255	503	30810	3153	395632
西　藏	27	8364	13	5576	685	27880
陕　西	888	69578	603	25628	4111	546544
甘　肃	496	89656	473	113804	6534	451668
青　海	1	9	3	23	166	5307
宁　夏	451	82095	155	8944	3006	115743
新　疆	1030	122226	704	170441	3472	319900

2-12 续表 2

地区	#干鲜果品类		饮料类		烟酒类	
	摊位数（个）	成交额（万元）	摊位数（个）	成交额（万元）	摊位数（个）	成交额（万元）
全 国	**138847**	**26694651**	**43110**	**5824356**	**39440**	**6015797**
东部地区	**90072**	**19477954**	**24398**	**3811861**	**21791**	**3543046**
北 京	7255	2749970	1635	301986	1781	489662
天 津	2927	420722	344	131604	1123	232957
河 北	16790	1449379	3573	217926	4150	364646
上 海	1591	839569	733	234356	369	64791
江 苏	13803	2321548	3358	598797	3319	538683
浙 江	15176	4370116	5410	960483	1637	495639
福 建	2592	568614	2029	281125	560	119706
山 东	21790	2948962	5316	637101	7663	975288
广 东	7971	3807903	1845	445245	949	255370
海 南	177	1171	155	3238	240	6304
东北地区	**7885**	**992969**	**2223**	**197143**	**1971**	**190861**
辽 宁	4367	423581	1111	147019	966	132943
吉 林	1397	279858	583	18070	459	11301
黑龙江	2121	289530	529	32054	546	46617
中部地区	**22739**	**3807462**	**11096**	**1337927**	**10309**	**1852392**
山 西	1204	215983	62	9522	330	169298
安 徽	3783	546173	2089	269117	1718	454223
江 西	3928	1067601	970	217220	1195	297978
河 南	3218	196221	2268	399540	2377	323318
湖 北	4059	866799	2181	190153	927	96186
湖 南	6547	914685	3526	252375	3762	511389
西部地区	**18151**	**2416266**	**5393**	**477425**	**5369**	**429498**
内蒙古	1563	143246	156	4871	354	35837
广 西	3390	293282	842	139075	752	72328
重 庆	2720	416237	493	38640	530	40322
四 川	3667	488526	1056	58943	991	44146
贵 州	715	225695	566	133737	438	137064
云 南	1039	101722	749	21193	526	10546
西 藏	60	20910				
陕 西	817	60215	434	16576	290	18873
甘 肃	535	66063	573	13846	973	24210
青 海	346	12386	56	4013	59	4035
宁 夏	911	70663	115	11894	90	1736
新 疆	2388	517321	353	34637	366	40401

2-12 续表 3

地 区	服装鞋帽、针、纺织品类		服装类		鞋帽类	
	摊位数（个）	成交额（万元）	摊位数（个）	成交额（万元）	摊位数（个）	成交额（万元）
全 国	**841627**	**96662153**	**507440**	**41328580**	**130740**	**10971997**
东部地区	**437144**	**69187656**	**240166**	**23582106**	**60704**	**5926109**
北 京	23208	715332	16049	436740	2982	106938
天 津	11531	1244881	8524	743104	2134	111942
河 北	49040	6636466	25098	1431668	7533	615421
上 海	12030	1175008	9268	1025026	1159	31363
江 苏	78203	21309830	40154	5990914	11643	1364853
浙 江	117368	20769026	50562	6599197	13611	1431058
福 建	12602	1816724	10828	1413331	918	85184
山 东	72852	6762365	43383	3166534	13438	1118662
广 东	59429	8728435	35629	2748952	7102	1058023
海 南	881	29589	671	26640	184	2665
东北地区	**128697**	**9421194**	**80382**	**5786367**	**21957**	**1583012**
辽 宁	76127	7440439	45460	4326428	14860	1298934
吉 林	26080	895496	19292	728122	3216	86271
黑 龙 江	26490	1085259	15630	731817	3881	197807
中部地区	**143571**	**8602766**	**95896**	**5193103**	**27953**	**1852585**
山 西	14273	555735	11020	278887	2349	219311
安 徽	15311	1213027	9774	742362	2898	274376
江 西	13516	1937183	8430	1059130	2666	371064
河 南	32246	1805345	18168	1036732	9154	401987
湖 北	18352	1025211	12866	721649	3386	236577
湖 南	49873	2066265	35638	1354343	7500	349270
西部地区	**132215**	**9450537**	**90996**	**6767004**	**20126**	**1610291**
内 蒙 古	12593	623185	7958	453500	2430	110511
广 西	18027	578883	12557	435266	2395	69736
重 庆	18443	2416199	11421	1455797	3886	662126
四 川	27306	2245237	19781	1930299	2981	161732
贵 州	10300	978661	8497	739517	1080	142345
云 南	3088	87926	2308	74016	461	7264
西 藏						
陕 西	14211	1169440	9336	583030	2275	312719
甘 肃	8420	406515	6588	344984	832	26839
青 海	2441	32770	1122	16868	725	8107
宁 夏	3882	66027	2054	33169	911	11870
新 疆	13504	845694	9374	700558	2150	97042

2-12　续表 4

地　区	针、纺织品类		化妆品类		金银珠宝类	
	摊位数（个）	成交额（万元）	摊位数（个）	成交额（万元）	摊位数（个）	成交额（万元）
全　国	**203447**	**44361576**	**28473**	**2420012**	**10872**	**3152014**
东部地区	**136274**	**39679441**	**12036**	**1341726**	**9410**	**2943103**
北　京	4177	171654	785	51421	382	20496
天　津	873	389835	364	26149	4	146
河　北	16409	4589377	1519	271740	809	29707
上　海	1603	118619	47	4214	7	269
江　苏	26406	13954063	1679	149462	1512	472284
浙　江	53195	12738771	2165	321440	799	458651
福　建	856	318209	138	20981	1693	939498
山　东	16031	2477169	3033	314269	2191	563323
广　东	16698	4921460	2258	181333	2013	458729
海　南	26	284	48	717		
东北地区	**26358**	**2051815**	**4205**	**268537**	**647**	**45774**
辽　宁	15807	1815077	2401	224887	545	37370
吉　林	3572	81103	652	15209	25	797
黑龙江	6979	155635	1152	28441	77	7607
中部地区	**19722**	**1557078**	**6707**	**542319**	**360**	**103645**
山　西	904	57537	200	24926	3	145
安　徽	2639	196289	940	81138	21	15061
江　西	2420	506989	895	115024	34	3439
河　南	4924	366626	2317	146339	207	77220
湖　北	2100	66985	754	70231	11	2314
湖　南	6735	362652	1601	104661	84	5466
西部地区	**21093**	**1073242**	**5525**	**267430**	**455**	**59492**
内蒙古	2205	59174	615	35799	57	4200
广　西	3075	73881	347	18695	33	667
重　庆	3136	298276	697	58589	6	2800
四　川	4544	153206	1759	30922	18	3555
贵　州	723	96799	56	14931	5	1000
云　南	319	6646	32	659	17	1300
西　藏						
陕　西	2600	273691	263	46208	48	33349
甘　肃	1000	34692	720	16973	29	6487
青　海	594	7795	119	4742		
宁　夏	917	20988	191	4431	15	103
新　疆	1980	48094	726	35481	227	6031

2-12 续表 5

地　区	日用品类		#洗涤用品类		#儿童玩具类	
	摊位数(个)	成交额(万元)	摊位数(个)	成交额(万元)	摊位数(个)	成交额(万元)
全　国	**172059**	**19221837**	**41548**	**3945600**	**26681**	**2456088**
东部地区	**110271**	**13972818**	**22224**	**2570455**	**19240**	**1935751**
北　京	12176	780384	3006	361759	1131	30023
天　津	1659	165661	173	18685	57	1818
河　北	16126	2324400	4995	1050629	9804	1077605
上　海	1814	185840	613	116556	23	6205
江　苏	20568	2311227	3949	379778	2034	187739
浙　江	22623	3657595	3568	252681	2352	312531
福　建	1855	239074	411	71521	56	6816
山　东	19107	2335635	4197	207491	2582	142299
广　东	14300	1971941	1276	110355	1196	170654
海　南	43	1061	36	1000	5	61
东北地区	**21366**	**2012750**	**6273**	**224366**	**2378**	**121130**
辽　宁	15462	1846725	4045	184166	1490	95363
吉　林	2933	84476	656	10868	353	3316
黑龙江	2971	81549	1572	29332	535	22451
中部地区	**23008**	**1976107**	**7729**	**671120**	**3121**	**277166**
山　西	2143	240906	267	6343	267	5869
安　徽	2461	217620	641	112556	309	18554
江　西	3756	349509	933	67013	428	16830
河　南	4998	279461	1962	111366	997	79492
湖　北	2254	307046	1189	202879	221	73235
湖　南	7396	581565	2737	170963	899	83186
西部地区	**17414**	**1260162**	**5322**	**479659**	**1942**	**122041**
内蒙古	1000	104328	244	16264	144	3862
广　西	1363	82897	442	23827	345	22196
重　庆	4377	247852	1190	104323	249	13092
四　川	2985	165582	689	13101	197	12379
贵　州	773	116351	313	93926	60	14352
云　南	1099	52533	537	12696	66	1187
西　藏						
陕　西	1298	331118	498	139251	105	33644
甘　肃	854	33120	560	20350	145	6716
青　海	358	8412	94	1013	40	467
宁　夏	865	31973	131	2795	42	710
新　疆	2442	85996	624	52113	549	13436

2-12　续表 6

地　区	五金、电料类		体育、娱乐用品类		书报杂志类	
	摊位数（个）	成交额（万元）	摊位数（个）	成交额（万元）	摊位数（个）	成交额（万元）
全　国	**87562**	**13295464**	**11424**	**1446572**	**4853**	**666647**
东部地区	**54554**	**10074797**	**6265**	**1002349**	**1995**	**301581**
北　京	1416	67933	805	153041	245	19272
天　津	4097	875622	63	7399	24	264
河　北	3780	898515	1230	375033	328	57615
上　海	2733	184081	172	18686	51	18514
江　苏	13620	2850790	809	41573	471	72378
浙　江	16669	3482829	1227	184244	155	37666
福　建	707	137519	50	1545	11	84
山　东	8011	903478	1354	157408	566	54257
广　东	3516	673930	550	63282	144	41531
海　南	5	100	5	138		
东北地区	**6885**	**463298**	**881**	**26135**	**831**	**109069**
辽　宁	3725	312748	638	16591	732	106258
吉　林	1579	49196	154	1949	67	2408
黑龙江	1581	101354	89	7595	32	403
中部地区	**14767**	**1731126**	**2625**	**301789**	**1701**	**232569**
山　西	553	85349	100	2078	5	60
安　徽	2170	301867	478	93529	388	101749
江　西	973	203314	133	11129	108	8894
河　南	2540	173029	637	62978	252	7228
湖　北	2826	201974	188	22469	483	40688
湖　南	5705	765593	1089	109606	465	73950
西部地区	**11356**	**1026243**	**1653**	**116299**	**326**	**23428**
内蒙古	450	52429	57	1811	62	4921
广　西	933	55839	146	8628	24	215
重　庆	4019	503622	336	7257	35	775
四　川	1010	91918	104	5316	76	1115
贵　州	643	27815	243	31720	21	2200
云　南	863	60320	17	126	8	52
西　藏						
陕　西	589	117462	333	46612	6	56
甘　肃	818	29926	121	2743	19	371
青　海	352	7780	19	570		
宁　夏	237	5208	15	232	33	12969
新　疆	1442	73924	262	11284	42	754

2-12 续表 7

地　　区	电子出版物及音像制品类		家用电器和音像器材类		中西药品类	
	摊位数（个）	成交额（万元）	摊位数（个）	成交额（万元）	摊位数（个）	成交额（万元）
全　　国	**8218**	**1432232**	**33497**	**6323120**	**24006**	**3949662**
东部地区	**3080**	**910854**	**15043**	**2506313**	**9786**	**1595908**
北　　京	24	440	1379	168517	24	1038
天　　津	34	1628	184	19839	7	205
河　　北	1205	765367	754	91604	6501	1010049
上　　海	57	4829	322	101464	263	90656
江　　苏	468	33532	2041	389257	103	171032
浙　　江	135	16486	3677	520894	930	148623
福　　建	55	4007	609	73842	88	3181
山　　东	691	42067	3768	808878	1009	50527
广　　东	411	42498	2306	331939	853	120347
海　　南			3	79	8	250
东北地区	**1995**	**239514**	**2858**	**775622**	**2053**	**555360**
辽　　宁	969	114766	2199	336561	280	164783
吉　　林	559	82964	246	14972	1749	387919
黑 龙 江	467	41784	413	424089	24	2658
中部地区	**2126**	**233685**	**9052**	**2360787**	**9052**	**1312086**
山　　西	17	1208	182	12525		
安　　徽	153	4488	2342	731872	4665	843955
江　　西	202	13478	1622	217041	466	127361
河　　南	418	85258	1517	482811	2776	154829
湖　　北	38	1522	611	179122	64	20618
湖　　南	1298	127731	2778	737416	1081	165323
西部地区	**1017**	**48179**	**6544**	**680398**	**3115**	**486308**
内 蒙 古	87	1965	306	22215	231	23843
广　　西	115	3470	486	18594	904	34086
重　　庆	33	1726	764	194125	100	13789
四　　川	94	15427	305	12021	57	4244
贵　　州	18	96	580	112000	29	306
云　　南	109	1158	84	1029	746	129308
西　　藏						
陕　　西	281	5149	2088	205859	350	182583
甘　　肃	192	8172	634	36561	307	21515
青　　海			6	530		
宁　　夏	21	142	19	245	335	72937
新　　疆	67	10874	1272	77219	56	3697

2-12 续表 8

地 区	#西药类		#中草药及中成药类		文化办公用品类	
	摊位数（个）	成交额（万元）	摊位数（个）	成交额（万元）	摊位数（个）	成交额（万元）
全 国	**1092**	**261987**	**21650**	**3438017**	**57085**	**9469641**
东部地区	**338**	**171801**	**9343**	**1386172**	**31099**	**5282112**
北 京	8	495	10	167	5453	1012089
天 津	2	30	4	163	492	42971
河 北	65	7518	6429	1001937	2139	385655
上 海	3	656	260	90000	685	117499
江 苏	48	139218	26	1939	3356	744712
浙 江	3	57	918	146689	8516	1345855
福 建	14	521	56	440	859	103624
山 东	139	17063	843	31817	5005	978469
广 东	48	5993	797	113020	4283	522308
海 南	8	250			311	28930
东北地区	**99**	**5988**	**1852**	**544425**	**5781**	**1361479**
辽 宁	58	3443	219	161149	3105	884290
吉 林	26	750	1625	382432	1165	159719
黑龙江	15	1795	8	844	1511	317470
中部地区	**295**	**52493**	**7764**	**1086307**	**12739**	**1781265**
山 西					637	33965
安 徽	37	21080	4619	821745	603	63224
江 西	25	11534	426	112552	1038	150831
河 南	131	3771	2620	149741	3152	325312
湖 北	31	9897	12	262	3550	496501
湖 南	71	6211	87	2007	3759	711432
西部地区	**360**	**31705**	**2691**	**421113**	**7466**	**1044785**
内蒙古	44	2637	187	21206	462	78600
广 西	15	1322	871	32508	1326	278679
重 庆	65	11343	35	2436	1571	334469
四 川	41	2584	13	1160	1100	122078
贵 州	23	200	6	106	507	71921
云 南	39	1458	707	127850	12	189
西 藏						
陕 西	6	92	339	152483	541	58080
甘 肃	107	11183	200	10332	435	11725
青 海					224	12246
宁 夏	8	112	327	72819	77	1431
新 疆	12	774	6	213	1211	75367

2-12 续表 9

地　区	家具类		通讯器材类		煤炭及制品类	
	摊位数（个）	成交额（万元）	摊位数（个）	成交额（万元）	摊位数（个）	成交额（万元）
全　国	**73803**	**10172808**	**19151**	**1849244**	**1997**	**3170003**
东部地区	**42942**	**6214148**	**14309**	**1116621**	**927**	**2356158**
北　京	3754	506339	694	142306		
天　津	1173	86061	88	33135	444	1211139
河　北	9444	1817555	497	113299	241	216316
上　海	4585	357301	89	19429	10	11725
江　苏	10584	1685597	1258	59346	65	200705
浙　江	6231	955319	2330	197105	73	700414
福　建	303	47146	128	11453		
山　东	6202	677852	639	56704	93	15826
广　东	666	80978	8586	483844	1	33
海　南						
东北地区	**8798**	**854002**	**2278**	**326476**	**141**	**3751**
辽　宁	7054	594007	1537	255899	9	1405
吉　林	648	133487	699	60493	132	2346
黑龙江	1096	126508	42	10084		
中部地区	**9754**	**1593173**	**1715**	**245497**	**97**	**279585**
山　西	247	22624	7	158	11	276775
安　徽	2168	288825	143	35222	8	278
江　西	1789	220807	108	19575		
河　南	2008	163591	455	16042	65	904
湖　北	1350	210612	511	115758		
湖　南	2192	686714	491	58742	13	1628
西部地区	**12309**	**1511485**	**849**	**160650**	**832**	**530509**
内蒙古	980	123110	259	31045	106	488100
广　西	506	31584	49	15660		
重　庆	2233	966545	178	95361	1	306
四　川	4047	109509	7	343		
贵　州	590	21232	8	288		
云　南	300	53994	14	120	5	30
西　藏						
陕　西	9	411	42	651	3	47
甘　肃	1236	89067	50	5912	10	379
青　海	30	2126				
宁　夏	23	3578	4	12	606	29100
新　疆	2355	110329	238	11258	101	12547

2-12　续表 10

地　区	木材及制品类		石油及制品类		化工材料及制品类	
	摊位数（个）	成交额（万元）	摊位数（个）	成交额（万元）	摊位数（个）	成交额（万元）
全　国	**29403**	**6925078**	**1269**	**8990968**	**28718**	**21960899**
东部地区	**19114**	**5576142**	**731**	**6865522**	**21622**	**20271388**
北　京	855	28144			170	12185
天　津	440	172299	2	178	365	764108
河　北	1163	233055	21	3974	8359	1394880
上　海	1449	269266	570	6850000	1076	860799
江　苏	5021	1006004	7	2178	2803	7574560
浙　江	4219	1333206	3	2980	5784	8252335
福　建	383	52332	2	47	97	33463
山　东	4438	2145657	107	5639	2713	1148832
广　东	1146	336179	19	526	255	230226
海　南						
东北地区	**1897**	**180902**	**216**	**2102324**	**1650**	**166774**
辽　宁	1254	131622	215	2100280	507	89224
吉　林	507	20176	1	2044	1113	51150
黑龙江	136	29104			30	26400
中部地区	**4054**	**596106**	**113**	**10621**	**2963**	**460701**
山　西					7	1200
安　徽	846	284044	4	55	731	172535
江　西	436	34118	2	23	246	19939
河　南	200	3061	32	704	479	120467
湖　北	1040	153694	13	178	320	26586
湖　南	1532	121189	62	9661	1180	119974
西部地区	**4338**	**571928**	**209**	**12501**	**2483**	**1062036**
内蒙古	211	211893	33	769	219	39828
广　西	421	49728	5	148	316	229491
重　庆	780	101085	3	154	174	35711
四　川	1552	122614			575	511060
贵　州	5	5				
云　南	109	7720			128	55412
西　藏						
陕　西	92	3989			1	12
甘　肃	152	25508			45	597
青　海	40	2373	5	330		
宁　夏	255	20737	7	1060	40	2101
新　疆	721	26276	156	10040	985	187824

2-12 续表 11

地区	#化肥类		金属材料类		建筑及装潢材料类	
	摊位数（个）	成交额（万元）	摊位数（个）	成交额（万元）	摊位数（个）	成交额（万元）
全国	**3385**	**866580**	**84322**	**115297693**	**175844**	**32401271**
东部地区	**950**	**466038**	**54256**	**86769047**	**97496**	**21106649**
北京			369	131141	4608	495490
天津	3	2590	2698	7427364	2652	523168
河北	323	125051	10325	3057436	6421	1187556
上海	5	686	5217	24402038	10678	2806832
江苏	193	108622	13311	23119466	27742	5602397
浙江	5	425	14432	15878530	20300	3625052
福建			285	1226317	3287	1751121
山东	420	228656	5451	7651494	17902	4510519
广东	1	8	2168	3875261	3906	604514
海南						
东北地区	**978**	**68122**	**7520**	**6184667**	**12739**	**1547637**
辽宁	18	782	5079	3115105	8200	1164188
吉林	930	40940	1411	272310	2089	193744
黑龙江	30	26400	1030	2797252	2450	189705
中部地区	**583**	**64797**	**10157**	**9044937**	**43019**	**5414963**
山西			235	470532	2203	278062
安徽	58	11215	1807	3210280	6795	938175
江西	16	1798	956	807478	6853	855916
河南	303	14382	2208	1608377	4608	650058
湖北	119	12993	3387	1275440	8624	1197848
湖南	87	24409	1564	1672830	13936	1494904
西部地区	**874**	**267623**	**12389**	**13299042**	**22590**	**4332022**
内蒙古	122	32522	520	1488098	1265	259340
广西	88	53737	996	3232529	4595	666344
重庆	47	4470	2855	3543181	5894	2084463
四川			2270	524333	2516	584969
贵州			725	540173	1003	87000
云南	63	30300	493	1385844	2045	174216
西藏						
陕西			11	49	1032	61549
甘肃	29	433	1563	1027189	599	125109
青海					587	22806
宁夏	10	1260	1650	801806	790	64716
新疆	515	144901	1306	755840	2264	201510

2-12　续表 12

地　区	机电产品及设备类				汽车类	
			#农机类			
	摊位数（个）	成交额（万元）	摊位数（个）	成交额（万元）	摊位数（个）	成交额（万元）
全　国	**42999**	**10319485**	**4549**	**1235315**	**61339**	**36084634**
东部地区	**21969**	**6187059**	**3371**	**925243**	**36187**	**25272125**
北　京	1116	349645			4129	4285491
天　津	64	13756			1260	2176139
河　北	4249	816062	2044	547715	2860	776150
上　海	317	57479			1221	1639031
江　苏	6541	1942157	349	52600	3479	2172044
浙　江	6698	2351593	11	2300	6783	6106628
福　建	91	4524			379	420489
山　东	1927	483194	783	271987	11830	2870538
广　东	966	168649	184	50641	4246	4825615
海　南						
东北地区	**1908**	**119631**	**103**	**12797**	**6125**	**2340933**
辽　宁	1046	54115	6	100	1121	1142389
吉　林	788	61437	97	12697	1603	1025902
黑龙江	74	4079			3401	172642
中部地区	**8026**	**1837468**	**659**	**215155**	**13577**	**5743158**
山　西	139	75179			457	211689
安　徽	1069	423873	20	897	652	516327
江　西	586	324277	117	40368	1384	185236
河　南	1176	204326	318	101273	1918	1100027
湖　北	349	68004	81	48778	3061	2062749
湖　南	4707	741809	123	23839	6105	1667130
西部地区	**11096**	**2175327**	**416**	**82120**	**5450**	**2728418**
内蒙古	143	88730	65	27150	27	18500
广　西	905	97883			200	154401
重　庆	2102	735952	14	865	1600	422023
四　川	5001	878910	10	2722	634	672816
贵　州					531	699260
云　南	213	29242	93	19300	1098	328659
西　藏						
陕　西	210	14600			12	268
甘　肃	95	26023	2	410		
青　海	35	649			145	12000
宁　夏	467	75971	168	23133	425	36479
新　疆	1925	227367	64	8540	778	384012

2-12 续表 13

地 区	种子饲料类		棉麻类		其他类	
	摊位数(个)	成交额(万元)	摊位数(个)	成交额(万元)	摊位数(个)	成交额(万元)
全 国	**6786**	**886842**	**5540**	**4034611**	**161927**	**16871585**
东部地区	**3553**	**386939**	**5026**	**3960889**	**100975**	**12334655**
北 京	2	108	86	935	4454	95278
天 津	6	1271	650	35300	1928	111750
河 北	2207	89399	29	2122	30166	3614066
上 海	1	207			3404	490024
江 苏	329	86386	714	891608	15003	2046985
浙 江	213	52953	561	1359194	23831	3452405
福 建	176	63228			2577	331680
山 东	586	92867	2984	1671626	14482	1417258
广 东	33	520	2	104	4952	754273
海 南					178	20936
东北地区	**485**	**25576**	**23**	**492**	**17056**	**1250958**
辽 宁	39	832	11	89	12359	1105235
吉 林	360	8941	4	150	3777	115956
黑 龙 江	86	15803	8	253	920	29767
中部地区	**1188**	**114213**	**384**	**66721**	**19471**	**1295388**
山 西	2	420			891	26347
安 徽	315	17029	42	3050	3690	183241
江 西	282	25397	159	16456	3153	137988
河 南	127	7618	104	45214	4658	601832
湖 北	92	6245	42	920	303	37834
湖 南	370	57504	37	1081	6776	308146
西部地区	**1560**	**360114**	**107**	**6509**	**24425**	**1990584**
内 蒙 古	91	9130	43	1198	4567	471537
广 西	478	138912			2275	229263
重 庆	457	155317	17	1855	3069	254269
四 川	59	5086	5	870	4622	188324
贵 州	43	708	26	159	287	2263
云 南	131	11238			4977	519825
西 藏						
陕 西	10	201			270	3544
甘 肃	4	237	9	152	1506	20231
青 海					485	43200
宁 夏	40	2385	7	2275	633	19642
新 疆	247	36900			1734	238486

（三）36城市

2-13　商品交易市场总体情况

地　区	市场数量（个）	总摊位数（个）	年末出租摊位数（个）	营业面积（平方米）	成交额（万元）
36城市合计	**1895**	**1309953**	**1184484**	**94553585**	**288933474**
北　京	126	118170	101518	11140981	19143810
天　津	86	58972	54777	4395030	20163111
石家庄	56	68649	56067	4456611	11396042
太　原	16	11261	10670	791283	810201
呼和浩特	10	5909	5814	1141902	617836
沈　阳	67	62631	58926	2148564	11020174
大　连	49	37962	35079	4226113	8150799
长　春	27	27029	25879	1722510	2872708
哈尔滨	43	33434	30310	1613957	5600573
上　海	163	74346	68714	7991140	45425069
南　京	55	33413	31808	2351576	6944863
杭　州	161	82111	76124	3986739	27189232
宁　波	114	58589	56491	3934274	15171036
合　肥	36	23491	20733	2202552	6055611
福　州	62	18204	16669	1378314	6748928
厦　门	17	5592	5470	343098	1052560
南　昌	30	25997	24769	1299087	5213787
济　南	44	30670	29849	2625714	3839813
青　岛	65	54207	51162	4412379	9043766
郑　州	35	34815	33315	1627636	3043454
武　汉	67	33541	31219	2239938	5672416
长　沙	58	51557	40284	4256909	8343508
广　州	157	84721	74880	6563744	18094157
深　圳	31	27310	23371	759102	3868769
南　宁	26	15736	13759	1267603	4058443
海　口	2	710	710	25500	41054
重　庆	107	76661	68626	4951364	15827115
成　都	37	50153	43328	3193886	7706660
贵　阳	15	11991	11757	442798	2881861
昆　明	34	19729	14239	1226083	3307566
拉　萨	1	800	800	18805	69700
西　安	27	19410	18994	941653	2629284
兰　州	20	13325	12971	1186280	2018201
西　宁	9	5900	5900	461858	284333
银　川	16	11155	9942	864529	1151545
乌鲁木齐	26	21802	19560	2364073	3475489

2-14 商品交易市场情况(按市场类别分)

(综合市场)

地　区	市场数量(个)	总摊位数(个)	年末出租摊位数(个)	营业面积(平方米)	成交额(万元)
36城市合计	**441**	**421762**	**381943**	**21423330**	**51365802**
北　京	40	53193	48947	2969356	9555913
天　津	26	30433	28695	1500529	3212851
石家庄	16	36560	33723	1791290	4600709
太　原	2	1725	1725	226000	196600
呼和浩特					
沈　阳	10	7559	7036	76500	572502
大　连	26	27778	25505	3615702	3460338
长　春	8	8914	8813	255983	343204
哈尔滨	11	10125	8577	404800	517755
上　海	35	16178	14859	896961	2813318
南　京	19	10233	9653	209428	604876
杭　州	47	31475	28838	1013436	5239694
宁　波	42	25311	24349	865016	3228990
合　肥	2	4458	4458	346480	1351368
福　州	19	7150	5812	270614	812417
厦　门	7	2934	2812	160498	225038
南　昌	6	6255	5839	186565	1081461
济　南	8	12330	11920	320850	491272
青　岛	10	8167	7667	810060	1277609
郑　州	2	8543	8470	14486	39838
武　汉	10	6115	5984	467429	434987
长　沙	11	26202	16547	1348428	2028708
广　州	16	11800	10913	369004	811120
深　圳	4	2781	2763	50100	841055
南　宁	6	5868	4666	115404	430329
海　口	1	410	410	15000	12454
重　庆	30	26971	22514	1401310	3522894
成　都	5	10695	10338	340459	1052499
贵　阳	1	395	291	27000	13201
昆　明	3	1760	1229	85492	62040
拉　萨	1	800	800	18805	69700
西　安	5	7610	7548	270080	1442660
兰　州	2	1631	1599	122900	49187
西　宁	4	2061	2061	360345	106588
银　川	3	2241	2010	71020	101511
乌鲁木齐	3	5101	4572	426000	761116

2-14 续表 1

(生产资料综合市场)

地 区	市场数量(个)	总摊位数(个)	年末出租摊位数(个)	营业面积(平方米)	成交额(万元)
36城市合计	**22**	**22647**	**22160**	**1892422**	**3279530**
北 京	1	280	258	7200	11056
天 津	2	1192	1192	201000	581284
石家庄					
太 原					
呼和浩特					
沈 阳					
大 连	1	606	606	11990	21850
长 春	1	1468	1468	10000	128800
哈尔滨					
上 海	2	550	459	90000	45675
南 京	1	795	749	66000	85822
杭 州	1	99	59	14616	98280
宁 波	2	942	942	53432	379170
合 肥					
福 州	1	91	91	30000	12205
厦 门					
南 昌					
济 南					
青 岛	1	110	100	30000	16400
郑 州					
武 汉	1	2523	2523	321100	165776
长 沙	1	4160	4160	100000	140900
广 州					
深 圳					
南 宁	1	248	240	17550	232500
海 口					
重 庆	1	1600	1600	260000	493423
成 都	3	4765	4495	254000	436050
贵 阳					
昆 明					
拉 萨					
西 安					
兰 州					
西 宁	1	358	358	132534	38000
银 川					
乌鲁木齐	1	2860	2860	293000	392339

2-14 续表 2

(工业消费品综合市场)

地 区	市场数量(个)	总摊位数(个)	年末出租摊位数(个)	营业面积(平方米)	成交额(万元)
36城市合计	**110**	**139814**	**129341**	**5570287**	**12445778**
北 京	11	13371	11746	246310	750877
天 津	6	8352	7821	219883	538987
石家庄	10	23944	21776	1312313	3757787
太 原	1	425	425	6000	16600
呼和浩特					
沈 阳	3	3152	2890	30793	181322
大 连	12	12282	10932	433022	517567
长 春	4	5087	5022	204800	148528
哈尔滨	4	5134	3995	180000	151338
上 海	2	1148	1148	36200	151228
南 京	2	522	515	14300	21610
杭 州	6	9018	8978	228850	715023
宁 波	5	7332	7293	479293	1113107
合 肥	1	3039	3039	160000	302430
福 州	2	670	670	171000	102669
厦 门					
南 昌	2	2952	2759	70060	157202
济 南	5	5690	5547	144850	136442
青 岛	3	4011	3906	330060	630349
郑 州					
武 汉	1	286	286	7000	11400
长 沙	4	2345	1983	79027	156518
广 州	7	5238	5109	177414	544145
深 圳					
南 宁	3	4466	3272	61184	147368
海 口					
重 庆	8	7755	6740	534948	605767
成 都	1	4310	4243	12000	60666
贵 阳					
昆 明					
拉 萨					
西 安	4	7173	7171	268080	1407486
兰 州	2	1631	1599	122900	49187
西 宁					
银 川	1	481	476	40000	70175
乌鲁木齐					

2-14 续表 3

(农产品综合市场)

地　区	市场数量(个)	总摊位数(个)	年末出租摊位数(个)	营业面积(平方米)	成交额(万元)
36城市合计	**229**	**174970**	**152870**	**7852900**	**24450536**
北　京	20	23008	21578	2214801	6274405
天　津	11	15310	14155	606362	1489548
石家庄	4	9806	9291	420877	805242
太　原	1	1300	1300	220000	180000
呼和浩特					
沈　阳	7	4407	4146	45707	391180
大　连	9	6543	6291	191600	541154
长　春	1	407	407	2195	13602
哈尔滨	4	1615	1601	169800	257346
上　海	24	9100	8905	573253	2126271
南　京	15	8003	7622	103580	332427
杭　州	33	14868	13311	359185	1875879
宁　波	32	15497	14842	313646	1383368
合　肥	1	1419	1419	186480	1048938
福　州	15	6269	4938	66114	686135
厦　门	5	2120	1998	56900	159124
南　昌	3	2571	2348	108905	900495
济　南	2	5540	5273	96000	329830
青　岛	5	3766	3425	300000	616299
郑　州	1	643	643	10000	15002
武　汉	6	2453	2322	77740	115979
长　沙	3	13780	4911	973200	841500
广　州	7	6007	5283	178245	222471
深　圳	3	2287	2269	47100	821356
南　宁	1	1063	1063	16670	28461
海　口					
重　庆	11	11395	8467	266256	2081778
成　都	1	1620	1600	74459	555783
贵　阳					
昆　明					
拉　萨	1	800	800	18805	69700
西　安					
兰　州					
西　宁					
银　川	2	1760	1534	31020	31336
乌鲁木齐	1	1613	1128	124000	255927

2-14 续表 4

(其他综合市场)

地　区	市场数量(个)	总摊位数(个)	年末出租摊位数(个)	营业面积(平方米)	成交额(万元)
36城市合计	**80**	**84331**	**77572**	**6107721**	**11189958**
北　京	8	16534	15365	501045	2519575
天　津	7	5579	5527	473284	603032
石家庄	2	2810	2656	58100	37680
太　原					
呼和浩特					
沈　阳					
大　连	4	8347	7676	2979090	2379767
长　春	2	1952	1916	38988	52274
哈尔滨	3	3376	2981	55000	109071
上　海	7	5380	4347	197508	490144
南　京	1	913	767	25548	165017
杭　州	7	7490	6490	410785	2550512
宁　波	3	1540	1272	18645	353345
合　肥					
福　州	1	120	113	3500	11408
厦　门	2	814	814	103598	65914
南　昌	1	732	732	7600	23764
济　南	1	1100	1100	80000	25000
青　岛	1	280	236	150000	14561
郑　州	1	7900	7827	4486	24836
武　汉	2	853	853	61589	141832
长　沙	3	5917	5493	196201	889790
广　州	2	555	521	13345	44504
深　圳	1	494	494	3000	19699
南　宁	1	91	91	20000	22000
海　口	1	410	410	15000	12454
重　庆	10	6221	5707	340106	341926
成　都					
贵　阳	1	395	291	27000	13201
昆　明	3	1760	1229	85492	62040
拉　萨					
西　安	1	437	377	2000	35174
兰　州					
西　宁	3	1703	1703	227811	68588
银　川					
乌鲁木齐	1	628	584	9000	112850

2-14 续表 5

(专业市场)

地 区	市场数量(个)	总摊位数(个)	年末出租摊位数(个)	营业面积(平方米)	成交额(万元)
36城市合计	**1454**	**888191**	**802541**	**73130255**	**237567672**
北 京	86	64977	52571	8171625	9587897
天 津	60	28539	26082	2894501	16950260
石家庄	40	32089	22344	2665321	6795333
太 原	14	9536	8945	565283	613601
呼和浩特	10	5909	5814	1141902	617836
沈 阳	57	55072	51890	2072064	10447672
大 连	23	10184	9574	610411	4690461
长 春	19	18115	17066	1466527	2529504
哈尔滨	32	23309	21733	1209157	5082818
上 海	128	58168	53855	7094179	42611751
南 京	36	23180	22155	2142148	6339987
杭 州	114	50636	47286	2973303	21949538
宁 波	72	33278	32142	3069258	11942046
合 肥	34	19033	16275	1856072	4704243
福 州	43	11054	10857	1107700	5936511
厦 门	10	2658	2658	182600	827522
南 昌	24	19742	18930	1112522	4132326
济 南	36	18340	17929	2304864	3348541
青 岛	55	46040	43495	3602319	7766157
郑 州	33	26272	24845	1613150	3003616
武 汉	57	27426	25235	1772509	5237429
长 沙	47	25355	23737	2908481	6314800
广 州	141	72921	63967	6194740	17283037
深 圳	27	24529	20608	709002	3027714
南 宁	20	9868	9093	1152199	3628114
海 口	1	300	300	10500	28600
重 庆	77	49690	46112	3550054	12304221
成 都	32	39458	32990	2853427	6654161
贵 阳	14	11596	11466	415798	2868660
昆 明	31	17969	13010	1140591	3245526
拉 萨					
西 安	22	11800	11446	671573	1186624
兰 州	18	11694	11372	1063380	1969014
西 宁	5	3839	3839	101513	177745
银 川	13	8914	7932	793509	1050034
乌鲁木齐	23	16701	14988	1938073	2714373

2-14 续表 6

(生产资料市场)

地　区	市场数量（个）	总摊位数（个）	年末出租摊位数（个）	营业面积（平方米）	成交额（万元）
36城市合计	**298**	**109924**	**99248**	**19166155**	**102832334**
北　京	14	4302	3769	327727	680731
天　津	21	3955	3730	884338	9377810
石家庄	6	1178	1178	471250	497127
太　原	1	170	142	111888	312452
呼和浩特					
沈　阳	14	7043	6389	604014	2828460
大　连	6	997	892	129015	2170742
长　春	5	2368	2298	522181	278150
哈尔滨	5	1086	1012	467000	3266000
上　海	46	13735	12899	3950387	34721358
南　京	7	3402	3283	397600	2926196
杭　州	25	8060	6898	453026	10920413
宁　波	22	8012	7740	1972166	7826477
合　肥	4	2059	1925	377141	2084662
福　州	6	1198	1193	226035	2093367
厦　门	1	287	287	48000	40455
南　昌	6	3561	3152	161604	1225036
济　南	6	1496	1412	274400	308000
青　岛	7	2368	2144	1097228	1322609
郑　州	2	1400	1321	86600	140000
武　汉	8	3066	2895	272100	1036856
长　沙	14	7747	6823	1360988	2122977
广　州	8	2734	2067	759746	2155306
深　圳	1	106	79	50000	10488
南　宁	6	1937	1937	504960	2268350
海　口					
重　庆	25	9395	7968	1421081	5224945
成　都	9	9340	7437	980230	2164947
贵　阳	3	815	725	165000	540173
昆　明	5	916	916	198213	1455826
拉　萨					
西　安	1	746	746	17300	35000
兰　州	5	1667	1667	182800	1081474
西　宁					
银　川	6	2868	2414	385509	849139
乌鲁木齐	3	1910	1910	306628	866808

2-14　续表 7

(农业生产用具市场)

地　区	市场数量(个)	总摊位数(个)	年末出租摊位数(个)	营业面积(平方米)	成交额(万元)
36城市合计	**6**	**687**	**614**	**213944**	**216618**
北　京					
天　津					
石家庄	1	13	13	35000	20487
太　原					
呼和浩特					
沈　阳					
大　连					
长　春					
哈尔滨					
上　海					
南　京					
杭　州					
宁　波					
合　肥					
福　州					
厦　门					
南　昌	1	80	78	8000	21720
济　南					
青　岛	2	240	198	129000	90300
郑　州					
武　汉	1	163	163	25800	56579
长　沙					
广　州					
深　圳					
南　宁					
海　口					
重　庆					
成　都					
贵　阳					
昆　明					
拉　萨					
西　安					
兰　州					
西　宁					
银　川	1	191	162	16144	27532
乌鲁木齐					

2-14 续表 8

(农用生产资料市场)

地　区	市场数量（个）	总摊位数（个）	年末出租摊位数（个）	营业面积（平方米）	成交额（万元）
36城市合计	**6**	**1280**	**1280**	**112340**	**611626**
北　京					
天　津					
石家庄					
太　原					
呼和浩特					
沈　阳	1	300	300	15000	275000
大　连					
长　春					
哈尔滨					
上　海					
南　京					
杭　州					
宁　波	2	199	199	8380	44276
合　肥					
福　州					
厦　门					
南　昌					
济　南					
青　岛					
郑　州					
武　汉					
长　沙					
广　州					
深　圳					
南　宁	2	392	392	48960	140350
海　口					
重　庆	1	389	389	40000	152000
成　都					
贵　阳					
昆　明					
拉　萨					
西　安					
兰　州					
西　宁					
银　川					
乌鲁木齐					

2-14 续表 9

(煤炭市场)

地区	市场数量(个)	总摊位数(个)	年末出租摊位数(个)	营业面积(平方米)	成交额(万元)
36城市合计	**5**	**516**	**516**	**407953**	**1848753**
北京					
天津	3	439	439	1100	1160034
石家庄					
太原					
呼和浩特					
沈阳					
大连					
长春					
哈尔滨					
上海	1	10	10	1500	11725
南京					
杭州					
宁波	1	67	67	405353	676994
合肥					
福州					
厦门					
南昌					
济南					
青岛					
郑州					
武汉					
长沙					
广州					
深圳					
南宁					
海口					
重庆					
成都					
贵阳					
昆明					
拉萨					
西安					
兰州					
西宁					
银川					
乌鲁木齐					

2-14 续表 10

(木材市场)

地　区	市场数量(个)	总摊位数(个)	年末出租摊位数(个)	营业面积(平方米)	成交额(万元)
36城市合计	**18**	**4282**	**3984**	**709193**	**681264**
北　京	1	600	600	40000	11476
天　津					
石家庄					
太　原					
呼和浩特					
沈　阳	1	200	200	2800	29990
大　连	1	107	107	2775	11467
长　春	1	175	175	225000	12450
哈尔滨	1	103	64	20000	23400
上　海	4	295	295	104982	139392
南　京	1	74	74	8800	26769
杭　州	2	239	239	35000	56445
宁　波	1	414	414	22000	54000
合　肥					
福　州					
厦　门					
南　昌					
济　南					
青　岛	1	550	550	75268	31986
郑　州					
武　汉					
长　沙					
广　州	1	667	468	60000	250700
深　圳					
南　宁					
海　口					
重　庆	2	526	476	60000	22500
成　都					
贵　阳					
昆　明					
拉　萨					
西　安					
兰　州					
西　宁					
银　川	1	332	322	52568	10689
乌鲁木齐					

2-14　续表 11

(建材市场)

地　　区	市场数量（个）	总摊位数（个）	年末出租摊位数（个）	营业面积（平方米）	成交额（万元）
36城市合计	**70**	**30915**	**28849**	**5906558**	**7836336**
北　　京	6	1884	1647	147800	162440
天　　津	1	350	350	11800	93580
石 家 庄	1	220	220	3200	15000
太　　原					
呼和浩特					
沈　　阳	5	2269	2130	100171	251020
大　　连					
长　　春	1	321	321	80000	15660
哈 尔 滨					
上　　海	14	5778	5523	3207038	2349753
南　　京	4	2015	1908	357000	407995
杭　　州	4	1450	618	109151	204328
宁　　波	1	138	138	16000	15500
合　　肥	2	920	900	115500	66850
福　　州	3	882	877	98375	845342
厦　　门					
南　　昌	3	2378	2378	137824	433228
济　　南	2	624	624	95000	162260
青　　岛	2	1108	1026	392960	246872
郑　　州	2	1400	1321	86600	140000
武　　汉					
长　　沙	6	3101	3101	74955	199752
广　　州	1	810	633	172889	224484
深　　圳					
南　　宁	1	300	300	30000	118000
海　　口					
重　　庆	7	2483	2350	393895	1292537
成　　都	1	1485	1485	240000	500000
贵　　阳					
昆　　明	1	215	215	9500	24500
拉　　萨					
西　　安	1	746	746	17300	35000
兰　　州	1	38	38	9600	32235
西　　宁					
银　　川					
乌鲁木齐					

2-14 续表 12

(化工材料及制品市场)

地　区	市场数量（个）	总摊位数（个）	年末出租摊位数（个）	营业面积（平方米）	成交额（万元）
36城市合计	**17**	**5695**	**4791**	**568142**	**6491864**
北　京					
天　津	3	377	319	10100	746308
石家庄					
太　原					
呼和浩特					
沈　阳					
大　连	1	135	135	8459	15375
长　春					
哈尔滨					
上　海	2	1080	941	24000	846206
南　京					
杭　州					
宁　波	3	1936	1936	374600	4113000
合　肥					
福　州	1	78	78	7500	31998
厦　门					
南　昌					
济　南					
青　岛					
郑　州					
武　汉					
长　沙	2	1152	730	60600	73593
广　州	2	282	251	11657	89434
深　圳					
南　宁					
海　口					
重　庆					
成　都	2	586	332	47546	515000
贵　阳					
昆　明	1	69	69	23680	60950
拉　萨					
西　安					
兰　州					
西　宁					
银　川					
乌鲁木齐					

2-14 续表 13

(金属材料市场)

地 区	市场数量（个）	总摊位数（个）	年末出租摊位数（个）	营业面积（平方米）	成交额（万元）
36城市合计	**132**	**43653**	**39740**	**9072675**	**72729484**
北 京	3	351	280	69171	117103
天 津	14	2789	2622	861338	7377888
石家庄	3	185	185	33050	126405
太 原	1	170	142	111888	312452
呼和浩特					
沈 阳	6	3726	3421	482500	2216416
大 连	1	175	148	80000	17900
长 春	1	203	133	48181	168000
哈尔滨	3	833	808	327000	3176800
上 海	21	5316	4926	581867	24427523
南 京	2	1313	1301	31800	2491432
杭 州	14	3975	3780	230650	10225733
宁 波	11	4592	4320	1065033	2664361
合 肥	2	1139	1025	261641	2017812
福 州	2	238	238	120160	1216027
厦 门					
南 昌	2	1103	696	15780	770088
济 南	4	872	788	179400	145740
青 岛	2	470	370	500000	953451
郑 州					
武 汉	7	2903	2732	246300	980277
长 沙	1	947	947	960000	1510300
广 州	3	645	511	498200	1568745
深 圳					
南 宁	2	745	745	403000	1930000
海 口					
重 庆	9	3292	2499	531100	3496040
成 都	3	1698	1655	472684	411677
贵 阳	3	815	725	165000	540173
昆 明	3	632	632	165033	1370376
拉 萨					
西 安					
兰 州	4	1629	1629	173200	1049239
西 宁					
银 川	3	2049	1634	282071	780718
乌鲁木齐	2	848	848	176628	666808

2-14 续表 14

(机械设备市场)

地　区	市场数量(个)	总摊位数(个)	年末出租摊位数(个)	营业面积(平方米)	成交额(万元)
36城市合计	**24**	**13486**	**10846**	**1068251**	**2145661**
北　京	3	1187	967	50200	338283
天　津					
石家庄					
太　原					
呼和浩特					
沈　阳					
大　连	1	260	182	7781	15000
长　春					
哈尔滨					
上　海					
南　京					
杭　州	5	2396	2261	78225	433907
宁　波	2	535	535	30800	172046
合　肥					
福　州					
厦　门					
南　昌					
济　南					
青　岛					
郑　州					
武　汉					
长　沙	4	1924	1422	219433	319332
广　州	1	330	204	17000	21943
深　圳					
南　宁	1	500	500	23000	80000
海　口					
重　庆	3	1425	1100	342086	196680
成　都	2	3571	2317	135000	338270
贵　阳					
昆　明					
拉　萨					
西　安					
兰　州					
西　宁					
银　川	1	296	296	34726	30200
乌鲁木齐	1	1062	1062	130000	200000

2-14 续表 15

(其他生产资料市场)

地 区	市场数量(个)	总摊位数(个)	年末出租摊位数(个)	营业面积(平方米)	成交额(万元)
36城市合计	**20**	**9410**	**8628**	**1107099**	**10270728**
北 京	1	280	275	20556	51429
天 津					
石家庄	1	760	760	400000	335235
太 原					
呼和浩特					
沈 阳	1	548	338	3543	56034
大 连	2	320	320	30000	2111000
长 春	2	1669	1669	169000	82040
哈尔滨	1	150	140	120000	65800
上 海	4	1256	1204	31000	6946759
南 京					
杭 州					
宁 波	1	131	131	50000	86300
合 肥					
福 州					
厦 门	1	287	287	48000	40455
南 昌					
济 南					
青 岛					
郑 州					
武 汉					
长 沙	1	623	623	46000	20000
广 州					
深 圳	1	106	79	50000	10488
南 宁					
海 口					
重 庆	3	1280	1154	54000	65188
成 都	1	2000	1648	85000	400000
贵 阳					
昆 明					
拉 萨					
西 安					
兰 州					
西 宁					
银 川					
乌鲁木齐					

2-14 续表 16

(农产品市场)

地　区	市场数量（个）	总摊位数（个）	年末出租摊位数（个）	营业面积（平方米）	成交额（万元）
36城市合计	**317**	**184995**	**159799**	**12617741**	**39751528**
北　京	17	20445	10514	879776	2329452
天　津	16	11381	9416	581601	3500044
石家庄	14	6897	6570	381957	861659
太　原	2	225	100	13000	26500
呼和浩特	3	762	762	975700	213401
沈　阳	12	7215	6256	288900	1182292
大　连	7	2352	2108	138210	604953
长　春	3	2415	2331	254900	351769
哈尔滨	2	104	97	15944	297364
上　海	26	12034	10827	596297	3254493
南　京	12	5034	4386	701750	1197424
杭　州	18	7190	7179	198397	2214513
宁　波	18	14856	14081	355112	1998218
合　肥	5	1488	1488	98349	263350
福　州	10	1752	1659	237994	1256652
厦　门	8	2262	2262	110600	576017
南　昌	3	403	403	36000	288530
济　南	9	5555	5419	652250	695922
青　岛	20	25631	24814	1473850	3160479
郑　州	7	2575	2495	226450	502254
武　汉	13	8041	7145	241475	2105353
长　沙	5	2102	1723	349632	530317
广　州	23	6482	5715	632620	3847167
深　圳	11	5704	5196	149116	1856291
南　宁	4	4102	3587	229550	787317
海　口					
重　庆	14	6258	5341	316153	1233817
成　都	7	9024	6090	898227	1871395
贵　阳	1	508	508	18922	300000
昆　明	9	3189	3087	252687	785265
拉　萨					
西　安	5	2321	2133	203252	419197
兰　州	3	1472	1421	92000	343230
西　宁	1	423	423	39200	107726
银　川	1	1100	1100	35000	65130
乌鲁木齐	8	3693	3163	942870	724037

2-14　续表 17

(粮油市场)

地　区	市场数量（个）	总摊位数（个）	年末出租摊位数（个）	营业面积（平方米）	成交额（万元）
36城市合计	**45**	**12643**	**11271**	**925983**	**6320741**
北　京	3	1641	1432	160000	590935
天　津	3	376	376	69909	1732994
石家庄	3	634	620	78900	193274
太　原	1	145	80	6000	14000
呼和浩特					
沈　阳	2	2222	1600	75000	140791
大　连					
长　春					
哈尔滨	1	77	70	8604	89686
上　海	3	1505	1418	116000	973271
南　京	2	168	168	3000	264641
杭　州	4	427	427	23069	314465
宁　波	2	171	171	35000	172039
合　肥	1	336	336	24002	24874
福　州	1	268	238	32020	180420
厦　门					
南　昌					
济　南					
青　岛	3	298	283	34538	268798
郑　州	2	410	380	17500	71550
武　汉	1	120	120	5200	19234
长　沙					
广　州	4	1147	984	114600	504715
深　圳					
南　宁					
海　口					
重　庆	1	1000	1000	8000	54583
成　都	1	196	190	2000	87000
贵　阳					
昆　明	2	272	222	7431	138658
拉　萨					
西　安	1	231	231	9010	150000
兰　州	1	325	310	23000	96850
西　宁	1	423	423	39200	107726
银　川					
乌鲁木齐	2	251	192	34000	130237

2-14 续表 18

(肉禽蛋市场)

地　区	市场数量(个)	总摊位数(个)	年末出租摊位数(个)	营业面积(平方米)	成交额(万元)
36城市合计	**47**	**15510**	**13771**	**1274344**	**4173902**
北　京	2	594	340	30901	44946
天　津	1	464	464	100000	32175
石家庄	3	463	435	26700	221338
太　原					
呼和浩特	1	85	85	5000	13350
沈　阳	1	38	38	4000	90000
大　连	1	1004	990	29010	147470
长　春					
哈尔滨	1	27	27	7340	207678
上　海	4	624	546	21857	133214
南　京	2	280	277	9400	68313
杭　州	5	880	880	23200	484254
宁　波	1	215	215	7000	101275
合　肥	3	1072	1072	47000	216476
福　州					
厦　门	1	103	103	3200	103866
南　昌	3	403	403	36000	288530
济　南					
青　岛	1	140	90	20000	20877
郑　州					
武　汉	1	350	350	80000	315348
长　沙					
广　州	6	1153	1008	100800	564620
深　圳	1	485	485	6000	14794
南　宁	1	2700	2185	84000	321052
海　口					
重　庆	4	1910	1578	25218	79204
成　都	2	1920	1652	555000	639116
贵　阳					
昆　明	2	600	548	52718	66006
拉　萨					
西　安					
兰　州					
西　宁					
银　川					
乌鲁木齐					

2-14　续表 19

(水产品市场)

地　区	市场数量 (个)	总摊位数 (个)	年末出租摊位数 (个)	营业面积 (平方米)	成交额 (万元)
36城市合计	**65**	**45284**	**40825**	**1860192**	**11074993**
北　京	3	1324	1248	61240	733301
天　津	5	3915	2050	108360	547934
石家庄	1	300	300	7000	32741
太　原					
呼和浩特					
沈　阳	3	869	768	99000	583733
大　连	3	718	678	38700	389652
长　春					
哈尔滨					
上　海	5	3061	2808	209300	1282704
南　京	3	2375	1887	264000	512780
杭　州	1	1072	1072	20000	293057
宁　波	8	10422	10422	151079	1041725
合　肥					
福　州	5	670	645	63774	789134
厦　门	2	602	602	22400	114582
南　昌					
济　南	2	810	720	38000	314044
青　岛	4	10999	10999	319150	1345802
郑　州	3	815	815	48950	88500
武　汉	2	3224	2368	75000	1436071
长　沙	1	313	241	133400	35622
广　州	7	1045	933	37639	499393
深　圳	2	818	672	30000	124618
南　宁	1	462	462	40000	21278
海　口					
重　庆	3	1070	735	88000	804322
成　都					
贵　阳					
昆　明					
拉　萨					
西　安					
兰　州					
西　宁					
银　川					
乌鲁木齐	1	400	400	5200	84000

2-14 续表 20

(蔬菜市场)

地　区	市场数量(个)	总摊位数(个)	年末出租摊位数(个)	营业面积(平方米)	成交额(万元)
36城市合计	**73**	**69581**	**55851**	**4922288**	**8066606**
北　京	5	10056	2404	190400	269728
天　津	5	5482	5382	177006	420941
石家庄	4	4925	4725	240357	346400
太　原					
呼和浩特	2	677	677	970700	200051
沈　阳	2	2350	2350	15000	256044
大　连					
长　春	1	1500	1500	165000	200000
哈尔滨					
上　海	6	4592	4052	137423	422792
南　京	5	2211	2054	425350	351690
杭　州	4	3677	3666	54428	407497
宁　波	3	1643	868	104933	213573
合　肥					
福　州	1	105	90	110000	94000
厦　门	3	1110	1110	66800	292331
南　昌					
济　南	5	3601	3566	314450	323443
青　岛	6	11732	11126	933062	1083850
郑　州	2	1350	1300	160000	342204
武　汉	3	1704	1666	28000	61495
长　沙	1	800	726	133000	349930
广　州	2	1712	1469	76096	225933
深　圳					
南　宁	2	940	940	105550	444987
海　口					
重　庆	2	450	230	22364	77848
成　都	2	4500	1840	208000	740055
贵　阳	1	508	508	18922	300000
昆　明	2	1008	1008	102605	331397
拉　萨					
西　安	1	830	702	84042	180197
兰　州	1	650	614	27800	41380
西　宁					
银　川	1	1100	1100	35000	65130
乌鲁木齐	1	368	178	16000	23710

2-14　续表 21

(干鲜果品市场)

地　　区	市场数量(个)	总摊位数(个)	年末出租摊位数(个)	营业面积(平方米)	成交额(万元)
36城市合计	**37**	**15442**	**13175**	**1641766**	**4864585**
北　京	2	2690	1158	255000	68243
天　津					
石家庄	2	355	350	14000	54406
太　原	1	80	20	7000	12500
呼和浩特					
沈　阳	1	500	500	40000	75350
大　连	2	530	340	38500	56572
长　春	1	315	315	25000	137600
哈尔滨					
上　海	3	551	550	43927	308690
南　京					
杭　州	4	1134	1134	77700	715240
宁　波	1	500	500	10000	116613
合　肥	1	80	80	27347	22000
福　州	1	193	170	28000	158710
厦　门	1	101	101	15000	42847
南　昌					
济　南	1	1100	1100	100000	43433
青　岛	3	923	883	136600	173600
郑　州					
武　汉	2	672	672	24775	140539
长　沙	2	779	546	79232	131000
广　州	4	1425	1321	303485	2052506
深　圳					
南　宁					
海　口					
重　庆	1	685	680	95000	78532
成　都	1	908	908	100000	104224
贵　阳					
昆　明	1	312	312	28000	72000
拉　萨					
西　安	1	260	260	46200	23000
兰　州					
西　宁					
银　川					
乌鲁木齐	1	1349	1275	147000	276980

2-14 续表 22

(棉麻土畜、烟叶市场)

地　区	市场数量(个)	总摊位数(个)	年末出租摊位数(个)	营业面积(平方米)	成交额(万元)
36城市合计	**4**	**1219**	**1108**	**221900**	**136596**
北　京					
天　津	1	650	650	100	35300
石家庄					
太　原					
呼和浩特					
沈　阳	1	400	300	12000	14100
大　连					
长　春					
哈尔滨					
上　海					
南　京					
杭　州					
宁　波	1	125	125	10000	72194
合　肥					
福　州					
厦　门					
南　昌					
济　南	1	44	33	199800	15002
青　岛					
郑　州					
武　汉					
长　沙					
广　州					
深　圳					
南　宁					
海　口					
重　庆					
成　都					
贵　阳					
昆　明					
拉　萨					
西　安					
兰　州					
西　宁					
银　川					
乌鲁木齐					

2-14　续表 23

(其他农产品市场)

地　区	市场数量（个）	总摊位数（个）	年末出租摊位数（个）	营业面积（平方米）	成交额（万元）
36城市合计	**46**	**25316**	**23798**	**1771268**	**5114105**
北　京	2	4140	3932	182235	622299
天　津	1	494	494	126226	730700
石家庄	1	220	140	15000	13500
太　原					
呼和浩特					
沈　阳	2	836	700	43900	22274
大　连	1	100	100	32000	11259
长　春	1	600	516	64900	14169
哈尔滨					
上　海	5	1701	1453	67790	133822
南　京					
杭　州					
宁　波	2	1780	1780	37100	280799
合　肥					
福　州	2	516	516	4200	34388
厦　门	1	346	346	3200	22391
南　昌					
济　南					
青　岛	3	1539	1433	30500	267552
郑　州					
武　汉	4	1971	1969	28500	132666
长　沙	1	210	210	4000	13765
广　州					
深　圳	8	4401	4039	113116	1716879
南　宁					
海　口					
重　庆	3	1143	1118	77571	139328
成　都	1	1500	1500	33227	301000
贵　阳					
昆　明	2	997	997	61933	177204
拉　萨					
西　安	2	1000	940	64000	66000
兰　州	1	497	497	41200	205000
西　宁					
银　川					
乌鲁木齐	3	1325	1118	740670	209110

2-14 续表 24

(食品、饮料及烟酒市场)

地 区	市场数量(个)	总摊位数(个)	年末出租摊位数(个)	营业面积(平方米)	成交额(万元)
36城市合计	**37**	**17268**	**15388**	**1054497**	**2857335**
北 京	1	139	139	7000	16946
天 津					
石家庄					
太 原					
呼和浩特					
沈 阳	1	1551	1500	12234	260000
大 连					
长 春					
哈尔滨					
上 海	2	679	670	27000	301438
南 京					
杭 州	5	1083	1060	174123	455165
宁 波					
合 肥	3	2687	1775	297320	371984
福 州	1	55	55	2000	11502
厦 门					
南 昌					
济 南	3	1080	1080	133000	214600
青 岛	1	360	218	17000	200000
郑 州	2	2800	2600	108000	45270
武 汉	2	461	343	11299	42326
长 沙	1	180	180	22000	14800
广 州	4	1328	1308	117250	174877
深 圳	1	388	388	6850	9304
南 宁	4	1426	1169	26380	127247
海 口					
重 庆	3	1257	1167	27089	177652
成 都					
贵 阳	1	845	845	15970	362086
昆 明	1	360	326	24982	14598
拉 萨					
西 安					
兰 州					
西 宁					
银 川	1	589	565	25000	57540
乌鲁木齐					

2-14 续表 25

(食品饮料市场)

地 区	市场数量(个)	总摊位数(个)	年末出租摊位数(个)	营业面积(平方米)	成交额(万元)
36城市合计	**13**	**9815**	**8350**	**439273**	**773000**
北 京					
天 津					
石家庄					
太 原					
呼和浩特					
沈 阳	1	1551	1500	12234	260000
大 连					
长 春					
哈尔滨					
上 海					
南 京					
杭 州	1	208	208	5100	149500
宁 波					
合 肥	1	1920	1076	200000	20505
福 州					
厦 门					
南 昌					
济 南					
青 岛					
郑 州	2	2800	2600	108000	45270
武 汉	1	250	250	8000	19100
长 沙					
广 州	1	302	283	40000	12149
深 圳	1	388	388	6850	9304
南 宁	1	550	313	7000	21980
海 口					
重 庆	3	1257	1167	27089	177652
成 都					
贵 阳					
昆 明					
拉 萨					
西 安					
兰 州					
西 宁					
银 川	1	589	565	25000	57540
乌鲁木齐					

2-14 续表 26

(茶叶市场)

地　区	市场数量(个)	总摊位数(个)	年末出租摊位数(个)	营业面积(平方米)	成交额(万元)
36城市合计	**15**	**3483**	**3473**	**304750**	**689935**
北　京	1	139	139	7000	16946
天　津					
石家庄					
太　原					
呼和浩特					
沈　阳					
大　连					
长　春					
哈尔滨					
上　海	1	290	281	15000	84380
南　京					
杭　州	3	475	475	36000	89879
宁　波					
合　肥					
福　州	1	55	55	2000	11502
厦　门					
南　昌					
济　南	3	1080	1080	133000	214600
青　岛					
郑　州					
武　汉					
长　沙	1	180	180	22000	14800
广　州	3	1026	1025	77250	162728
深　圳					
南　宁	2	238	238	12500	95100
海　口					
重　庆					
成　都					
贵　阳					
昆　明					
拉　萨					
西　安					
兰　州					
西　宁					
银　川					
乌鲁木齐					

2-14 续表 27

(烟酒市场)

地 区	市场数量 (个)	总摊位数 (个)	年末出租摊位数 (个)	营业面积 (平方米)	成交额 (万元)
36城市合计	**3**	**1127**	**917**	**114320**	**551479**
北 京					
天 津					
石 家 庄					
太 原					
呼和浩特					
沈 阳					
大 连					
长 春					
哈 尔 滨					
上 海					
南 京					
杭 州					
宁 波					
合 肥	2	767	699	97320	351479
福 州					
厦 门					
南 昌					
济 南					
青 岛	1	360	218	17000	200000
郑 州					
武 汉					
长 沙					
广 州					
深 圳					
南 宁					
海 口					
重 庆					
成 都					
贵 阳					
昆 明					
拉 萨					
西 安					
兰 州					
西 宁					
银 川					
乌鲁木齐					

2-14 续表 28

(其他食品饮料及烟酒市场)

地区	市场数量(个)	总摊位数(个)	年末出租摊位数(个)	营业面积(平方米)	成交额(万元)
36城市合计	**6**	**2843**	**2648**	**196154**	**842921**
北京					
天津					
石家庄					
太原					
呼和浩特					
沈阳					
大连					
长春					
哈尔滨					
上海	1	389	389	12000	217058
南京					
杭州	1	400	377	133023	215786
宁波					
合肥					
福州					
厦门					
南昌					
济南					
青岛					
郑州					
武汉	1	211	93	3299	23226
长沙					
广州					
深圳					
南宁	1	638	618	6880	10167
海口					
重庆					
成都					
贵阳	1	845	845	15970	362086
昆明	1	360	326	24982	14598
拉萨					
西安					
兰州					
西宁					
银川					
乌鲁木齐					

2-14 续表 29

(纺织、服装、鞋帽市场)

地 区	市场数量(个)	总摊位数(个)	年末出租摊位数(个)	营业面积(平方米)	成交额(万元)
36城市合计	**229**	**297071**	**272914**	**8767662**	**35762972**
北 京	10	13531	13282	376497	293645
天 津	7	5609	5595	303256	961744
石家庄	5	19258	10409	862000	4570433
太 原	3	5530	5530	142395	161931
呼和浩特	3	3016	2996	47700	104662
沈 阳	10	26404	25393	537741	4315915
大 连	2	3058	3058	30800	177211
长 春	5	8866	8854	248000	467848
哈尔滨	14	17035	15659	369817	794438
上 海	14	11975	11039	314257	1160148
南 京	3	4556	4543	92001	593335
杭 州	17	13727	13182	554105	3414979
宁 波	5	4224	4224	112760	615908
合 肥	2	3739	2906	123000	292006
福 州	9	3242	3242	179388	658142
厦 门					
南 昌	3	8747	8583	186734	2108220
济 南	6	5972	5861	405776	703375
青 岛	8	11490	10892	303180	1530752
郑 州	7	9553	9060	274800	312081
武 汉	10	8078	7609	417237	487362
长 沙	5	4549	4509	196000	116300
广 州	45	36638	30474	1013527	5299754
深 圳	1	2915	2915	47747	52541
南 宁					
海 口					
重 庆	5	17145	17035	453652	2292476
成 都	7	14286	13359	304307	1721294
贵 阳	1	7300	7300	10000	940000
昆 明	1	1500	1500	75000	61902
拉 萨					
西 安	8	6293	6127	155800	395740
兰 州	3	5483	5483	387940	315000
西 宁	1	2110	2110	15000	25300
银 川	2	3323	3323	40000	33855
乌鲁木齐	7	7919	6862	187245	784675

2-14 续表 30

(布料及纺织品市场)

地 区	市场数量(个)	总摊位数(个)	年末出租摊位数(个)	营业面积(平方米)	成交额(万元)
36城市合计	**23**	**42537**	**28342**	**1643894**	**9537862**
北 京	1	350	310	4500	13519
天 津	1	380	380	52000	368846
石 家 庄	2	16700	8365	808000	4107190
太 原					
呼和浩特					
沈 阳					
大 连					
长 春					
哈 尔 滨	2	3104	2882	78137	41926
上 海	1	2300	2300	100000	166483
南 京					
杭 州	4	2623	2107	191009	1714333
宁 波	1	1638	1638	35700	288300
合 肥					
福 州					
厦 门					
南 昌					
济 南					
青 岛	1	354	342	20000	153855
郑 州	1	1000	647	26600	12000
武 汉	1	800	800	3000	15430
长 沙					
广 州	4	11568	6931	264308	2541190
深 圳					
南 宁					
海 口					
重 庆					
成 都					
贵 阳					
昆 明					
拉 萨					
西 安	2	1100	1100	26000	80000
兰 州	1	260	260	26640	12000
西 宁					
银 川					
乌鲁木齐	1	360	280	8000	22790

2-14　续表 31

(服装市场)

地　　区	市场数量 (个)	总摊位数 (个)	年末出租摊位数 (个)	营业面积 (平方米)	成交额 (万元)
36城市合计	**159**	**205780**	**197548**	**5902003**	**20483295**
北　　京	8	12081	11891	343997	257344
天　　津	4	4168	4168	213300	561465
石 家 庄	2	1900	1386	39000	418243
太　　原	1	4980	4980	117895	41000
呼和浩特	3	3016	2996	47700	104662
沈　　阳	7	23112	22977	474941	3779385
大　　连					
长　　春	4	8461	8449	168000	452091
哈 尔 滨	11	12531	11577	271680	688712
上　　海	13	9675	8739	214257	993665
南　　京	1	1617	1617	33537	57851
杭　　州	13	11104	11075	363096	1700646
宁　　波	3	2231	2231	73260	303103
合　　肥	2	3739	2906	123000	292006
福　　州	7	2889	2889	166349	631269
厦　　门					
南　　昌	1	508	508	17234	14372
济　　南	3	5220	5220	361800	580905
青　　岛	4	9746	9187	240660	1274361
郑　　州	3	3330	3221	140000	263000
武　　汉	5	6242	5803	367837	377733
长　　沙	5	4549	4509	196000	116300
广　　州	35	20394	19027	575956	1897579
深　　圳					
南　　宁					
海　　口					
重　　庆	2	15026	15001	321652	1753782
成　　都	7	14286	13359	304307	1721294
贵　　阳	1	7300	7300	10000	940000
昆　　明	1	1500	1500	75000	61902
拉　　萨					
西　　安	5	3393	3227	101000	135740
兰　　州	2	5223	5223	361300	303000
西　　宁					
银　　川					
乌鲁木齐	6	7559	6582	179245	761885

2-14 续表 32

(鞋帽市场)

地　区	市场数量 (个)	总摊位数 (个)	年末出租摊位数 (个)	营业面积 (平方米)	成交额 (万元)
36城市合计	**27**	**16373**	**14930**	**561488**	**2398045**
北　京					
天　津	1	589	575	24000	12820
石家庄					
太　原	2	550	550	24500	120931
呼和浩特					
沈　阳	3	3292	2416	62800	536530
大　连					
长　春					
哈尔滨	1	1400	1200	20000	63800
上　海					
南　京					
杭　州					
宁　波					
合　肥					
福　州	1	288	288	5029	14196
厦　门					
南　昌	1	478	478	22500	10148
济　南	2	652	547	38976	98000
青　岛	2	530	503	21020	70436
郑　州	2	500	469	13200	24000
武　汉	4	1036	1006	46400	94199
长　沙					
广　州	6	4676	4516	173263	860985
深　圳					
南　宁					
海　口					
重　庆	1	582	582	81000	312000
成　都					
贵　阳					
昆　明					
拉　萨					
西　安	1	1800	1800	28800	180000
兰　州					
西　宁					
银　川					
乌鲁木齐					

2-14　续表 33

（其他纺织服装鞋帽市场）

地　　区	市场数量（个）	总摊位数（个）	年末出租摊位数（个）	营业面积（平方米）	成交额（万元）
36城市合计	**20**	**32381**	**32094**	**660277**	**3343770**
北　　京	1	1100	1081	28000	22782
天　　津	1	472	472	13956	18613
石 家 庄	1	658	658	15000	45000
太　　原					
呼和浩特					
沈　　阳					
大　　连	2	3058	3058	30800	177211
长　　春	1	405	405	80000	15757
哈 尔 滨					
上　　海					
南　　京	2	2939	2926	58464	535484
杭　　州					
宁　　波	1	355	355	3800	24505
合　　肥					
福　　州	1	65	65	8010	12677
厦　　门					
南　　昌	1	7761	7597	147000	2083700
济　　南	1	100	94	5000	24470
青　　岛	1	860	860	21500	32100
郑　　州	1	4723	4723	95000	13081
武　　汉					
长　　沙					
广　　州					
深　　圳	1	2915	2915	47747	52541
南　　宁					
海　　口					
重　　庆	2	1537	1452	51000	226694
成　　都					
贵　　阳					
昆　　明					
拉　　萨					
西　　安					
兰　　州					
西　　宁	1	2110	2110	15000	25300
银　　川	2	3323	3323	40000	33855
乌鲁木齐					

2-14 续表 34

(日用品及文化用品市场)

地区	市场数量(个)	总摊位数(个)	年末出租摊位数(个)	营业面积(平方米)	成交额(万元)
36城市合计	**55**	**39940**	**36594**	**1678842**	**4714806**
北京	5	7791	7433	162917	399856
天津					
石家庄					
太原	1	1500	1246	60000	15318
呼和浩特	1	718	648	41000	95583
沈阳	2	2278	2192	9000	173352
大连	2	733	733	59500	613000
长春					
哈尔滨	1	400	400	10000	40600
上海	2	124	119	7800	49700
南京	2	3308	3150	142000	564783
杭州	3	1708	1708	37500	46139
宁波					
合肥	1	122	122	15000	9380
福州	1	58	58	5000	34613
厦门					
南昌					
济南					
青岛	1	185	185	9000	15000
郑州	2	1850	1550	76000	49092
武汉	3	1111	1111	121173	247189
长沙	4	683	680	49500	194060
广州	19	12873	12261	796397	2001249
深圳	1	2800	1305	50000	50655
南宁					
海口					
重庆	3	1137	1132	19242	105043
成都					
贵阳					
昆明					
拉萨					
西安					
兰州					
西宁	1	561	561	7813	10194
银川					
乌鲁木齐					

2-14　续表 35

(小商品市场)

地　区	市场数量(个)	总摊位数(个)	年末出租摊位数(个)	营业面积(平方米)	成交额(万元)
36城市合计	**21**	**21204**	**19058**	**510346**	**826737**
北　京	3	6509	6461	91417	230741
天　津					
石家庄					
太　原	1	1500	1246	60000	15318
呼和浩特	1	718	648	41000	95583
沈　阳					
大　连					
长　春					
哈尔滨					
上　海					
南　京					
杭　州	1	1500	1500	23000	12000
宁　波					
合　肥					
福　州	1	58	58	5000	34613
厦　门					
南　昌					
济　南					
青　岛					
郑　州	1	1450	1410	36000	11092
武　汉					
长　沙					
广　州	10	5950	5716	192100	335336
深　圳	1	2800	1305	50000	50655
南　宁					
海　口					
重　庆	1	158	153	4016	31205
成　都					
贵　阳					
昆　明					
拉　萨					
西　安					
兰　州					
西　宁	1	561	561	7813	10194
银　川					
乌鲁木齐					

2-14 续表 36

(箱包市场)

地　区	市场数量(个)	总摊位数(个)	年末出租摊位数(个)	营业面积(平方米)	成交额(万元)
36城市合计	**2**	**4324**	**4068**	**480526**	**1423556**
北　京					
天　津					
石家庄					
太　原					
呼和浩特					
沈　阳					
大　连					
长　春					
哈尔滨					
上　海					
南　京					
杭　州					
宁　波					
合　肥					
福　州					
厦　门					
南　昌					
济　南					
青　岛					
郑　州					
武　汉					
长　沙					
广　州	2	4324	4068	480526	1423556
深　圳					
南　宁					
海　口					
重　庆					
成　都					
贵　阳					
昆　明					
拉　萨					
西　安					
兰　州					
西　宁					
银　川					
乌鲁木齐					

2-14 续表 37

(文具市场)

地 区	市场数量(个)	总摊位数(个)	年末出租摊位数(个)	营业面积(平方米)	成交额(万元)
36城市合计	**3**	**503**	**393**	**28343**	**68925**
北 京					
天 津					
石家庄					
太 原					
呼和浩特					
沈 阳					
大 连					
长 春					
哈尔滨					
上 海					
南 京					
杭 州					
宁 波					
合 肥					
福 州					
厦 门					
南 昌					
济 南					
青 岛					
郑 州					
武 汉					
长 沙	1	78	78	13000	32010
广 州	2	425	315	15343	36915
深 圳					
南 宁					
海 口					
重 庆					
成 都					
贵 阳					
昆 明					
拉 萨					
西 安					
兰 州					
西 宁					
银 川					
乌鲁木齐					

2-14 续表 38

(图书、报刊杂志市场)

地　区	市场数量(个)	总摊位数(个)	年末出租摊位数(个)	营业面积(平方米)	成交额(万元)
36城市合计	**9**	**1674**	**1671**	**87589**	**275134**
北　京	1	212	212	7000	18810
天　津					
石家庄					
太　原					
呼和浩特					
沈　阳					
大　连	1	83	83	4500	13000
长　春					
哈尔滨					
上　海	1	51	48	2500	16200
南　京	1	88	88	5000	30900
杭　州	1	91	91	10000	23850
宁　波					
合　肥					
福　州					
厦　门					
南　昌					
济　南					
青　岛	1	185	185	9000	15000
郑　州					
武　汉	1	453	453	23500	39500
长　沙	1	423	423	13100	80000
广　州	1	88	88	12989	37874
深　圳					
南　宁					
海　口					
重　庆					
成　都					
贵　阳					
昆　明					
拉　萨					
西　安					
兰　州					
西　宁					
银　川					
乌鲁木齐					

2-14　续表 39

(音像制品及电子出版物市场)

地　区	市场数量(个)	总摊位数(个)	年末出租摊位数(个)	营业面积(平方米)	成交额(万元)
36城市合计	**2**	**503**	**503**	**21000**	**65550**
北　京					
天　津					
石家庄					
太　原					
呼和浩特					
沈　阳					
大　连					
长　春					
哈尔滨	1	400	400	10000	40600
上　海					
南　京					
杭　州					
宁　波					
合　肥					
福　州					
厦　门					
南　昌					
济　南					
青　岛					
郑　州					
武　汉					
长　沙					
广　州	1	103	103	11000	24950
深　圳					
南　宁					
海　口					
重　庆					
成　都					
贵　阳					
昆　明					
拉　萨					
西　安					
兰　州					
西　宁					
银　川					
乌鲁木齐					

2-14 续表 40

(体育用品市场)

地　区	市场数量 (个)	总摊位数 (个)	年末出租摊位数 (个)	营业面积 (平方米)	成交额 (万元)
36城市合计	**1**	**80**	**80**	**6700**	**11578**
北　京					
天　津					
石家庄					
太　原					
呼和浩特					
沈　阳					
大　连					
长　春					
哈尔滨					
上　海					
南　京					
杭　州					
宁　波					
合　肥					
福　州					
厦　门					
南　昌					
济　南					
青　岛					
郑　州					
武　汉					
长　沙					
广　州	1	80	80	6700	11578
深　圳					
南　宁					
海　口					
重　庆					
成　都					
贵　阳					
昆　明					
拉　萨					
西　安					
兰　州					
西　宁					
银　川					
乌鲁木齐					

2-14　续表 41

(其他日用品及文化用品市场)

地　　区	市场数量(个)	总摊位数(个)	年末出租摊位数(个)	营业面积(平方米)	成交额(万元)
36城市合计	**17**	**11652**	**10821**	**544338**	**2043326**
北　　京	1	1070	760	64500	150305
天　　津					
石 家 庄					
太　　原					
呼和浩特					
沈　　阳	2	2278	2192	9000	173352
大　　连	1	650	650	55000	600000
长　　春					
哈 尔 滨					
上　　海	1	73	71	5300	33500
南　　京	1	3220	3062	137000	533883
杭　　州	1	117	117	4500	10289
宁　　波					
合　　肥	1	122	122	15000	9380
福　　州					
厦　　门					
南　　昌					
济　　南					
青　　岛					
郑　　州	1	400	140	40000	38000
武　　汉	2	658	658	97673	207689
长　　沙	2	182	179	23400	82050
广　　州	2	1903	1891	77739	131040
深　　圳					
南　　宁					
海　　口					
重　　庆	2	979	979	15226	73838
成　　都					
贵　　阳					
昆　　明					
拉　　萨					
西　　安					
兰　　州					
西　　宁					
银　　川					
乌鲁木齐					

2-14 续表 42

(黄金、珠宝、玉器等首饰市场)

地区	市场数量(个)	总摊位数(个)	年末出租摊位数(个)	营业面积(平方米)	成交额(万元)
36城市合计	**5**	**3411**	**2918**	**198580**	**1371004**
北京					
天津					
石家庄					
太原					
呼和浩特					
沈阳					
大连					
长春					
哈尔滨					
上海					
南京					
杭州					
宁波					
合肥					
福州	3	1489	1470	18580	915004
厦门					
南昌					
济南					
青岛	2	1922	1448	180000	456000
郑州					
武汉					
长沙					
广州					
深圳					
南宁					
海口					
重庆					
成都					
贵阳					
昆明					
拉萨					
西安					
兰州					
西宁					
银川					
乌鲁木齐					

2-14 续表 43

（电器、通讯器材、电子设备市场）

地 区	市场数量（个）	总摊位数（个）	年末出租摊位数（个）	营业面积（平方米）	成交额（万元）
36城市合计	**98**	**52100**	**48313**	**2121113**	**7218858**
北 京	7	4594	3901	113530	816443
天 津					
石家庄	1	105	105	32000	49746
太 原	2	440	440	18000	28000
呼和浩特	1	240	235	12000	29520
沈 阳	2	1165	1069	37841	280210
大 连					
长 春	2	1140	1140	4930	252200
哈尔滨	1	1000	950	50000	285000
上 海	5	1140	1100	45494	163617
南 京	1	248	248	4743	54400
杭 州	8	2650	2647	100293	360972
宁 波	2	995	995	37000	134159
合 肥	1	3902	3902	230000	887044
福 州	2	1113	1038	46000	151145
厦 门					
南 昌	3	1474	1474	63594	99381
济 南	2	627	613	45500	267206
青 岛	3	1285	1285	54039	316050
郑 州	2	2407	2320	267000	264083
武 汉	7	2101	2051	87678	427389
长 沙	7	2264	2025	59500	392999
广 州	10	2931	2741	92704	493747
深 圳	8	12278	10398	197839	535413
南 宁	1	595	595	20259	150000
海 口	1	300	300	10500	28600
重 庆	4	1310	1271	68350	355257
成 都	3	1105	1069	30000	121039
贵 阳	3	393	353	19500	40233
昆 明					
拉 萨					
西 安	5	1893	1893	66221	139655
兰 州	2	1636	1415	289500	62400
西 宁					
银 川					
乌鲁木齐	2	769	740	17098	32950

2-14 续表 44

(家电市场)

地　　区	市场数量(个)	总摊位数(个)	年末出租摊位数(个)	营业面积(平方米)	成交额(万元)
36城市合计	**24**	**12352**	**11858**	**814187**	**1815306**
北　　京					
天　　津					
石 家 庄					
太　　原					
呼和浩特					
沈　　阳	1	595	584	7841	60210
大　　连					
长　　春					
哈 尔 滨					
上　　海	1	230	230	20000	98214
南　　京					
杭　　州	2	339	339	38000	92931
宁　　波	1	680	680	27000	85359
合　　肥	1	3902	3902	230000	887044
福　　州					
厦　　门					
南　　昌	2	1221	1221	53994	45040
济　　南					
青　　岛	1	145	145	9000	11250
郑　　州					
武　　汉	1	160	160	10000	136500
长　　沙	1	76	76	4000	18500
广　　州	4	819	787	38050	130886
深　　圳	1	598	408	10081	18937
南　　宁					
海　　口					
重　　庆	1	268	268	8000	21580
成　　都					
贵　　阳	1	240	200	12000	20000
昆　　明					
拉　　萨					
西　　安	5	1893	1893	66221	139655
兰　　州	1	1186	965	280000	49200
西　　宁					
银　　川					
乌鲁木齐					

2-14　续表 45

(通讯器材市场)

地　区	市场数量(个)	总摊位数(个)	年末出租摊位数(个)	营业面积(平方米)	成交额(万元)
36城市合计	**15**	**9188**	**8453**	**224488**	**806301**
北　京					
天　津					
石家庄	1	105	105	32000	49746
太　原					
呼和浩特	1	240	235	12000	29520
沈　阳	1	570	485	30000	220000
大　连					
长　春	1	400	400	2130	11670
哈尔滨					
上　海					
南　京					
杭　州	1	300	300	6000	20203
宁　波					
合　肥					
福　州					
厦　门					
南　昌					
济　南					
青　岛					
郑　州	1	360	273	7000	13600
武　汉	1	371	371	21000	106645
长　沙	2	247	205	2000	21600
广　州	1	320	215	2010	14500
深　圳	5	6275	5864	110348	318817
南　宁					
海　口					
重　庆					
成　都					
贵　阳					
昆　明					
拉　萨					
西　安					
兰　州					
西　宁					
银　川					
乌鲁木齐					

2-14 续表 46

(照相、摄像器材市场)

地　区	市场数量(个)	总摊位数(个)	年末出租摊位数(个)	营业面积(平方米)	成交额(万元)
36城市合计	**1**	**150**	**150**	**3900**	**18279**
北　京					
天　津					
石家庄					
太　原					
呼和浩特					
沈　阳					
大　连					
长　春					
哈尔滨					
上　海	1	150	150	3900	18279
南　京					
杭　州					
宁　波					
合　肥					
福　州					
厦　门					
南　昌					
济　南					
青　岛					
郑　州					
武　汉					
长　沙					
广　州					
深　圳					
南　宁					
海　口					
重　庆					
成　都					
贵　阳					
昆　明					
拉　萨					
西　安					
兰　州					
西　宁					
银　川					
乌鲁木齐					

2-14　续表 47

(计算机及辅助设备市场)

地　区	市场数量(个)	总摊位数(个)	年末出租摊位数(个)	营业面积(平方米)	成交额(万元)
36城市合计	**53**	**23524**	**22306**	**961692**	**4257143**
北　京	7	4594	3901	113530	816443
天　津					
石家庄					
太　原	2	440	440	18000	28000
呼和浩特					
沈　阳					
大　连					
长　春	1	740	740	2800	240530
哈尔滨	1	1000	950	50000	285000
上　海	3	760	720	21594	47124
南　京	1	248	248	4743	54400
杭　州	5	2011	2008	56293	247838
宁　波	1	315	315	10000	48800
合　肥					
福　州	2	1113	1038	46000	151145
厦　门					
南　昌	1	253	253	9600	54341
济　南	2	627	613	45500	267206
青　岛	2	1140	1140	45039	304800
郑　州	1	2047	2047	260000	250483
武　汉	5	1570	1520	56678	184244
长　沙	4	1941	1744	53500	352899
广　州	4	969	949	34058	303648
深　圳					
南　宁	1	595	595	20259	150000
海　口	1	300	300	10500	28600
重　庆	2	834	823	49000	267420
成　都	3	1105	1069	30000	121039
贵　阳	2	153	153	7500	20233
昆　明					
拉　萨					
西　安					
兰　州					
西　宁					
银　川					
乌鲁木齐	2	769	740	17098	32950

2-14 续表 48

(其他电器、通讯器材、电子设备市场)

地　区	市场数量(个)	总摊位数(个)	年末出租摊位数(个)	营业面积(平方米)	成交额(万元)
36城市合计	**5**	**6886**	**5546**	**116846**	**321829**
北　京					
天　津					
石家庄					
太　原					
呼和浩特					
沈　阳					
大　连					
长　春					
哈尔滨					
上　海					
南　京					
杭　州					
宁　波					
合　肥					
福　州					
厦　门					
南　昌					
济　南					
青　岛					
郑　州					
武　汉					
长　沙					
广　州	1	823	790	18586	44713
深　圳	2	5405	4126	77410	197659
南　宁					
海　口					
重　庆	1	208	180	11350	66257
成　都					
贵　阳					
昆　明					
拉　萨					
西　安					
兰　州	1	450	450	9500	13200
西　宁					
银　川					
乌鲁木齐					

2-14 续表 49

(医药、医疗用品及器材市场)

地　区	市场数量 (个)	总摊位数 (个)	年末出租摊位数 (个)	营业面积 (平方米)	成交额 (万元)
36城市合计	**5**	**1584**	**1372**	**250427**	**361137**
北　京					
天　津					
石家庄					
太　原					
呼和浩特					
沈　阳					
大　连					
长　春					
哈尔滨					
上　海	1	317	260	7800	90000
南　京					
杭　州					
宁　波					
合　肥					
福　州					
厦　门					
南　昌					
济　南					
青　岛					
郑　州					
武　汉					
长　沙					
广　州	1	438	291	4971	15745
深　圳					
南　宁					
海　口					
重　庆					
成　都					
贵　阳					
昆　明	1	492	484	13656	72960
拉　萨					
西　安	2	337	337	224000	182432
兰　州					
西　宁					
银　川					
乌鲁木齐					

2-14 续表 50

(中药材市场)

地　区	市场数量(个)	总摊位数(个)	年末出租摊位数(个)	营业面积(平方米)	成交额(万元)
36城市合计	**5**	**1584**	**1372**	**250427**	**361137**
北　京					
天　津					
石家庄					
太　原					
呼和浩特					
沈　阳					
大　连					
长　春					
哈尔滨					
上　海	1	317	260	7800	90000
南　京					
杭　州					
宁　波					
合　肥					
福　州					
厦　门					
南　昌					
济　南					
青　岛					
郑　州					
武　汉					
长　沙					
广　州	1	438	291	4971	15745
深　圳					
南　宁					
海　口					
重　庆					
成　都					
贵　阳					
昆　明	1	492	484	13656	72960
拉　萨					
西　安	2	337	337	224000	182432
兰　州					
西　宁					
银　川					
乌鲁木齐					

2-14　续表 51

(家具、五金及装饰材料市场)

地　区	市场数量 (个)	总摊位数 (个)	年末出租摊位数 (个)	营业面积 (平方米)	成交额 (万元)
36城市合计	**226**	**117371**	**110398**	**18496755**	**14325167**
北　京	17	6510	6270	5499564	737962
天　津	9	5239	5093	988806	921844
石家庄	11	4300	3756	752114	623783
太　原	4	1245	1061	160000	53400
呼和浩特	2	1173	1173	65502	174670
沈　阳	10	7890	7585	445796	1036484
大　连	4	2534	2333	152886	100116
长　春	3	1200	1200	154946	171687
哈尔滨	8	2784	2715	271396	303673
上　海	16	15058	13954	1891945	930680
南　京	7	6300	6267	719458	769564
杭　州	20	9422	8192	926922	938160
宁　波	15	3986	3913	376305	662305
合　肥	11	3018	2809	484500	247284
福　州	6	1382	1377	332480	659484
厦　门					
南　昌	4	3445	3376	468090	242351
济　南	3	828	802	128000	87026
青　岛	8	2387	2112	383622	570632
郑　州	3	2467	2407	356000	273535
武　汉	9	3563	3237	356547	221838
长　沙	6	5288	5280	669957	1599519
广　州	7	3121	2843	188505	221156
深　圳	1	210	203	26000	12000
南　宁	4	1628	1625	246350	175200
海　口					
重　庆	17	10628	9737	1032717	1942956
成　都	4	4630	4064	555905	184263
贵　阳	3	1365	1365	168906	38968
昆　明	7	2066	2002	262398	225089
拉　萨					
西　安					
兰　州	4	1341	1294	100740	141410
西　宁	1	600	600	25500	22525
银　川	1	120	110	54000	19670
乌鲁木齐	1	1643	1643	250898	15933

2-14 续表 52

(家具市场)

地 区	市场数量（个）	总摊位数（个）	年末出租摊位数（个）	营业面积（平方米）	成交额（万元）
36城市合计	**69**	**31719**	**29129**	**9615991**	**3332683**
北 京	6	3139	3056	5218198	332719
天 津	1	258	258	45000	25079
石 家 庄	1	300	300	130000	76000
太 原	2	300	300	70000	26000
呼和浩特	1	588	588	13502	31538
沈 阳	3	1437	1398	155343	144638
大 连	3	2049	1879	135700	70116
长 春	2	492	492	54946	117927
哈 尔 滨	3	937	914	119000	123496
上 海	7	3273	3262	583259	219664
南 京	2	871	845	111000	26398
杭 州	6	2035	805	297722	126687
宁 波	4	746	719	100705	48917
合 肥	3	458	458	118000	57000
福 州	1	108	103	30000	10003
厦 门					
南 昌	2	940	878	180000	79895
济 南	2	672	672	102000	57226
青 岛	3	717	717	158600	80768
郑 州	1	1642	1642	300000	200935
武 汉	2	652	326	103000	55000
长 沙	2	679	679	130000	326000
广 州	1	512	512	67008	37958
深 圳					
南 宁	1	96	96	30000	9000
海 口					
重 庆	2	1185	1180	350000	823360
成 都	3	4310	3744	513905	89926
贵 阳	1	541	541	137636	11700
昆 明	1	213	213	38569	45000
拉 萨					
西 安					
兰 州	2	926	909	72000	63800
西 宁					
银 川					
乌鲁木齐	1	1643	1643	250898	15933

2-14　续表 53

(装饰材料市场)

地　区	市场数量(个)	总摊位数(个)	年末出租摊位数(个)	营业面积(平方米)	成交额(万元)
36城市合计	**83**	**36690**	**34932**	**3974988**	**4649855**
北　京	7	1716	1652	113300	128763
天　津	3	1290	1290	53260	132780
石家庄	7	2500	2036	357114	419014
太　原	2	945	761	90000	27400
呼和浩特	1	585	585	52000	143132
沈　阳	4	2417	2217	178000	401000
大　连	1	485	454	17186	30000
长　春	1	708	708	100000	53760
哈尔滨	3	387	341	106416	54177
上　海	2	6104	5960	653000	476966
南　京	1	145	145	12000	15236
杭　州	6	1606	1606	185005	97862
宁　波	7	1730	1684	182300	386277
合　肥	4	1270	1270	219500	79488
福　州	2	578	578	76600	445398
厦　门					
南　昌	1	1829	1829	278442	19856
济　南					
青　岛	3	1112	887	153000	443455
郑　州					
武　汉	4	1725	1725	148000	70090
长　沙	3	1658	1650	117357	225150
广　州	3	1789	1581	101133	123747
深　圳	1	210	203	26000	12000
南　宁	2	1032	1032	96350	131200
海　口					
重　庆	9	2452	2351	435685	519469
成　都					
贵　阳	1	404	404	22870	12000
昆　明	2	998	998	146230	101500
拉　萨					
西　安					
兰　州	2	415	385	28740	77610
西　宁	1	600	600	25500	22525
银　川					
乌鲁木齐					

2-14 续表 54

(灯具市场)

地　区	市场数量(个)	总摊位数(个)	年末出租摊位数(个)	营业面积(平方米)	成交额(万元)
36城市合计	**6**	**2383**	**2239**	**201280**	**259375**
北　京					
天　津					
石家庄					
太　原					
呼和浩特					
沈　阳	1	276	210	54000	59420
大　连					
长　春					
哈尔滨					
上　海	1	120	120	11200	13822
南　京					
杭　州	1	980	980	48000	23500
宁　波					
合　肥					
福　州					
厦　门					
南　昌					
济　南	1	156	130	26000	29800
青　岛					
郑　州					
武　汉					
长　沙					
广　州					
深　圳					
南　宁					
海　口					
重　庆					
成　都	1	320	320	42000	94337
贵　阳					
昆　明	1	531	479	20080	38496
拉　萨					
西　安					
兰　州					
西　宁					
银　川					
乌鲁木齐					

2-14 续表 55

(厨具、盥洗设备市场)

地　区	市场数量 (个)	总摊位数 (个)	年末出租摊位数 (个)	营业面积 (平方米)	成交额 (万元)
36城市合计	**3**	**897**	**870**	**43280**	**144526**
北　京					
天　津					
石家庄					
太　原					
呼和浩特					
沈　阳					
大　连					
长　春					
哈尔滨	1	160	160	5980	23600
上　海					
南　京					
杭　州					
宁　波	1	500	500	1300	102000
合　肥					
福　州					
厦　门					
南　昌					
济　南					
青　岛	1	237	210	36000	18926
郑　州					
武　汉					
长　沙					
广　州					
深　圳					
南　宁					
海　口					
重　庆					
成　都					
贵　阳					
昆　明					
拉　萨					
西　安					
兰　州					
西　宁					
银　川					
乌鲁木齐					

2-14 续表 56

(五金材料市场)

地　区	市场数量(个)	总摊位数(个)	年末出租摊位数(个)	营业面积(平方米)	成交额(万元)
36城市合计	**35**	**25864**	**23844**	**2244047**	**2834029**
北　京	1	238	238	8794	10047
天　津	3	3562	3416	860959	735386
石家庄	1	600	600	170000	57473
太　原					
呼和浩特					
沈　阳	1	1200	1200	21453	250000
大　连					
长　春					
哈尔滨	1	1300	1300	40000	102400
上　海	2	3200	2262	464448	123535
南　京	2	2280	2273	80110	151466
杭　州	3	2185	2185	87120	367654
宁　波	3	1010	1010	92000	125111
合　肥	2	403	401	47000	36580
福　州	1	200	200	3900	47282
厦　门					
南　昌					
济　南					
青　岛					
郑　州	2	825	765	56000	72600
武　汉	1	532	532	28926	50000
长　沙					
广　州	3	820	750	20364	59451
深　圳					
南　宁					
海　口					
重　庆	6	6991	6206	247032	600127
成　都					
贵　阳	1	420	420	8400	15268
昆　明	2	98	86	7541	29649
拉　萨					
西　安					
兰　州					
西　宁					
银　川					
乌鲁木齐					

2-14 续表 57

(其他装修市场)

地 区	市场数量(个)	总摊位数(个)	年末出租摊位数(个)	营业面积(平方米)	成交额(万元)
36城市合计	**30**	**19818**	**19384**	**2417169**	**3104699**
北 京	3	1417	1324	159272	266433
天 津	2	129	129	29587	28599
石家庄	2	900	820	95000	71296
太 原					
呼和浩特					
沈 阳	1	2560	2560	37000	181426
大 连					
长 春					
哈尔滨					
上 海	4	2361	2350	180038	96693
南 京	2	3004	3004	516348	576464
杭 州	4	2616	2616	309075	322457
宁 波					
合 肥	2	887	680	100000	74216
福 州	2	496	496	221980	156801
厦 门					
南 昌	1	676	669	9648	142600
济 南					
青 岛	1	321	298	36022	27483
郑 州					
武 汉	2	654	654	76621	46748
长 沙	1	2951	2951	422600	1048369
广 州					
深 圳					
南 宁	1	500	497	120000	35000
海 口					
重 庆					
成 都					
贵 阳					
昆 明	1	226	226	49978	10444
拉 萨					
西 安					
兰 州					
西 宁					
银 川	1	120	110	54000	19670
乌鲁木齐					

2-14 续表 58

(汽车、摩托车及零配件市场)

地　区	市场数量 (个)	总摊位数 (个)	年末出租摊位数 (个)	营业面积 (平方米)	成交额 (万元)
36城市合计	**145**	**39560**	**35841**	**5823603**	**25654117**
北　京	13	4269	3879	787646	4274329
天　津	5	1346	1239	86500	2161368
石家庄	2	81	81	141000	149855
太　原	1	426	426	60000	16000
呼和浩特					
沈　阳	4	750	730	59538	132950
大　连	2	510	450	100000	1024439
长　春	1	2126	1243	281570	1007850
哈尔滨	1	900	900	25000	95743
上　海	11	1248	1215	187160	1588181
南　京	4	332	278	84596	234285
杭　州	15	5356	5038	423565	3442986
宁　波	5	172	172	87475	228134
合　肥	5	1451	781	147762	527873
福　州	1	168	168	7800	24900
厦　门	1	109	109	24000	211050
南　昌	4	1694	1524	181500	152914
济　南	6	2282	2282	418938	1038412
青　岛	5	412	397	84400	194635
郑　州	6	1817	1762	158000	991201
武　汉	5	1005	844	265000	669116
长　沙	5	2542	2517	200904	1343828
广　州	20	3690	3630	662620	2781695
深　圳	3	128	124	181450	501022
南　宁	1	180	180	124700	120000
海　口					
重　庆	5	2518	2419	202770	932908
成　都	1	491	491	64758	548223
贵　阳	2	370	370	17500	647200
昆　明	4	1056	1055	240717	246250
拉　萨					
西　安	1	210	210	5000	14600
兰　州	1	95	92	10400	25500
西　宁	1	145	145	14000	12000
银　川	2	914	420	254000	24700
乌鲁木齐	2	767	670	233334	289970

2-14　续表 59

（汽车市场）

地　　区	市场数量（个）	总摊位数（个）	年末出租摊位数（个）	营业面积（平方米）	成交额（万元）
36城市合计	**91**	**19563**	**16822**	**4149241**	**20694395**
北　京	7	1143	916	509732	3752627
天　津	5	1346	1239	86500	2161368
石家庄	2	81	81	141000	149855
太　原					
呼和浩特					
沈　阳	1	130	130	2500	90000
大　连	2	510	450	100000	1024439
长　春	1	2126	1243	281570	1007850
哈尔滨	1	900	900	25000	95743
上　海	9	385	352	117160	1299964
南　京	4	332	278	84596	234285
杭　州	11	2917	2599	250650	2674994
宁　波	4	137	137	82475	214614
合　肥	2	144	144	92600	356000
福　州					
厦　门	1	109	109	24000	211050
南　昌	3	1329	1164	143000	120661
济　南	1	70	70	120000	720312
青　岛	3	132	117	53000	76825
郑　州	2	97	92	55000	135231
武　汉	4	625	464	256000	647166
长　沙	4	2017	1992	170904	1329320
广　州	8	406	399	437949	2337268
深　圳	3	128	124	181450	501022
南　宁	1	180	180	124700	120000
海　口					
重　庆	4	1846	1761	162770	426908
成　都	1	491	491	64758	548223
贵　阳					
昆　明	2	156	155	80593	132000
拉　萨					
西　安					
兰　州					
西　宁	1	145	145	14000	12000
银　川	2	914	420	254000	24700
乌鲁木齐	2	767	670	233334	289970

2-14 续表 60

(摩托车市场)

地　区	市场数量(个)	总摊位数(个)	年末出租摊位数(个)	营业面积(平方米)	成交额(万元)
36城市合计	**7**	**2238**	**1527**	**120600**	**723773**
北　京					
天　津					
石家庄					
太　原					
呼和浩特					
沈　阳	1	74	60	12038	15800
大　连					
长　春					
哈尔滨					
上　海					
南　京					
杭　州					
宁　波					
合　肥	2	1067	397	47162	131873
福　州					
厦　门					
南　昌					
济　南					
青　岛					
郑　州	1	120	110	6000	30000
武　汉					
长　沙					
广　州					
深　圳					
南　宁					
海　口					
重　庆	1	672	658	40000	506000
成　都					
贵　阳					
昆　明					
拉　萨					
西　安	1	210	210	5000	14600
兰　州	1	95	92	10400	25500
西　宁					
银　川					
乌鲁木齐					

2-14 续表 61

(机动车零配件市场)

地 区	市场数量 (个)	总摊位数 (个)	年末出租摊位数 (个)	营业面积 (平方米)	成交额 (万元)
36城市合计	**47**	**17759**	**17492**	**1553762**	**4235949**
北 京	6	3126	2963	277914	521702
天 津					
石家庄					
太 原	1	426	426	60000	16000
呼和浩特					
沈 阳	2	546	540	45000	27150
大 连					
长 春					
哈尔滨					
上 海	2	863	863	70000	288217
南 京					
杭 州	4	2439	2439	172915	767992
宁 波	1	35	35	5000	13520
合 肥	1	240	240	8000	40000
福 州	1	168	168	7800	24900
厦 门					
南 昌	1	365	360	38500	32253
济 南	5	2212	2212	298938	318100
青 岛	2	280	280	31400	117810
郑 州	3	1600	1560	97000	825970
武 汉	1	380	380	9000	21950
长 沙	1	525	525	30000	14508
广 州	12	3284	3231	224671	444427
深 圳					
南 宁					
海 口					
重 庆					
成 都					
贵 阳	2	370	370	17500	647200
昆 明	2	900	900	160124	114250
拉 萨					
西 安					
兰 州					
西 宁					
银 川					
乌鲁木齐					

2-14 续表 62

(花鸟鱼虫市场)

地　区	市场数量 (个)	总摊位数 (个)	年末出租摊位数 (个)	营业面积 (平方米)	成交额 (万元)
36城市合计	**17**	**10653**	**9990**	**2292502**	**1243387**
北　京	1	200	188	2000	17900
天　津	2	1009	1009	50000	27450
石家庄					
太　原					
呼和浩特					
沈　阳					
大　连					
长　春					
哈尔滨					
上　海	2	669	614	36800	55560
南　京					
杭　州	3	1440	1382	105372	156211
宁　波					
合　肥	2	567	567	83000	20660
福　州	2	444	444	33330	58275
厦　门					
南　昌					
济　南					
青　岛					
郑　州	1	1000	1000	30000	286500
武　汉					
长　沙					
广　州	2	1742	1706	1918000	256100
深　圳					
南　宁					
海　口					
重　庆					
成　都	1	582	480	20000	43000
贵　阳					
昆　明	1	3000	2600	14000	321731
拉　萨					
西　安					
兰　州					
西　宁					
银　川					
乌鲁木齐					

2-14　续表 63

(花卉市场)

地　　区	市场数量（个）	总摊位数（个）	年末出租摊位数（个）	营业面积（平方米）	成交额（万元）
36城市合计	**13**	**9169**	**8506**	**2229108**	**1145740**
北　京	1	200	188	2000	17900
天　津					
石家庄					
太　原					
呼和浩特					
沈　阳					
大　连					
长　春					
哈尔滨					
上　海	2	669	614	36800	55560
南　京					
杭　州	2	1154	1096	99828	134200
宁　波					
合　肥	2	567	567	83000	20660
福　州	1	255	255	25480	10089
厦　门					
南　昌					
济　南					
青　岛					
郑　州	1	1000	1000	30000	286500
武　汉					
长　沙					
广　州	2	1742	1706	1918000	256100
深　圳					
南　宁					
海　口					
重　庆					
成　都	1	582	480	20000	43000
贵　阳					
昆　明	1	3000	2600	14000	321731
拉　萨					
西　安					
兰　州					
西　宁					
银　川					
乌鲁木齐					

2-14 续表 64

(其他花鸟鱼虫市场)

地　区	市场数量(个)	总摊位数(个)	年末出租摊位数(个)	营业面积(平方米)	成交额(万元)
36城市合计	**4**	**1484**	**1484**	**63394**	**97647**
北　京					
天　津	2	1009	1009	50000	27450
石家庄					
太　原					
呼和浩特					
沈　阳					
大　连					
长　春					
哈尔滨					
上　海					
南　京					
杭　州	1	286	286	5544	22011
宁　波					
合　肥					
福　州	1	189	189	7850	48186
厦　门					
南　昌					
济　南					
青　岛					
郑　州					
武　汉					
长　沙					
广　州					
深　圳					
南　宁					
海　口					
重　庆					
成　都					
贵　阳					
昆　明					
拉　萨					
西　安					
兰　州					
西　宁					
银　川					
乌鲁木齐					

2-14　续表 65

(旧货市场)

地　　区	市场数量 (个)	总摊位数 (个)	年末出租摊位数 (个)	营业面积 (平方米)	成交额 (万元)
36城市合计	**11**	**5969**	**5953**	**259001**	**747948**
北　　京	1	3196	3196	14968	20633
天　　津					
石 家 庄					
太　　原					
呼和浩特					
沈　　阳	1	576	576	72000	118009
大　　连					
长　　春					
哈 尔 滨					
上　　海					
南　　京					
杭　　州					
宁　　波	5	1033	1017	128440	476845
合　　肥					
福　　州	1	74	74	16593	63300
厦　　门					
南　　昌	1	418	418	15000	15894
济　　南					
青　　岛					
郑　　州					
武　　汉					
长　　沙					
广　　州	1	630	630	3000	14100
深　　圳					
南　　宁					
海　　口					
重　　庆	1	42	42	9000	39167
成　　都					
贵　　阳					
昆　　明					
拉　　萨					
西　　安					
兰　　州					
西　　宁					
银　　川					
乌鲁木齐					

2-14 续表 66

（古玩、古董、字画市场）

地　　区	市场数量（个）	总摊位数（个）	年末出租摊位数（个）	营业面积（平方米）	成交额（万元）
36城市合计	**1**	**630**	**630**	**3000**	**14100**
北　　京					
天　　津					
石 家 庄					
太　　原					
呼和浩特					
沈　　阳					
大　　连					
长　　春					
哈 尔 滨					
上　　海					
南　　京					
杭　　州					
宁　　波					
合　　肥					
福　　州					
厦　　门					
南　　昌					
济　　南					
青　　岛					
郑　　州					
武　　汉					
长　　沙					
广　　州	1	630	630	3000	14100
深　　圳					
南　　宁					
海　　口					
重　　庆					
成　　都					
贵　　阳					
昆　　明					
拉　　萨					
西　　安					
兰　　州					
西　　宁					
银　　川					
乌鲁木齐					

2-14 续表 67

(其他旧货市场)

地 区	市场数量 (个)	总摊位数 (个)	年末出租摊位数 (个)	营业面积 (平方米)	成交额 (万元)
36城市合计	**10**	**5339**	**5323**	**256001**	**733848**
北 京	1	3196	3196	14968	20633
天 津					
石家庄					
太 原					
呼和浩特					
沈 阳	1	576	576	72000	118009
大 连					
长 春					
哈尔滨					
上 海					
南 京					
杭 州					
宁 波	5	1033	1017	128440	476845
合 肥					
福 州	1	74	74	16593	63300
厦 门					
南 昌	1	418	418	15000	15894
济 南					
青 岛					
郑 州					
武 汉					
长 沙					
广 州					
深 圳					
南 宁					
海 口					
重 庆	1	42	42	9000	39167
成 都					
贵 阳					
昆 明					
拉 萨					
西 安					
兰 州					
西 宁					
银 川					
乌鲁木齐					

2-14 续表 68

(其他专业市场)

地 区	市场数量(个)	总摊位数(个)	年末出租摊位数(个)	营业面积(平方米)	成交额(万元)
36城市合计	**11**	**8345**	**3813**	**403377**	**727079**
北 京					
天 津					
石家庄	1	270	245	25000	42730
太 原					
呼和浩特					
沈 阳	1	200	200	5000	120000
大 连					
长 春					
哈尔滨					
上 海	3	1189	1158	29239	296576
南 京					
杭 州					
宁 波					
合 肥					
福 州	1	79	79	2500	10127
厦 门					
南 昌					
济 南	1	500	460	247000	34000
青 岛					
郑 州	1	403	330	30300	139600
武 汉					
长 沙					
广 州	1	314	301	5400	22141
深 圳					
南 宁					
海 口					
重 庆					
成 都					
贵 阳					
昆 明	2	5390	1040	58938	61905
拉 萨					
西 安					
兰 州					
西 宁					
银 川					
乌鲁木齐					

2-15 商品交易市场情况(按营业状态分)

(常年营业)

地 区	市场数量(个)	总摊位数(个)	年末出租摊位数(个)	营业面积(平方米)	成交额(万元)
36城市合计	**1863**	**1294082**	**1170728**	**93653025**	**287571790**
北 京	124	115514	100476	10875981	19076249
天 津	85	58862	54667	4389630	20151111
石家庄	53	64897	52530	4227821	11143400
太 原	16	11261	10670	791283	810201
呼和浩特	9	5812	5717	1131202	601836
沈 阳	66	62106	58606	2129564	10868869
大 连	49	37962	35079	4226113	8150799
长 春	27	27029	25879	1722510	2872708
哈尔滨	43	33434	30310	1613957	5600573
上 海	163	74346	68714	7991140	45425069
南 京	54	32813	31218	2343576	6909263
杭 州	160	81946	75970	3980239	27157732
宁 波	104	55649	53551	3811874	14828609
合 肥	34	23367	20609	2145205	5977611
福 州	61	17686	16151	1376014	6733688
厦 门	17	5592	5470	343098	1052560
南 昌	30	25997	24769	1299087	5213787
济 南	43	30360	29549	2606714	3815311
青 岛	64	54007	51002	4312379	8923766
郑 州	35	34815	33315	1627636	3043454
武 汉	66	32497	30175	2227938	5659699
长 沙	58	51557	40284	4256909	8343508
广 州	156	84641	74800	6561744	18082585
深 圳	31	27310	23371	759102	3868769
南 宁	24	15498	13521	1255103	3963343
海 口	2	710	710	25500	41054
重 庆	105	76259	68234	4936741	15756897
成 都	37	50153	43328	3193886	7706660
贵 阳	15	11991	11757	442798	2881861
昆 明	34	19729	14239	1226083	3307566
拉 萨	1	800	800	18805	69700
西 安	27	19410	18994	941653	2629284
兰 州	20	13325	12971	1186280	2018201
西 宁	8	3790	3790	446858	259033
银 川	16	11155	9942	864529	1151545
乌鲁木齐	26	21802	19560	2364073	3475489

2-15 续表 1

(季节性营业)

地 区	市场数量(个)	总摊位数(个)	年末出租摊位数(个)	营业面积(平方米)	成交额(万元)
36城市合计	**26**	**12313**	**10233**	**811137**	**1162924**
北 京	2	2656	1042	265000	67561
天 津	1	110	110	5400	12000
石家庄	2	3350	3150	206990	241000
太 原					
呼和浩特	1	97	97	10700	16000
沈 阳	1	525	320	19000	151305
大 连					
长 春					
哈尔滨					
上 海					
南 京					
杭 州	1	165	154	6500	31500
宁 波	10	2940	2940	122400	342427
合 肥	1	80	80	27347	22000
福 州	1	518	518	2300	15240
厦 门					
南 昌					
济 南	1	310	300	19000	24502
青 岛	1	200	160	100000	120000
郑 州					
武 汉	1	1044	1044	12000	12717
长 沙					
广 州	1	80	80	2000	11572
深 圳					
南 宁	2	238	238	12500	95100
海 口					
重 庆					
成 都					
贵 阳					
昆 明					
拉 萨					
西 安					
兰 州					
西 宁					
银 川					
乌鲁木齐					

2-15 续表 2

(其他)

地　区	市场数量 (个)	总摊位数 (个)	年末出租摊位数 (个)	营业面积 (平方米)	成交额 (万元)
36城市合计	**6**	**3558**	**3523**	**89423**	**198760**
北　京					
天　津					
石家庄	1	402	387	21800	11642
太　原					
呼和浩特					
沈　阳					
大　连					
长　春					
哈尔滨					
上　海					
南　京	1	600	590	8000	35600
杭　州					
宁　波					
合　肥	1	44	44	30000	56000
福　州					
厦　门					
南　昌					
济　南					
青　岛					
郑　州					
武　汉					
长　沙					
广　州					
深　圳					
南　宁					
海　口					
重　庆	2	402	392	14623	70218
成　都					
贵　阳					
昆　明					
拉　萨					
西　安					
兰　州					
西　宁	1	2110	2110	15000	25300
银　川					
乌鲁木齐					

2-16 商品交易市场情况(按经营方式分)

(批发为主)

地 区	市场数量(个)	总摊位数(个)	年末出租摊位数(个)	营业面积(平方米)	成交额(万元)
36城市合计	**1135**	**895673**	**801248**	**67365456**	**240134752**
北 京	57	75141	62619	4201821	12225806
天 津	65	47154	43277	3762279	18752888
石家庄	39	50186	39900	3467208	10735231
太 原	10	9901	9310	657283	731601
呼和浩特	4	1480	1410	1016700	308984
沈 阳	43	45918	43481	1633933	9510970
大 连	22	14541	13863	3355201	6723565
长 春	9	10002	9920	725981	1251431
哈尔滨	20	15902	14792	960477	4617719
上 海	90	46040	41758	6074435	40093670
南 京	19	12235	11407	1380228	4977093
杭 州	90	50586	48582	2605004	22339076
宁 波	63	35894	34537	2939534	11924429
合 肥	23	19865	17314	1676452	5374330
福 州	25	7277	7005	612864	4770418
厦 门	6	1519	1519	105000	541818
南 昌	19	19147	18192	842122	4837997
济 南	33	24373	23829	2282250	3374939
青 岛	43	43876	41319	3539380	7771374
郑 州	28	22653	21584	1251550	2590902
武 汉	41	24384	22746	1527473	4427973
长 沙	31	36976	26012	3533250	5900151
广 州	125	74420	65496	5803317	15427166
深 圳	15	13501	11678	400448	3150376
南 宁	17	11091	9374	912734	3656364
海 口	1	410	410	15000	12454
重 庆	60	55927	49610	3625843	13484768
成 都	29	42947	36874	2570223	6898356
贵 阳	9	10523	10289	257292	2190728
昆 明	28	18620	13183	1079207	3096979
拉 萨	1	800	800	18805	69700
西 安	19	13949	13597	685432	2077002
兰 州	14	10413	10138	1038040	1828804
西 宁	7	4821	4821	332395	253934
银 川	9	5038	4555	485509	1041984
乌鲁木齐	21	18163	16047	1990786	3163772

2-16 续表

(零售为主)

地区	市场数量(个)	总摊位数(个)	年末出租摊位数(个)	营业面积(平方米)	成交额(万元)
36城市合计	**760**	**414280**	**383236**	**27188129**	**48798722**
北京	69	43029	38899	6939160	6918004
天津	21	11818	11500	632751	1410223
石家庄	17	18463	16167	989403	660811
太原	6	1360	1360	134000	78600
呼和浩特	6	4429	4404	125202	308852
沈阳	24	16713	15445	514631	1509204
大连	27	23421	21216	870912	1427234
长春	18	17027	15959	996529	1621277
哈尔滨	23	17532	15518	653480	982854
上海	73	28306	26956	1916705	5331399
南京	36	21178	20401	971348	1967770
杭州	71	31525	27542	1381735	4850156
宁波	51	22695	21954	994740	3246607
合肥	13	3626	3419	526100	681281
福州	37	10927	9664	765450	1978510
厦门	11	4073	3951	238098	510742
南昌	11	6850	6577	456965	375790
济南	11	6297	6020	343464	464874
青岛	22	10331	9843	872999	1272392
郑州	7	12162	11731	376086	452552
武汉	26	9157	8473	712465	1244443
长沙	27	14581	14272	723659	2443357
广州	32	10301	9384	760427	2666991
深圳	16	13809	11693	358654	718393
南宁	9	4645	4385	354869	402079
海口	1	300	300	10500	28600
重庆	47	20734	19016	1325521	2342347
成都	8	7206	6454	623663	808304
贵阳	6	1468	1468	185506	691133
昆明	6	1109	1056	146876	210587
拉萨					
西安	8	5461	5397	256221	552282
兰州	6	2912	2833	148240	189397
西宁	2	1079	1079	129463	30399
银川	7	6117	5387	379020	109561
乌鲁木齐	5	3639	3513	373287	311717

2-17 商品交易市场情况(按经营环境分)

(露天式)

地 区	市场数量(个)	总摊位数(个)	年末出租摊位数(个)	营业面积(平方米)	成交额(万元)
36城市合计	**285**	**167031**	**141228**	**17430773**	**50795559**
北 京	17	23579	14439	2295415	7335369
天 津	15	9824	9234	1610007	2465053
石家庄	10	8399	8285	306517	501264
太 原	1	195	195	40000	8000
呼和浩特	1	97	97	10700	16000
沈 阳	17	9427	8758	686300	3035273
大 连	4	1251	1251	122500	258424
长 春	4	2444	2360	458900	108659
哈尔滨	3	836	797	341000	2997300
上 海	15	2774	2562	447077	2612782
南 京	8	2076	2012	258396	544219
杭 州	14	2619	2555	338435	2621237
宁 波	24	10798	10777	1376713	3634448
合 肥	5	5250	5250	458482	1402513
福 州	3	287	267	156593	167303
厦 门	4	972	972	45600	259949
南 昌	7	4307	3735	236298	1459602
济 南	12	9604	9176	992138	857479
青 岛	12	2997	2819	613450	855131
郑 州	8	3416	3321	222000	775553
武 汉	12	5849	4642	345800	2016619
长 沙	1	947	947	960000	1510300
广 州	10	4975	4270	303937	781697
深 圳	7	4583	3039	312350	1364601
南 宁	5	2238	2238	527900	2386487
海 口	1	410	410	15000	12454
重 庆	19	11302	10278	1188130	2867407
成 都	5	6172	3486	248859	797662
贵 阳	5	1125	1085	144500	1172373
昆 明	8	7856	3404	420300	1940821
拉 萨					
西 安	8	5058	4868	205622	1165428
兰 州	9	6881	6842	657500	1433519
西 宁	2	1320	1320	232534	74583
银 川	5	3969	3062	546071	860548
乌鲁木齐	4	3194	2475	305749	495502

2-17　续表 1

(封闭式)

地　　区	市场数量（个）	总摊位数（个）	年末出租摊位数（个）	营业面积（平方米）	成交额（万元）
36城市合计	**1382**	**963477**	**888179**	**60572437**	**191090702**
北　京	97	80047	73498	8385810	9914348
天　津	51	36807	33331	2387067	11805492
石家庄	33	48254	37789	3276274	9752880
太　原	14	9566	9229	691283	786883
呼和浩特	9	5812	5717	1131202	601836
沈　阳	48	52818	49788	1441264	7849151
大　连	43	31174	28582	3823613	5973529
长　春	20	21430	21247	802040	1686779
哈尔滨	40	32598	29513	1272957	2603273
上　海	115	56614	51693	3611477	36042353
南　京	43	29745	28335	2026730	6073594
杭　州	120	64121	59448	2910451	15661498
宁　波	84	46208	44192	2384081	11015459
合　肥	30	17521	14783	1658570	4596598
福　州	59	17917	16402	1221721	6581625
厦　门	10	3374	3325	209788	698457
南　昌	21	13849	13359	907789	1648765
济　南	29	18475	18087	1532576	2797218
青　岛	45	43439	41238	2743867	6839645
郑　州	16	20391	19307	967936	1664196
武　汉	51	25780	24710	1764212	3264393
长　沙	48	33065	30969	2054232	5604331
广　州	135	66646	61927	3602330	11573613
深　圳	19	18321	16075	355802	2234779
南　宁	15	8872	7667	447123	1168479
海　口	1	300	300	10500	28600
重　庆	67	53596	47926	3018017	9453168
成　都	27	39784	36046	2317300	5638338
贵　阳	7	9559	9469	229506	1384287
昆　明	21	10130	9126	573268	1205647
拉　萨	1	800	800	18805	69700
西　安	19	14352	14126	736031	1463856
兰　州	9	6146	5831	492540	540447
西　宁	6	4357	4357	223163	197950
银　川	11	7186	6880	318458	290997
乌鲁木齐	18	14423	13107	1024654	2378538

2-17　续表 2

(其他)

地　区	市场数量(个)	总摊位数(个)	年末出租摊位数(个)	营业面积(平方米)	成交额(万元)
36城市合计	**228**	**179445**	**155077**	**16550375**	**47047213**
北　京	12	14544	13581	459756	1894093
天　津	20	12341	12212	397956	5892566
石家庄	13	11996	9993	873820	1141898
太　原	1	1500	1246	60000	15318
呼和浩特					
沈　阳	2	386	380	21000	135750
大　连	2	5537	5246	280000	1918846
长　春	3	3155	2272	461570	1077270
哈尔滨					
上　海	33	14958	14459	3932586	6769934
南　京	4	1592	1461	66450	327050
杭　州	27	15371	14121	737853	8906497
宁　波	6	1583	1522	173480	521129
合　肥	1	720	700	85500	56500
福　州					
厦　门	3	1246	1173	87710	94154
南　昌	2	7841	7675	155000	2105420
济　南	3	2591	2586	101000	185116
青　岛	8	7771	7105	1055062	1348990
郑　州	11	11008	10687	437700	603705
武　汉	4	1912	1867	129926	391404
长　沙	9	17545	8368	1242677	1228877
广　州	12	13100	8683	2657477	5738847
深　圳	5	4406	4257	90950	269389
南　宁	6	4626	3854	292580	503477
海　口					
重　庆	21	11763	10422	745217	3506540
成　都	5	4197	3796	627727	1270660
贵　阳	3	1307	1203	68792	325201
昆　明	5	1743	1709	232515	161098
拉　萨					
西　安					
兰　州	2	298	298	36240	44235
西　宁	1	223	223	6161	11800
银　川					
乌鲁木齐	4	4185	3978	1033670	601449

2-18 商品交易市场成交情况(按摊位分)

地 区	食品、饮料、烟酒类		食品类		#粮油类	
	摊位数（个）	成交额（万元）	摊位数（个）	成交额（万元）	摊位数（个）	成交额（万元）
36城市合计	**341169**	**71418358**	**314572**	**66622090**	**27818**	**10050222**
北 京	35384	10106785	31968	9315137	3138	1230815
天 津	24548	5222678	23081	4858117	1328	1980994
石 家 庄	17487	1751887	14227	1562270	2292	255855
太 原	1503	211800	1503	211800	475	62000
呼和浩特	785	214898	776	214019	80	28820
沈 阳	8422	1710629	8195	1648205	598	173291
大 连	9715	2028398	9080	1853301	1344	252257
长 春	3750	413767	3286	402645	148	17737
哈 尔 滨	4133	637084	3360	576138	727	104247
上 海	21916	5759878	20814	5460731	2448	1274088
南 京	11252	1536901	11018	1496998	529	292613
杭 州	22389	5440162	20275	5034714	947	725994
宁 波	28940	3604028	28298	3449199	730	321629
合 肥	4409	1634744	3460	1350063	735	341681
福 州	5784	1939113	5558	1915516	756	234662
厦 门	4156	747822	4071	735913	151	8792
南 昌	3890	1587620	3783	1582337	178	152621
济 南	12172	1234058	10829	1006398	388	91441
青 岛	26361	3893691	25721	3642472	420	332390
郑 州	9258	571975	8373	564274	1652	74131
武 汉	10266	2337158	9703	2281926	1137	159873
长 沙	7604	1760305	5708	1422913	950	68837
广 州	11582	4232256	10297	4012974	1216	509419
深 圳	6687	2578040	6465	2299965	714	224933
南 宁	4567	946139	4237	843462	272	52148
海 口	287	8776	2	60		
重 庆	18882	3649690	17859	3570728	2018	252063
成 都	8405	2469734	8318	2466337	482	120629
贵 阳	1367	556861	710	320426	43	9020
昆 明	2658	668357	2169	648374	389	159670
拉 萨	800	69700	800	69700	15	6970
西 安	2588	447069	2236	426425	437	179807
兰 州	1877	357529	1581	343627	385	102791
西 宁	1054	133799	939	125751	423	107726
银 川	2446	126461	2360	114643	17	3230
乌鲁木齐	3845	828566	3512	794532	256	137048

2-18 续表 1

地 区	#肉禽蛋类		#水产品类		#蔬菜类	
	摊位数(个)	成交额(万元)	摊位数(个)	成交额(万元)	摊位数(个)	成交额(万元)
36城市合计	**40620**	**9269808**	**51853**	**14250134**	**126320**	**16206477**
北 京	4622	1067452	3636	1436409	10183	2568804
天 津	1503	229768	2255	813055	14828	1027540
石家庄	1986	271683	626	42637	6782	605394
太 原					499	80000
呼和浩特	255	54470	30	1080	327	128329
沈 阳	844	150061	1215	640647	2670	256870
大 连	1252	271046	2209	533266	2205	193724
长 春	360	11770	145	6171	1769	205511
哈尔滨	645	240915	577	37066	665	83170
上 海	2733	737663	4223	1651059	9165	806205
南 京	2062	290683	1393	402112	5243	421955
杭 州	3255	764528	2653	806857	9590	872390
宁 波	3007	583337	12856	1325417	9127	816717
合 肥	874	322864	480	293248	355	220242
福 州	1009	147253	1875	890913	1048	142002
厦 门	719	176523	1048	156325	1757	322964
南 昌	769	461271	65	2612	1229	240236
济 南	540	83906	828	272344	7167	480845
青 岛	1528	272441	6053	1314426	12767	1211396
郑 州	440	5790	689	88376	2462	333503
武 汉	675	347846	1806	1116292	3690	356445
长 沙	1016	88738	361	112498	1557	609872
广 州	2085	653137	1587	555111	3696	900759
深 圳	1678	466271	1437	318105	1281	574970
南 宁	899	361286	762	40251	1919	314488
海 口						
重 庆	3338	257270	1698	977832	5552	578576
成 都	1163	676654	335	160005	2515	936697
贵 阳	74	6794			300	185065
昆 明	428	80146	66	9380	686	314671
拉 萨	27	8364	13	5576	685	27880
西 安	247	55255	125	11300	910	128370
兰 州	275	81253	241	89559	463	40262
西 宁	1	9	3	23	166	5307
银 川	208	6839	93	5466	1636	72231
乌鲁木齐	103	36522	470	134716	1426	143087

2-18 续表 2

地区	#干鲜果品类		饮料类		烟酒类	
	摊位数（个）	成交额（万元）	摊位数（个）	成交额（万元）	摊位数（个）	成交额（万元）
36城市合计	**45577**	**12536007**	**14466**	**2412399**	**12131**	**2383869**
北 京	7255	2749970	1635	301986	1781	489662
天 津	2927	420722	344	131604	1123	232957
石家庄	2034	250481	1192	73693	2068	115924
太 原	476	65420				
呼和浩特	27	1281	6	18	3	861
沈 阳	1149	135852	143	41564	84	20860
大 连	1194	181126	292	83530	343	91567
长 春	472	143872	265	4670	199	6452
哈尔滨	510	92878	404	24957	369	35989
上 海	1591	839569	733	234356	369	64791
南 京	1299	52439	75	7883	159	32020
杭 州	2852	1720789	1749	285719	365	119729
宁 波	2159	392781	505	111854	137	42975
合 肥	449	134104	553	52586	396	232095
福 州	710	283386	143	18366	83	5231
厦 门	338	57138	34	7013	51	4896
南 昌	373	332992			107	5283
济 南	1906	77859	1152	219745	191	7915
青 岛	4650	459916	101	65590	539	185629
郑 州	580	17200	416	3025	469	4676
武 汉	1099	185891	421	32340	142	22892
长 沙	1366	514870	800	47739	1096	289653
广 州	1099	1348298	1030	167222	255	52060
深 圳	1355	715686	109	170904	113	107171
南 宁	385	75288	302	97492	28	5185
海 口	2	60	101	2828	184	5888
重 庆	2720	416237	493	38640	530	40322
成 都	1423	223792	45	1487	42	1910
贵 阳	213	115003	425	121885	232	114550
昆 明	600	84507	352	16009	137	3974
拉 萨	60	20910				
西 安	517	51693	256	8060	96	12584
兰 州	180	29484	110	6125	186	7777
西 宁	346	12386	56	4013	59	4035
银 川	402	26843	65	11433	21	385
乌鲁木齐	859	305284	159	18063	174	15971

2-18 续表 3

地区	服装鞋帽、针、纺织品类		服装类		鞋帽类	
	摊位数（个）	成交额（万元）	摊位数（个）	成交额（万元）	摊位数（个）	成交额（万元）
36城市合计	**345988**	**39217631**	**234852**	**21636971**	**50902**	**5474886**
北京	23208	715332	16049	436740	2982	106938
天津	11531	1244881	8524	743104	2134	111942
石家庄	20824	4594770	11455	717456	2281	330153
太原	5944	167796	5347	50986	565	109130
呼和浩特	2715	98325	2165	76949	231	16296
沈阳	22835	3771634	14389	2405378	5416	801756
大连	12817	1029898	7307	501020	2533	181809
长春	11873	537842	9563	473224	1334	36424
哈尔滨	16593	858786	9529	590218	2283	163404
上海	12030	1175008	9268	1025026	1159	31363
南京	6197	552213	4231	333984	1011	90618
杭州	19897	4069557	13973	1986614	1921	148740
宁波	7356	1136829	3684	548710	1191	271084
合肥	6856	660733	4629	457710	1166	130425
福州	3566	619568	3061	554574	445	47735
厦门	68	4404	49	3262	8	746
南昌	7074	1383133	4810	861225	1232	184670
济南	7176	734662	5001	546234	1543	175595
青岛	13105	1738430	8631	1067467	2031	235625
郑州	10430	318582	5854	271979	3539	32855
武汉	8119	501787	5944	384011	1123	97396
长沙	5232	172629	4363	141541	541	21166
广州	33868	5586962	21086	1940860	4882	891738
深圳	3439	73682	2360	55299	455	8091
南宁	3660	101885	2624	76932	465	9810
海口	6	170				
重庆	18443	2416199	11421	1455797	3886	662126
成都	15197	1727169	12346	1644134	211	53311
贵阳	6885	884071	6200	680000	550	120000
昆明	1868	65199	1592	61865	171	2115
拉萨						
西安	10341	1119859	6704	549895	1622	304243
兰州	5689	320660	4965	296290	247	7250
西宁	2441	32770	1122	16868	725	8107
银川	3342	59288	1837	30626	742	9831
乌鲁木齐	5363	742918	4769	650993	277	72394

2-18　续表 4

地　区	针、纺织品类		化妆品类		金银珠宝类	
	摊位数（个）	成交额（万元）	摊位数（个）	成交额（万元）	摊位数（个）	成交额（万元）
36城市合计	**60234**	**12105774**	**11356**	**968849**	**5161**	**1501151**
北　京	4177	171654	785	51421	382	20496
天　津	873	389835	364	26149	4	146
石家庄	7088	3547161	818	222995	309	4124
太　原	32	7680	60	5240		
呼和浩特	319	5080	222	6268	3	1144
沈　阳	3030	564500	505	21798	8	231
大　连	2977	347069	487	80814	52	7118
长　春	976	28194	246	6155	3	465
哈尔滨	4781	105164	287	12234	46	4262
上　海	1603	118619	47	4214	7	269
南　京	955	127611	65	5433	11	146
杭　州	4003	1934203	212	12715	4	536
宁　波	2481	317035	178	33198		
合　肥	1061	72598	119	36558		
福　州	60	17259	53	11543	1483	915252
厦　门	11	396	20	320		
南　昌	1032	337238	415	77711		
济　南	632	12833	136	8760	322	14000
青　岛	2443	435338	249	25277	1540	458194
郑　州	1037	13748	1225	3239	3	100
武　汉	1052	20380	59	960		
长　沙	328	9922	301	18518	1	6
广　州	7900	2754364	1575	118990	518	33125
深　圳	624	10292	160	7364	333	4455
南　宁	571	15143	69	1649	17	171
海　口	6	170				
重　庆	3136	298276	697	58589	6	2800
成　都	2640	29724	936	14473		
贵　阳	135	84071	10	9750		
昆　明	105	1219	14	413	7	300
拉　萨						
西　安	2015	265721	101	43332	48	33349
兰　州	477	17120	413	10080	8	300
西　宁	594	7795	119	4742		
银　川	763	18831	134	4076	14	102
乌鲁木齐	317	19531	275	23871	32	60

2-18 续表 5

地　区	日用品类		#洗涤用品类		#儿童玩具类	
	摊位数(个)	成交额(万元)	摊位数(个)	成交额(万元)	摊位数(个)	成交额(万元)
36城市合计	**78705**	**8848668**	**17221**	**2260675**	**7839**	**1193302**
北　京	12176	780384	3006	361759	1131	30023
天　津	1659	165661	173	18685	57	1818
石家庄	5321	1600727	2178	721470	2490	866459
太　原	630	8120	230	2080	240	3000
呼和浩特	350	64924	45	4163	14	896
沈　阳	8188	908720	1473	96267	518	61621
大　连	2303	327589	433	12300	178	2199
长　春	837	20299	179	5581	68	1234
哈尔滨	1768	50146	945	22286	273	18962
上　海	1814	185840	613	116556	23	6205
南　京	2221	346420	997	190967	75	11658
杭　州	5369	502221	1765	51448	309	34125
宁　波	1957	220924	323	24795	49	6578
合　肥	696	90257	60	21676	48	5460
福　州	535	124904	257	66224	23	5830
厦　门	230	17716	11	780	1	90
南　昌	2454	266910	141	26702	141	5639
济　南	1650	64717	190	7286	372	13375
青　岛	1624	129811	696	73767	316	33269
郑　州	1669	46930	530	1326	174	1114
武　汉	172	9962	79	6022	21	485
长　沙	1738	242938	217	13886	10	420
广　州	10567	1657942	74	15595	475	17822
深　圳	1527	44961	141	8460	67	2412
南　宁	276	4917	68	655	131	2499
海　口	30	900	30	900		
重　庆	4377	247852	1190	104323	249	13092
成　都	1763	130157	4	226	4	66
贵　阳	206	94185	110	90253	10	2200
昆　明	715	44357	225	5704	8	152
拉　萨						
西　安	1043	329157	339	137906	67	33222
兰　州	391	18599	182	7465	66	5114
西　宁	358	8412	94	1013	40	467
银　川	748	30955	64	2331	23	396
乌鲁木齐	1343	60154	159	39818	168	5400

2-18 续表 6

地 区	五金、电料类		体育、娱乐用品类		书报杂志类	
	摊位数（个）	成交额（万元）	摊位数（个）	成交额（万元）	摊位数（个）	成交额（万元）
36城市合计	**38240**	**5328662**	**4414**	**648940**	**2904**	**526328**
北 京	1416	67933	805	153041	245	19272
天 津	4097	875622	63	7399	24	264
石家庄	2317	571521	484	162153	202	54925
太 原			67	1210		
呼和浩特	89	11813	12	563	2	3
沈 阳	1335	193609	81	7133	513	90553
大 连	869	68665	105	2974	98	13054
长 春	648	27254	123	1672	27	1028
哈尔滨	1207	88563	57	1387	25	311
上 海	2733	184081	172	18686	51	18514
南 京	1828	245948	36	3247	99	31635
杭 州	3542	734213	292	17215	91	23850
宁 波	1797	221357	119	11748	34	1452
合 肥	707	86036	85	6706	323	98107
福 州	302	76158	7	538	5	20
厦 门	30	2150				
南 昌	464	98049				
济 南	360	7514	234	10889	44	1173
青 岛	883	166738	133	39027	176	13030
郑 州	1341	73698	50	120	33	41
武 汉	793	67615	70	6927	461	39839
长 沙	1171	222281	96	72274	278	67366
广 州	2325	419803	284	28749	100	38039
深 圳	359	9278	20	180	1	60
南 宁	63	8962	25	545	4	24
海 口			5	138		
重 庆	4019	503622	336	7257	35	775
成 都	674	73644	15	537		
贵 阳	420	15268	200	30000		
昆 明	803	56983	15	116	3	27
拉 萨						
西 安	424	107631	299	45171		
兰 州	352	7810	20	1800		
西 宁	352	7780	19	570		
银 川	142	4182	8	87	30	12966
乌鲁木齐	378	22881	77	8881		

2-18 续表 7

地区	电子出版物及音像制品类		家用电器和音像器材类		中西药品类	
	摊位数(个)	成交额(万元)	摊位数(个)	成交额(万元)	摊位数(个)	成交额(万元)
36城市合计	**3471**	**1005532**	**15677**	**3207677**	**2061**	**425895**
北京	24	440	1379	168517	24	1038
天津	34	1628	184	19839	7	205
石家庄	940	718308	178	4473	41	2295
太原			75	1215		
呼和浩特	4	45	55	3040	22	1850
沈阳	9	930	671	72488	13	300
大连	359	42341	767	177441	6	431
长春	161	69088	136	10580	121	4869
哈尔滨	441	41524	322	416228		
上海	57	4829	322	101464	263	90656
南京	29	5851	155	17025	1	242
杭州	2	536	430	111796	2	20
宁波	33	195	849	106302	1	12
合肥	5	268	1081	583237	1	128
福州	37	3701	168	42135	38	284
厦门					10	600
南昌	54	1570	1195	62493		
济南	88	2440	141	1119		
青岛	168	25675	242	15370	13	52
郑州	21	9267	333	65780		
武汉	12	505	172	137048	17	7818
长沙	202	14082	655	369966	191	27721
广州	323	36720	1453	218119	327	17297
深圳	19	566	507	20456	22	211
南宁	12	184	21	52	3	102
海口					8	250
重庆	33	1726	764	194125	100	13789
成都	23	4725	128	1552		
贵阳			200	20000		
昆明	14	109	9	122	492	73283
拉萨						
西安	273	5088	1991	201920	337	182432
兰州	41	4350	583	34109	1	10
西宁			6	530		
银川	13	51	12	199		
乌鲁木齐	40	8790	493	28937		

2-18 续表 8

地区	#西药类		#中草药及中成药类		文化办公用品类	
	摊位数（个）	成交额（万元）	摊位数（个）	成交额（万元）	摊位数（个）	成交额（万元）
36城市合计	**224**	**26342**	**1538**	**336074**	**35376**	**6458185**
北京	8	495	10	167	5453	1012089
天津	2	30	4	163	492	42971
石家庄	27	1361	7	340	618	172254
太原					592	32018
呼和浩特	22	1850			36	6885
沈阳	13	300			262	17220
大连	4	266			1190	695240
长春	15	596	10	223	612	141983
哈尔滨					1347	306611
上海	3	656	260	90000	685	117499
南京	1	242			648	175571
杭州	1	15	1	5	2523	296819
宁波					755	93062
合肥	1	128			155	13782
福州	1	30	36	231	718	93562
厦门						
南昌					732	135603
济南					1164	282006
青岛	13	52			1422	342461
郑州					2326	243037
武汉	15	7690			2110	385891
长沙	10	500	10	300	2512	577688
广州	1	32	324	16677	1516	352920
深圳	2	71	20	140	1503	88093
南宁	3	102			597	150060
海口	8	250			311	28930
重庆	65	11343	35	2436	1571	334469
成都					981	116679
贵阳					429	60653
昆明	8	323	484	72960	3	130
拉萨						
西安			337	152432	479	56804
兰州	1	10			304	8350
西宁					224	12246
银川					69	1334
乌鲁木齐					1037	63265

2-18 续表 9

地　　区	家具类		通讯器材类		煤炭及制品类	
	摊位数（个）	成交额（万元）	摊位数（个）	成交额（万元）	摊位数（个）	成交额（万元）
36城市合计	**36859**	**4530251**	**13614**	**1395134**	**811**	**1922473**
北　　京	3754	506339	694	142306		
天　　津	1173	86061	88	33135	444	1211139
石 家 庄	612	80289	177	52430	10	300
太　　原	211	20400				
呼和浩特	647	39078	235	29520	66	7800
沈　　阳	2343	217014	492	220197		
大　　连	2099	148449	585	9752		
长　　春	406	116236	484	36654	132	2346
哈 尔 滨	780	102904	26	592		
上　　海	4585	357301	89	19429	10	11725
南　　京	1285	142508	5	292		
杭　　州	709	125603	426	94022		
宁　　波	1708	163517			67	676994
合　　肥	584	59573	19	950		
福　　州	180	29038	112	10419		
厦　　门	100	11488	8	900		
南　　昌	813	79579	39	10563		
济　　南	1080	62076	166	1781		
青　　岛	852	99198	84	16137	7	2100
郑　　州	1278	127420	348	14190		
武　　汉	626	85591	458	111064		
长　　沙	1085	541751	240	23185		
广　　州	370	38436	273	40248	1	33
深　　圳			8265	422580		
南　　宁	361	24593	2	72		
海　　口						
重　　庆	2233	966545	178	95361	1	306
成　　都	3748	90319				
贵　　阳	541	11700				
昆　　明	274	49588	10	95	5	30
拉　　萨						
西　　安			27	540		
兰　　州	959	65800	44	3920		
西　　宁	30	2126				
银　　川	8	1778				
乌鲁木齐	1425	77953	40	4800	68	9700

2-18 续表 10

地 区	木材及制品类		石油及制品类		化工材料及制品类	
	摊位数（个）	成交额（万元）	摊位数（个）	成交额（万元）	摊位数（个）	成交额（万元）
36城市合计	**10954**	**1916036**	**1026**	**8969871**	**9042**	**7658285**
北 京	855	28144			170	12185
天 津	440	172299	2	178	365	764108
石 家 庄	246	117753	10	1521	89	76511
太 原						
呼和浩特	62	10713	23	569	24	4118
沈 阳	200	29990			392	64234
大 连	379	60527	200	2100000	83	15820
长 春	175	12450			177	4460
哈 尔 滨	64	23400			30	26400
上 海	1449	269266	570	6850000	1076	860799
南 京	424	199130			32	5370
杭 州	239	56445			855	160444
宁 波	799	181303	3	2980	2714	4435738
合 肥	217	21130			88	11760
福 州	110	26876			84	32676
厦 门	230	24822			3	534
南 昌	165	20827			102	9198
济 南						
青 岛	696	51321	4	2110	10	106
郑 州	108	169			184	582
武 汉	298	25823			248	24171
长 沙	403	13322	50	2000	842	77112
广 州	629	299896	2	18	253	230098
深 圳	40	6160				
南 宁	23	391			229	222350
海 口						
重 庆	780	101085	3	154	174	35711
成 都	1408	118285			462	506400
贵 阳						
昆 明					64	52522
拉 萨						
西 安						
兰 州	100	23840				
西 宁	40	2373	5	330		
银 川	145	8117			31	525
乌鲁木齐	230	10179	154	10011	261	24353

2-18 续表 11

地区	#化肥类		金属材料类		建筑及装潢材料类	
	摊位数(个)	成交额(万元)	摊位数(个)	成交额(万元)	摊位数(个)	成交额(万元)
36城市合计	**500**	**129973**	**41711**	**72121640**	**82100**	**15696429**
北京			369	131141	4608	495490
天津	3	2590	2698	7427364	2652	523168
石家庄	21	870	201	128068	3591	649514
太原			142	312452	800	31000
呼和浩特	24	4050	21	3260	396	110328
沈阳			3421	2216416	5799	743720
大连			160	19380	893	139547
长春			1325	251265	1384	115427
哈尔滨	30	26400	784	2765900	1144	124517
上海	5	686	5217	24402038	10678	2806832
南京			1320	2504612	5069	860377
杭州	2	368	3791	10235095	5483	980964
宁波			3678	2536957	2600	576904
合肥			1050	2019412	2003	140878
福州			256	1221993	1667	1371858
厦门			27	3899	283	17742
南昌			791	777273	4182	462202
济南			690	135490	624	162260
青岛	10	106	492	1090948	2003	600068
郑州	184	582	130	776	1321	140000
武汉	118	12973	2773	983080	3515	212537
长沙			902	1158703	6258	898915
广州			528	1427961	1531	186038
深圳			26	3020	215	12703
南宁	27	48130	745	1930000	1589	269200
海口						
重庆	47	4470	2855	3543181	5894	2084463
成都			2092	473045	1545	507510
贵阳			725	540173	404	12000
昆明	23	28650	383	1369876	1378	131856
拉萨						
西安					816	41720
兰州			1529	1025399	423	109845
西宁					587	22806
银川	6	98	1512	776818	221	18860
乌鲁木齐			1078	706645	544	135180

2-18　续表 12

地　区	机电产品及设备类				汽车类	
			#农机类			
	摊位数（个）	成交额（万元）	摊位数（个）	成交额（万元）	摊位数（个）	成交额（万元）
36城市合计	**20583**	**4292848**	**759**	**246369**	**36857**	**25183052**
北　京	1116	349645			4129	4285491
天　津	64	13756			1260	2176139
石家庄	114	22975	18	20707	81	149855
太　原					426	16000
呼和浩特	28	1920				
沈　阳	60	15800			670	117150
大　连	747	33471			450	1024439
长　春	361	35190			1243	1007850
哈尔滨					900	95743
上　海	317	57479			1221	1639031
南　京	160	9606			278	234285
杭　州	3154	686322			5038	3442986
宁　波	561	203337			171	227838
合　肥	401	132973			384	396000
福　州					168	24900
厦　门					109	211050
南　昌	299	68779	74	20850	1324	150844
济　南	136	11701	38	1451	2282	1038412
青　岛	208	91830	198	90300	397	194635
郑　州	110	30000			1652	961201
武　汉	160	60220	78	48629	844	669116
长　沙	2684	421677	89	21620	5104	1491980
广　州	272	32242	4	52	3632	2781719
深　圳					124	501022
南　宁	500	80000			180	120000
海　口						
重　庆	2102	735952	14	865	1600	422023
成　都	4976	876008			492	553223
贵　阳					370	647200
昆　明	165	27500	85	19000	1055	246250
拉　萨						
西　安	210	14600				
兰　州	92	25500				
西　宁	35	649			145	12000
银　川	454	73714	161	22895	420	24700
乌鲁木齐	1097	180002			708	319970

2-18 续表 13

地　区	种子饲料类		棉麻类		其他类	
	摊位数(个)	成交额(万元)	摊位数(个)	成交额(万元)	摊位数(个)	成交额(万元)
36城市合计	**1151**	**315406**	**978**	**124009**	**44276**	**5252164**
北　京	2	108	86	935	4454	95278
天　津	6	1271	650	35300	1928	111750
石家庄	13	1068	19	289	1365	255037
太　原					220	2950
呼和浩特			17	772		
沈　阳	14	585			2693	599823
大　连					715	125451
长　春					1655	55828
哈尔滨	80	15600			276	28381
上　海	1	207			3404	490024
南　京					693	68051
杭　州					1676	197711
宁　波	189	38809	125	72194	1857	625358
合　肥	10	210			1540	62169
福　州	7	54			1389	204336
厦　门					196	9113
南　昌			39	298	737	21135
济　南			18	11996	1366	54759
青　岛	17	359			476	47198
郑　州					1495	436347
武　汉	44	5179			2	125
长　沙	23	822	7	370	2705	167897
广　州	12	266			2939	316280
深　圳					124	95938
南　宁	208	79500			608	117647
海　口					63	1890
重　庆	457	155317	17	1855	3069	254269
成　都					483	43200
贵　阳						
昆　明	6	8500			4298	511953
拉　萨						
西　安					17	612
兰　州					145	300
西　宁					485	43200
银　川	21	2100			172	5232
乌鲁木齐	41	5451			1031	202922

（四）三大地带

2-19 商品交易市场总体情况

地 区	市场数量（个）	总摊位数（个）	年末出租摊位数（个）	营业面积（平方米）	成交额（万元）
三大地带合计	**1861**	**1183716**	**1081015**	**92480440**	**311343109**
环 渤 海	**458**	**382876**	**350392**	**30030486**	**73371788**
北 京	126	118170	101518	11140981	19143810
天 津	86	58972	54777	4395030	20163111
唐 山	21	20264	19081	1081705	2010315
沈 阳	67	62631	58926	2148564	11020174
大 连	49	37962	35079	4226113	8150799
济 南	44	30670	29849	2625714	3839813
青 岛	65	54207	51162	4412379	9043766
长 三 角	**1121**	**636763**	**587187**	**47607047**	**205135360**
上 海	163	74346	68714	7991140	45425069
南 京	55	33413	31808	2351576	6944863
苏 州	81	68080	62506	5356503	25311201
无 锡	65	47412	43121	4399107	25005269
常 州	54	32600	30160	2863312	10109772
镇 江	19	8201	7790	2612503	1367811
南 通	85	44982	39464	2768224	8279600
扬 州	57	18735	17520	1728240	4653858
泰 州	23	12606	11196	1248486	2224415
杭 州	161	82111	76124	3986739	27189232
宁 波	114	58589	56491	3934274	15171036
嘉 兴	52	39615	34785	1512219	7159285
湖 州	41	22447	19887	1574995	4359528
绍 兴	50	45581	44310	3524553	14862433
舟 山	7	4678	4453	178863	1154151
台 州	94	43367	38858	1576313	5917837
珠 三 角	**282**	**164077**	**143436**	**14842907**	**32835961**
广 州	157	84721	74880	6563744	18094157
深 圳	31	27310	23371	759102	3868769
珠 海	11	5240	4503	147540	1036743
佛 山	36	19378	18197	5984052	5754247
江 门	11	3932	3432	174294	588329
东 莞	13	10552	9095	588366	2108205
中 山	6	3518	3252	88354	82718
惠 州	11	8163	5447	491343	1192055
肇 庆	6	1263	1259	46112	110738

2-20 商品交易市场情况(按市场类别分)

(综合市场)

地　区	市场数量(个)	总摊位数(个)	年末出租摊位数(个)	营业面积(平方米)	成交额(万元)
三大地带合计	**538**	**400090**	**370528**	**19604864**	**52228452**
环 渤 海	**126**	**147931**	**137312**	**9692532**	**19394970**
北　京	40	53193	48947	2969356	9555913
天　津	26	30433	28695	1500529	3212851
唐　山	6	8471	7542	399535	824485
沈　阳	10	7559	7036	76500	572502
大　连	26	27778	25505	3615702	3460338
济　南	8	12330	11920	320850	491272
青　岛	10	8167	7667	810060	1277609
长 三 角	**360**	**218084**	**201929**	**9024074**	**28606924**
上　海	35	16178	14859	896961	2813318
南　京	19	10233	9653	209428	604876
苏　州	23	10898	10039	505225	2220909
无　锡	16	24900	22730	896254	3558359
常　州	19	10914	9952	602690	2449935
镇　江	6	3766	3556	1845112	431709
南　通	45	25697	23568	706835	2030353
扬　州	17	7261	7129	150978	1408765
泰　州	8	6962	6626	211346	443867
杭　州	47	31475	28838	1013436	5239694
宁　波	42	25311	24349	865016	3228990
嘉　兴	18	11287	10077	156018	594426
湖　州	18	10149	8958	433886	1222273
绍　兴	11	5244	4907	172209	720941
舟　山	5	3497	3272	72194	246651
台　州	31	14312	13416	286486	1391858
珠 三 角	**52**	**34075**	**31287**	**888258**	**4226558**
广　州	16	11800	10913	369004	811120
深　圳	4	2781	2763	50100	841055
珠　海	5	3402	2684	75659	682472
佛　山	11	7586	7117	158205	1056752
江　门	6	2670	2392	96345	162389
东　莞	4	2960	2625	52831	418176
中　山	1	301	301	8750	10013
惠　州	2	2116	2037	64000	188559
肇　庆	3	459	455	13364	56022

2-20 续表 1

(生产资料综合市场)

地 区	市场数量(个)	总摊位数(个)	年末出租摊位数(个)	营业面积(平方米)	成交额(万元)
三大地带合计	**18**	**10075**	**9522**	**2515253**	**1929182**
环 渤 海	**5**	**2188**	**2156**	**250190**	**630590**
北 京	1	280	258	7200	11056
天 津	2	1192	1192	201000	581284
唐 山					
沈 阳					
大 连	1	606	606	11990	21850
济 南					
青 岛	1	110	100	30000	16400
长 三 角	**13**	**7887**	**7366**	**2265063**	**1298592**
上 海	2	550	459	90000	45675
南 京	1	795	749	66000	85822
苏 州	1	890	890	100000	15797
无 锡					
常 州	1	820	659	3000	81326
镇 江	2	2276	2128	1779570	314262
南 通					
扬 州					
泰 州					
杭 州	1	99	59	14616	98280
宁 波	2	942	942	53432	379170
嘉 兴					
湖 州	2	609	608	108251	128260
绍 兴					
舟 山	1	906	872	50194	150000
台 州					
珠 三 角					
广 州					
深 圳					
珠 海					
佛 山					
江 门					
东 莞					
中 山					
惠 州					
肇 庆					

2-20 续表 2

(工业消费品综合市场)

地　区	市场数量(个)	总摊位数(个)	年末出租摊位数(个)	营业面积(平方米)	成交额(万元)
三大地带合计	**91**	**106223**	**99173**	**3438687**	**10489437**
环 渤 海	**40**	**46858**	**42842**	**1404918**	**2755544**
北　京	11	13371	11746	246310	750877
天　津	6	8352	7821	219883	538987
唐　山					
沈　阳	3	3152	2890	30793	181322
大　连	12	12282	10932	433022	517567
济　南	5	5690	5547	144850	136442
青　岛	3	4011	3906	330060	630349
长 三 角	**39**	**50569**	**47826**	**1721400**	**6408705**
上　海	2	1148	1148	36200	151228
南　京	2	522	515	14300	21610
苏　州	2	1030	1030	19000	145293
无　锡	5	15466	13871	347830	1721764
常　州					
镇　江					
南　通	5	3938	3168	203664	294077
扬　州	1	940	940	32000	821363
泰　州	3	3807	3807	98212	205091
杭　州	6	9018	8978	228850	715023
宁　波	5	7332	7293	479293	1113107
嘉　兴					
湖　州	3	1810	1518	71344	353130
绍　兴	2	1454	1454	79219	194941
舟　山					
台　州	3	4104	4104	111488	672078
珠 三 角	**12**	**8796**	**8505**	**312369**	**1325188**
广　州	7	5238	5109	177414	544145
深　圳					
珠　海					
佛　山	2	1612	1532	67678	556259
江　门	2	322	308	17277	49351
东　莞					
中　山					
惠　州	1	1624	1556	50000	175433
肇　庆					

2-20　续表 3

(农产品综合市场)

地　区	市场数量(个)	总摊位数(个)	年末出租摊位数(个)	营业面积(平方米)	成交额(万元)
三大地带合计	**360**	**214120**	**198317**	**7708640**	**27371840**
环 渤 海	**56**	**60374**	**55741**	**3724470**	**9913246**
北　京	20	23008	21578	2214801	6274405
天　津	11	15310	14155	606362	1489548
唐　山	2	1800	873	270000	270830
沈　阳	7	4407	4146	45707	391180
大　连	9	6543	6291	191600	541154
济　南	2	5540	5273	96000	329830
青　岛	5	3766	3425	300000	616299
长 三 角	**273**	**132802**	**123834**	**3517703**	**14768405**
上　海	24	9100	8905	573253	2126271
南　京	15	8003	7622	103580	332427
苏　州	20	8978	8119	386225	2059819
无　锡	10	8829	8254	530024	1813355
常　州	15	7096	6320	85968	317902
镇　江	3	1310	1273	62042	106432
南　通	31	15422	14839	323171	1565224
扬　州	16	6321	6189	118978	587402
泰　州	4	2800	2464	33134	217686
杭　州	33	14868	13311	359185	1875879
宁　波	32	15497	14842	313646	1383368
嘉　兴	18	11287	10077	156018	594426
湖　州	12	6922	6582	189291	574863
绍　兴	8	3570	3325	86190	396920
舟　山	4	2591	2400	22000	96651
台　州	28	10208	9312	174998	719780
珠 三 角	**31**	**20944**	**18742**	**466467**	**2690189**
广　州	7	6007	5283	178245	222471
深　圳	3	2287	2269	47100	821356
珠　海	4	2742	2061	73659	645275
佛　山	9	5974	5585	90527	500493
江　门	1	515	464	10741	26396
东　莞	4	2960	2625	52831	418176
中　山					
惠　州					
肇　庆	3	459	455	13364	56022

2-20 续表 4

(其他综合市场)

地　区	市场数量(个)	总摊位数(个)	年末出租摊位数(个)	营业面积(平方米)	成交额(万元)
三大地带合计	**69**	**69672**	**63516**	**5942284**	**12437993**
环渤海	**25**	**38511**	**36573**	**4312954**	**6095590**
北　京	8	16534	15365	501045	2519575
天　津	7	5579	5527	473284	603032
唐　山	4	6671	6669	129535	553655
沈　阳					
大　连	4	8347	7676	2979090	2379767
济　南	1	1100	1100	80000	25000
青　岛	1	280	236	150000	14561
长三角	**35**	**26826**	**22903**	**1519908**	**6131222**
上　海	7	5380	4347	197508	490144
南　京	1	913	767	25548	165017
苏　州					
无　锡	1	605	605	18400	23240
常　州	3	2998	2973	513722	2050707
镇　江	1	180	155	3500	11015
南　通	9	6337	5561	180000	171052
扬　州					
泰　州	1	355	355	80000	21090
杭　州	7	7490	6490	410785	2550512
宁　波	3	1540	1272	18645	353345
嘉　兴					
湖　州	1	808	250	65000	166020
绍　兴	1	220	128	6800	129080
舟　山					
台　州					
珠三角	**9**	**4335**	**4040**	**109422**	**211181**
广　州	2	555	521	13345	44504
深　圳	1	494	494	3000	19699
珠　海	1	660	623	2000	37197
佛　山					
江　门	3	1833	1620	68327	86642
东　莞					
中　山	1	301	301	8750	10013
惠　州	1	492	481	14000	13126
肇　庆					

2-20 续表 5

(专业市场)

地 区	市场数量（个）	总摊位数（个）	年末出租摊位数（个）	营业面积（平方米）	成交额（万元）
三大地带合计	**1323**	**783626**	**710487**	**72875576**	**259114657**
环渤海	**332**	**234945**	**213080**	**20337954**	**53976818**
北 京	86	64977	52571	8171625	9587897
天 津	60	28539	26082	2894501	16950260
唐 山	15	11793	11539	682170	1185830
沈 阳	57	55072	51890	2072064	10447672
大 连	23	10184	9574	610411	4690461
济 南	36	18340	17929	2304864	3348541
青 岛	55	46040	43495	3602319	7766157
长三角	**761**	**418679**	**385258**	**38582973**	**176528436**
上 海	128	58168	53855	7094179	42611751
南 京	36	23180	22155	2142148	6339987
苏 州	58	57182	52467	4851278	23090292
无 锡	49	22512	20391	3502853	21446910
常 州	35	21686	20208	2260622	7659837
镇 江	13	4435	4234	767391	936102
南 通	40	19285	15896	2061389	6249247
扬 州	40	11474	10391	1577262	3245093
泰 州	15	5644	4570	1037140	1780548
杭 州	114	50636	47286	2973303	21949538
宁 波	72	33278	32142	3069258	11942046
嘉 兴	34	28328	24708	1356201	6564859
湖 州	23	12298	10929	1141109	3137255
绍 兴	39	40337	39403	3352344	14141492
舟 山	2	1181	1181	106669	907500
台 州	63	29055	25442	1289827	4525979
珠三角	**230**	**130002**	**112149**	**13954649**	**28609403**
广 州	141	72921	63967	6194740	17283037
深 圳	27	24529	20608	709002	3027714
珠 海	6	1838	1819	71881	354271
佛 山	25	11792	11080	5825847	4697495
江 门	5	1262	1040	77949	425940
东 莞	9	7592	6470	535535	1690029
中 山	5	3217	2951	79604	72705
惠 州	9	6047	3410	427343	1003496
肇 庆	3	804	804	32748	54716

2-20 续表 6

(生产资料市场)

地　　区	市场数量(个)	总摊位数(个)	年末出租摊位数(个)	营业面积(平方米)	成交额(万元)
三大地带合计	**306**	**107629**	**94945**	**19536489**	**113850376**
环 渤 海	**74**	**21521**	**19496**	**3615821**	**17219689**
北　　京	14	4302	3769	327727	680731
天　　津	21	3955	3730	884338	9377810
唐　　山	6	1360	1160	299099	531337
沈　　阳	14	7043	6389	604014	2828460
大　　连	6	997	892	129015	2170742
济　　南	6	1496	1412	274400	308000
青　　岛	7	2368	2144	1097228	1322609
长 三 角	**216**	**81590**	**72075**	**14605105**	**93625737**
上　　海	46	13735	12899	3950387	34721358
南　　京	7	3402	3283	397600	2926196
苏　　州	19	7571	6737	1043946	6060423
无　　锡	22	12972	11639	2272747	18724371
常　　州	12	6678	5458	1009731	4194734
镇　　江	2	609	609	505000	422954
南　　通	14	4463	2436	813564	684274
扬　　州	11	2458	2247	303496	489586
泰　　州	6	2295	1968	513300	386379
杭　　州	25	8060	6898	453026	10920413
宁　　波	22	8012	7740	1972166	7826477
嘉　　兴	4	1161	1091	152813	370103
湖　　州	6	4083	3485	430826	1015538
绍　　兴	8	3229	2856	533068	3874991
舟　　山	1	1	1	1669	448500
台　　州	11	2861	2728	251766	559440
珠 三 角	**16**	**4518**	**3374**	**1315563**	**3004950**
广　　州	8	2734	2067	759746	2155306
深　　圳	1	106	79	50000	10488
珠　　海					
佛　　山	6	1278	878	442782	826276
江　　门					
东　　莞	1	400	350	63035	12880
中　　山					
惠　　州					
肇　　庆					

2-20 续表 7

(农业生产用具市场)

地 区	市场数量（个）	总摊位数（个）	年末出租摊位数（个）	营业面积（平方米）	成交额（万元）
三大地带合计	**4**	**970**	**843**	**289872**	**193504**
环渤海	**2**	**240**	**198**	**129000**	**90300**
北 京					
天 津					
唐 山					
沈 阳					
大 连					
济 南					
青 岛	2	240	198	129000	90300
长三角	**1**	**550**	**465**	**45857**	**52615**
上 海					
南 京					
苏 州					
无 锡					
常 州	1	550	465	45857	52615
镇 江					
南 通					
扬 州					
泰 州					
杭 州					
宁 波					
嘉 兴					
湖 州					
绍 兴					
舟 山					
台 州					
珠三角	**1**	**180**	**180**	**115015**	**50589**
广 州					
深 圳					
珠 海					
佛 山	1	180	180	115015	50589
江 门					
东 莞					
中 山					
惠 州					
肇 庆					

2-20 续表 8

(农用生产资料市场)

地 区	市场数量(个)	总摊位数(个)	年末出租摊位数(个)	营业面积(平方米)	成交额(万元)
三大地带合计	**4**	**753**	**565**	**43345**	**330226**
环 渤 海	**2**	**554**	**366**	**34965**	**285950**
北 京					
天 津					
唐 山	1	254	66	19965	10950
沈 阳	1	300	300	15000	275000
大 连					
济 南					
青 岛					
长 三 角	**2**	**199**	**199**	**8380**	**44276**
上 海					
南 京					
苏 州					
无 锡					
常 州					
镇 江					
南 通					
扬 州					
泰 州					
杭 州					
宁 波	2	199	199	8380	44276
嘉 兴					
湖 州					
绍 兴					
舟 山					
台 州					
珠 三 角					
广 州					
深 圳					
珠 海					
佛 山					
江 门					
东 莞					
中 山					
惠 州					
肇 庆					

2-20 续表 9

(煤炭市场)

地 区	市场数量 (个)	总摊位数 (个)	年末出租摊位数 (个)	营业面积 (平方米)	成交额 (万元)
三大地带合计	**5**	**516**	**516**	**407953**	**1848753**
环 渤 海	**3**	**439**	**439**	**1100**	**1160034**
北 京					
天 津	3	439	439	1100	1160034
唐 山					
沈 阳					
大 连					
济 南					
青 岛					
长 三 角	**2**	**77**	**77**	**406853**	**688719**
上 海	1	10	10	1500	11725
南 京					
苏 州					
无 锡					
常 州					
镇 江					
南 通					
扬 州					
泰 州					
杭 州					
宁 波	1	67	67	405353	676994
嘉 兴					
湖 州					
绍 兴					
舟 山					
台 州					
珠 三 角					
广 州					
深 圳					
珠 海					
佛 山					
江 门					
东 莞					
中 山					
惠 州					
肇 庆					

2-20 续表 10

(木材市场)

地　区	市场数量(个)	总摊位数(个)	年末出租摊位数(个)	营业面积(平方米)	成交额(万元)
三大地带合计	**25**	**11170**	**10346**	**1141462**	**2123216**
环渤海	**4**	**1457**	**1457**	**120843**	**84919**
北　京	1	600	600	40000	11476
天　津					
唐　山					
沈　阳	1	200	200	2800	29990
大　连	1	107	107	2775	11467
济　南					
青　岛	1	550	550	75268	31986
长三角	**19**	**8646**	**8071**	**897584**	**1774717**
上　海	4	295	295	104982	139392
南　京	1	74	74	8800	26769
苏　州					
无　锡					
常　州	3	3421	3330	297570	392260
镇　江					
南　通	1	120	120	6660	22000
扬　州	1	128	128	30000	40151
泰　州					
杭　州	2	239	239	35000	56445
宁　波	1	414	414	22000	54000
嘉　兴					
湖　州	4	3490	3006	350965	900038
绍　兴	1	70	70	11607	127702
舟　山					
台　州	1	395	395	30000	15960
珠三角	**2**	**1067**	**818**	**123035**	**263580**
广　州	1	667	468	60000	250700
深　圳					
珠　海					
佛　山					
江　门					
东　莞	1	400	350	63035	12880
中　山					
惠　州					
肇　庆					

2-20 续表 11

(建材市场)

地　区	市场数量（个）	总摊位数（个）	年末出租摊位数（个）	营业面积（平方米）	成交额（万元）
三大地带合计	**78**	**31106**	**28503**	**7309813**	**6819314**
环渤海	**19**	**7139**	**6681**	**886291**	**1126172**
北　京	6	1884	1647	147800	162440
天　津	1	350	350	11800	93580
唐　山	3	904	904	138560	210000
沈　阳	5	2269	2130	100171	251020
大　连					
济　南	2	624	624	95000	162260
青　岛	2	1108	1026	392960	246872
长三角	**58**	**23157**	**21189**	**6250633**	**5468658**
上　海	14	5778	5523	3207038	2349753
南　京	4	2015	1908	357000	407995
苏　州	6	2936	2882	274923	315068
无　锡	3	5150	4835	1030800	1094640
常　州	2	386	385	293304	207980
镇　江					
南　通	9	1841	1668	534534	458640
扬　州	6	1417	1291	215296	123689
泰　州	3	627	599	46500	98000
杭　州	4	1450	618	109151	204328
宁　波	1	138	138	16000	15500
嘉　兴	1	354	290	74897	46980
湖　州	1	333	329	16000	21800
绍　兴	2	560	551	53550	91715
舟　山					
台　州	2	172	172	21640	32570
珠三角	**1**	**810**	**633**	**172889**	**224484**
广　州	1	810	633	172889	224484
深　圳					
珠　海					
佛　山					
江　门					
东　莞					
中　山					
惠　州					
肇　庆					

2-20 续表 12

(化工材料及制品市场)

地　区	市场数量（个）	总摊位数（个）	年末出租摊位数（个）	营业面积（平方米）	成交额（万元）
三大地带合计	**21**	**9819**	**7883**	**1197236**	**16700631**
环渤海	**4**	**512**	**454**	**18559**	**761683**
北　京					
天　津	3	377	319	10100	746308
唐　山					
沈　阳					
大　连	1	135	135	8459	15375
济　南					
青　岛					
长三角	**15**	**9025**	**7178**	**1167020**	**15849514**
上　海	2	1080	941	24000	846206
南　京					
苏　州	3	1416	1171	51500	4022486
无　锡	2	484	480	42000	1303085
常　州	2	1712	682	221000	1944357
镇　江					
南　通					
扬　州					
泰　州					
杭　州					
宁　波	3	1936	1936	374600	4113000
嘉　兴					
湖　州					
绍　兴	2	2090	1772	398920	3516880
舟　山					
台　州	1	307	196	55000	103500
珠三角	**2**	**282**	**251**	**11657**	**89434**
广　州	2	282	251	11657	89434
深　圳					
珠　海					
佛　山					
江　门					
东　莞					
中　山					
惠　州					
肇　庆					

2-20　续表 13

(金属材料市场)

地　区	市场数量(个)	总摊位数(个)	年末出租摊位数(个)	营业面积(平方米)	成交额(万元)
三大地带合计	**136**	**40522**	**36438**	**7692217**	**74224664**
环 渤 海	**32**	**8585**	**7819**	**2312983**	**11138885**
北　京	3	351	280	69171	117103
天　津	14	2789	2622	861338	7377888
唐　山	2	202	190	140574	310387
沈　阳	6	3726	3421	482500	2216416
大　连	1	175	148	80000	17900
济　南	4	872	788	179400	145740
青　岛	2	470	370	500000	953451
长 三 角	**96**	**30194**	**27410**	**4553267**	**60741347**
上　海	21	5316	4926	581867	24427523
南　京	2	1313	1301	31800	2491432
苏　州	8	1879	1507	487523	1409113
无　锡	16	6838	5984	1181947	16025521
常　州	4	609	596	152000	1597522
镇　江	1	109	109	5000	389954
南　通	2	287	148	52410	50634
扬　州	4	913	828	58200	325746
泰　州	2	1168	879	401800	256200
杭　州	14	3975	3780	230650	10225733
宁　波	11	4592	4320	1065033	2664361
嘉　兴	3	807	801	77916	323123
湖　州	1	260	150	63861	93700
绍　兴	2	327	281	48600	96555
舟　山					
台　州	5	1801	1800	114660	364230
珠 三 角	**8**	**1743**	**1209**	**825967**	**2344432**
广　州	3	645	511	498200	1568745
深　圳					
珠　海					
佛　山	5	1098	698	327767	775687
江　门					
东　莞					
中　山					
惠　州					
肇　庆					

2-20 续表 14

(机械设备市场)

地 区	市场数量(个)	总摊位数(个)	年末出租摊位数(个)	营业面积(平方米)	成交额(万元)
三大地带合计	**19**	**5832**	**5065**	**324492**	**1860879**
环 渤 海	**4**	**1447**	**1149**	**57981**	**353283**
北 京	3	1187	967	50200	338283
天 津					
唐 山					
沈 阳					
大 连	1	260	182	7781	15000
济 南					
青 岛					
长 三 角	**14**	**4055**	**3712**	**249511**	**1485653**
上 海					
南 京					
苏 州	1	140	136	30000	13756
无 锡	1	500	340	18000	301125
常 州					
镇 江					
南 通	1	115	92	39960	31000
扬 州					
泰 州					
杭 州	5	2396	2261	78225	433907
宁 波	2	535	535	30800	172046
嘉 兴					
湖 州					
绍 兴	1	182	182	20391	42139
舟 山	1	1	1	1669	448500
台 州	2	186	165	30466	43180
珠 三 角	**1**	**330**	**204**	**17000**	**21943**
广 州	1	330	204	17000	21943
深 圳					
珠 海					
佛 山					
江 门					
东 莞					
中 山					
惠 州					
肇 庆					

2-20 续表 15

(其他生产资料市场)

地 区	市场数量(个)	总摊位数(个)	年末出租摊位数(个)	营业面积(平方米)	成交额(万元)
三大地带合计	**14**	**6941**	**4786**	**1130099**	**9749189**
环 渤 海	**4**	**1148**	**933**	**54099**	**2218463**
北 京	1	280	275	20556	51429
天 津					
唐 山					
沈 阳	1	548	338	3543	56034
大 连	2	320	320	30000	2111000
济 南					
青 岛					
长 三 角	**9**	**5687**	**3774**	**1026000**	**7520238**
上 海	4	1256	1204	31000	6946759
南 京					
苏 州	1	1200	1041	200000	300000
无 锡					
常 州					
镇 江	1	500	500	500000	33000
南 通	1	2100	408	180000	122000
扬 州					
泰 州	1	500	490	65000	32179
杭 州					
宁 波	1	131	131	50000	86300
嘉 兴					
湖 州					
绍 兴					
舟 山					
台 州					
珠 三 角	**1**	**106**	**79**	**50000**	**10488**
广 州					
深 圳	1	106	79	50000	10488
珠 海					
佛 山					
江 门					
东 莞					
中 山					
惠 州					
肇 庆					

2-20 续表 16

(农产品市场)

地　区	市场数量(个)	总摊位数(个)	年末出租摊位数(个)	营业面积(平方米)	成交额(万元)
三大地带合计	**305**	**170399**	**145463**	**9986042**	**37884828**
环 渤 海	**84**	**76999**	**62925**	**4220455**	**11753504**
北　京	17	20445	10514	879776	2329452
天　津	16	11381	9416	581601	3500044
唐　山	3	4420	4398	205868	280362
沈　阳	12	7215	6256	288900	1182292
大　连	7	2352	2108	138210	604953
济　南	9	5555	5419	652250	695922
青　岛	20	25631	24814	1473850	3160479
长 三 角	**164**	**69727**	**61389**	**4181222**	**17748789**
上　海	26	12034	10827	596297	3254493
南　京	12	5034	4386	701750	1197424
苏　州	16	5803	4548	744342	1590282
无　锡	5	1193	991	143266	448139
常　州	1	120	120	6780	54504
镇　江	2	880	836	42000	135415
南　通	9	1574	1493	78072	252604
扬　州	9	1380	1024	186744	1153545
泰　州	5	663	536	262700	530987
杭　州	18	7190	7179	198397	2214513
宁　波	18	14856	14081	355112	1998218
嘉　兴	9	3292	3127	297354	2228708
湖　州	6	2385	1902	91496	393162
绍　兴	10	3494	3469	207895	851646
舟　山	1	1180	1180	105000	459000
台　州	17	8649	5690	164017	986149
珠 三 角	**57**	**23673**	**21149**	**1584365**	**8382535**
广　州	23	6482	5715	632620	3847167
深　圳	11	5704	5196	149116	1856291
珠　海	4	1243	1224	38681	323166
佛　山	3	1238	1120	184737	329774
江　门	2	500	487	35000	247120
东　莞	4	4556	3604	395000	1396000
中　山	3	1836	1741	34120	44350
惠　州	5	1422	1370	85343	299660
肇　庆	2	692	692	29748	39007

2-20 续表 17

(粮油市场)

地 区	市场数量(个)	总摊位数(个)	年末出租摊位数(个)	营业面积(平方米)	成交额(万元)
三大地带合计	**36**	**9758**	**8525**	**1080153**	**6007810**
环渤海	**11**	**4537**	**3691**	**339447**	**2733518**
北 京	3	1641	1432	160000	590935
天 津	3	376	376	69909	1732994
唐 山					
沈 阳	2	2222	1600	75000	140791
大 连					
济 南					
青 岛	3	298	283	34538	268798
长三角	**20**	**3764**	**3540**	**582331**	**2556777**
上 海	3	1505	1418	116000	973271
南 京	2	168	168	3000	264641
苏 州	2	218	171	4550	81476
无 锡	1	542	457	101000	179501
常 州					
镇 江					
南 通					
扬 州					
泰 州	1	89	89	176400	310900
杭 州	4	427	427	23069	314465
宁 波	2	171	171	35000	172039
嘉 兴	2	449	449	88000	66282
湖 州					
绍 兴	3	195	190	35312	194202
舟 山					
台 州					
珠三角	**5**	**1457**	**1294**	**158375**	**717515**
广 州	4	1147	984	114600	504715
深 圳					
珠 海					
佛 山					
江 门					
东 莞					
中 山					
惠 州	1	310	310	43775	212800
肇 庆					

2-20 续表 18

(肉禽蛋市场)

地　区	市场数量(个)	总摊位数(个)	年末出租摊位数(个)	营业面积(平方米)	成交额(万元)
三大地带合计	**43**	**10275**	**9337**	**639323**	**2865564**
环渤海	**6**	**2240**	**1922**	**183911**	**335468**
北　京	2	594	340	30901	44946
天　津	1	464	464	100000	32175
唐　山					
沈　阳	1	38	38	4000	90000
大　连	1	1004	990	29010	147470
济　南					
青　岛	1	140	90	20000	20877
长三角	**26**	**4239**	**3895**	**189127**	**1619841**
上　海	4	624	546	21857	133214
南　京	2	280	277	9400	68313
苏　州	3	627	540	75900	590532
无　锡					
常　州					
镇　江					
南　通	4	632	593	28610	86024
扬　州	3	198	198	7740	86581
泰　州	2	498	371	8300	36087
杭　州	5	880	880	23200	484254
宁　波	1	215	215	7000	101275
嘉　兴					
湖　州					
绍　兴					
舟　山					
台　州	2	285	275	7120	33561
珠三角	**11**	**3796**	**3520**	**266285**	**910255**
广　州	6	1153	1008	100800	564620
深　圳	1	485	485	6000	14794
珠　海	1	750	737	6000	50958
佛　山	2	1128	1010	148737	267783
江　门					
东　莞					
中　山					
惠　州					
肇　庆	1	280	280	4748	12100

2-20　续表 19

(水产品市场)

地　区	市场数量(个)	总摊位数(个)	年末出租摊位数(个)	营业面积(平方米)	成交额(万元)
三大地带合计	**78**	**50473**	**43055**	**1969390**	**10622859**
环渤海	**21**	**19055**	**16861**	**686968**	**3958715**
北　京	3	1324	1248	61240	733301
天　津	5	3915	2050	108360	547934
唐　山	1	420	398	22518	44249
沈　阳	3	869	768	99000	583733
大　连	3	718	678	38700	389652
济　南	2	810	720	38000	314044
青　岛	4	10999	10999	319150	1345802
长三角	**45**	**29035**	**24082**	**1148783**	**5707022**
上　海	5	3061	2808	209300	1282704
南　京	3	2375	1887	264000	512780
苏　州	5	2146	1296	76124	328496
无　锡	2	200	200	31666	225411
常　州	1	120	120	6780	54504
镇　江	1	512	468	25000	99415
南　通	2	360	320	24462	74500
扬　州	2	354	126	38554	156860
泰　州	2	76	76	78000	184000
杭　州	1	1072	1072	20000	293057
宁　波	8	10422	10422	151079	1041725
嘉　兴	1	180	79	14000	22942
湖　州	1	360	360	8000	27006
绍　兴	1	137	137	7200	160980
舟　山	1	1180	1180	105000	459000
台　州	9	6480	3531	89618	783642
珠三角	**12**	**2383**	**2112**	**133639**	**957122**
广　州	7	1045	933	37639	499393
深　圳	2	818	672	30000	124618
珠　海	1	120	120	25000	250000
佛　山	1	110	110	36000	61991
江　门	1	290	277	5000	21120
东　莞					
中　山					
惠　州					
肇　庆					

2-20 续表 20

(蔬菜市场)

地　　区	市场数量(个)	总摊位数(个)	年末出租摊位数(个)	营业面积(平方米)	成交额(万元)
三大地带合计	**57**	**54008**	**43516**	**3017051**	**5394900**
环渤海	**24**	**36221**	**27828**	**1779918**	**2579119**
北　京	5	10056	2404	190400	269728
天　津	5	5482	5382	177006	420941
唐　山	1	3000	3000	150000	225113
沈　阳	2	2350	2350	15000	256044
大　连					
济　南	5	3601	3566	314450	323443
青　岛	6	11732	11126	933062	1083850
长三角	**29**	**15549**	**13795**	**1038037**	**2339348**
上　海	6	4592	4052	137423	422792
南　京	5	2211	2054	425350	351690
苏　州	2	1100	894	88004	88811
无　锡					
常　州					
镇　江					
南　通	2	422	422	18000	59530
扬　州	1	155	155	50000	440512
泰　州					
杭　州	4	3677	3666	54428	407497
宁　波	3	1643	868	104933	213573
嘉　兴	2	483	467	52949	148176
湖　州	1	115	66	15200	40153
绍　兴	2	1049	1049	71750	138000
舟　山					
台　州	1	102	102	20000	28614
珠三角	**4**	**2238**	**1893**	**199096**	**476433**
广　州	2	1712	1469	76096	225933
深　圳					
珠　海					
佛　山					
江　门					
东　莞	2	526	424	123000	250500
中　山					
惠　州					
肇　庆					

2-20 续表 21

(干鲜果品市场)

地　区	市场数量(个)	总摊位数(个)	年末出租摊位数(个)	营业面积(平方米)	成交额(万元)
三大地带合计	**41**	**18887**	**15937**	**1653834**	**6444705**
环渤海	**9**	**5743**	**3981**	**570100**	**417198**
北　京	2	2690	1158	255000	68243
天　津					
唐　山					
沈　阳	1	500	500	40000	75350
大　连	2	530	340	38500	56572
济　南	1	1100	1100	100000	43433
青　岛	3	923	883	136600	173600
长三角	**22**	**6800**	**6568**	**423068**	**2538056**
上　海	3	551	550	43927	308690
南　京					
苏　州	1	150	95	5000	16187
无　锡	1	31	26	5600	23000
常　州					
镇　江					
南　通	1	160	158	7000	32550
扬　州	3	673	545	90450	469592
泰　州					
杭　州	4	1134	1134	77700	715240
宁　波	1	500	500	10000	116613
嘉　兴	2	1659	1619	113139	690168
湖　州					
绍　兴	2	163	162	29633	54034
舟　山					
台　州	4	1779	1779	40619	111982
珠三角	**10**	**6344**	**5388**	**660666**	**3489451**
广　州	4	1425	1321	303485	2052506
深　圳					
珠　海	1	113	113	4181	10038
佛　山					
江　门	1	210	210	30000	226000
东　莞	2	4030	3180	272000	1145500
中　山					
惠　州	1	154	152	26000	28500
肇　庆	1	412	412	25000	26907

2-20 续表 22

(棉麻土畜、烟叶市场)

地 区	市场数量(个)	总摊位数(个)	年末出租摊位数(个)	营业面积(平方米)	成交额(万元)
三大地带合计	**7**	**1743**	**1624**	**257826**	**1466086**
环渤海	**3**	**1094**	**983**	**211900**	**64402**
北 京					
天 津	1	650	650	100	35300
唐 山					
沈 阳	1	400	300	12000	14100
大 连					
济 南	1	44	33	199800	15002
青 岛					
长三角	**4**	**649**	**641**	**45926**	**1401684**
上 海					
南 京					
苏 州					
无 锡					
常 州					
镇 江					
南 通					
扬 州					
泰 州					
杭 州					
宁 波	1	125	125	10000	72194
嘉 兴	2	521	513	29266	1301140
湖 州					
绍 兴					
舟 山					
台 州	1	3	3	6660	28350
珠三角					
广 州					
深 圳					
珠 海					
佛 山					
江 门					
东 莞					
中 山					
惠 州					
肇 庆					

2-20 续表 23

(其他农产品市场)

地 区	市场数量(个)	总摊位数(个)	年末出租摊位数(个)	营业面积(平方米)	成交额(万元)
三大地带合计	**43**	**25255**	**23469**	**1368465**	**5082904**
环渤海	**10**	**8109**	**7659**	**448211**	**1665084**
北京	2	4140	3932	182235	622299
天津	1	494	494	126226	730700
唐山	1	1000	1000	33350	11000
沈阳	2	836	700	43900	22274
大连	1	100	100	32000	11259
济南					
青岛	3	1539	1433	30500	267552
长三角	**18**	**9691**	**8868**	**753950**	**1586061**
上海	5	1701	1453	67790	133822
南京					
苏州	3	1562	1552	494764	484780
无锡	1	420	308	5000	20227
常州					
镇江	1	368	368	17000	36000
南通					
扬州					
泰州					
杭州					
宁波	2	1780	1780	37100	280799
嘉兴					
湖州	4	1910	1476	68296	326003
绍兴	2	1950	1931	64000	304430
舟山					
台州					
珠三角	**15**	**7455**	**6942**	**166304**	**1831759**
广州					
深圳	8	4401	4039	113116	1716879
珠海	1	260	254	3500	12170
佛山					
江门					
东莞					
中山	3	1836	1741	34120	44350
惠州	3	958	908	15568	58360
肇庆					

2-20 续表 24

(食品、饮料及烟酒市场)

地 区	市场数量(个)	总摊位数(个)	年末出租摊位数(个)	营业面积(平方米)	成交额(万元)
三大地带合计	**44**	**16105**	**14614**	**1375528**	**4776895**
环 渤 海	**6**	**3130**	**2937**	**169234**	**691546**
北 京	1	139	139	7000	16946
天 津					
唐 山					
沈 阳	1	1551	1500	12234	260000
大 连					
济 南	3	1080	1080	133000	214600
青 岛	1	360	218	17000	200000
长 三 角	**29**	**9916**	**8784**	**1015616**	**3712637**
上 海	2	679	670	27000	301438
南 京					
苏 州	2	470	470	9000	402800
无 锡	4	1321	1259	45080	415715
常 州	4	2383	2310	524960	1458196
镇 江	1	200	180	3200	18750
南 通	2	1100	442	46403	43460
扬 州	1	300	226	62000	238066
泰 州					
杭 州	5	1083	1060	174123	455165
宁 波					
嘉 兴	2	706	541	38670	53478
湖 州	1	107	69	2925	19500
绍 兴	2	867	867	57300	144681
舟 山					
台 州	3	700	690	24955	161388
珠 三 角	**9**	**3059**	**2893**	**190678**	**372712**
广 州	4	1328	1308	117250	174877
深 圳	1	388	388	6850	9304
珠 海	1	375	375	2200	10693
佛 山	1	456	389	15078	10289
江 门	1	302	272	38000	150000
东 莞	1	210	161	11300	17549
中 山					
惠 州					
肇 庆					

2-20 续表 25

(食品饮料市场)

地　　区	市场数量(个)	总摊位数(个)	年末出租摊位数(个)	营业面积(平方米)	成交额(万元)
三大地带合计	**15**	**6387**	**5427**	**243920**	**1008134**
环渤海	**1**	**1551**	**1500**	**12234**	**260000**
北　京					
天　津					
唐　山					
沈　阳	1	1551	1500	12234	260000
大　连					
济　南					
青　岛					
长三角	**10**	**3480**	**2706**	**158458**	**698843**
上　海					
南　京					
苏　州					
无　锡	2	780	741	11500	76215
常　州	1	227	227	5000	28666
镇　江					
南　通	2	1100	442	46403	43460
扬　州	1	300	226	62000	238066
泰　州					
杭　州	1	208	208	5100	149500
宁　波					
嘉　兴					
湖　州					
绍　兴	1	282	282	9000	23998
舟　山					
台　州	2	583	580	19455	138938
珠三角	**4**	**1356**	**1221**	**73228**	**49291**
广　州	1	302	283	40000	12149
深　圳	1	388	388	6850	9304
珠　海					
佛　山	1	456	389	15078	10289
江　门					
东　莞	1	210	161	11300	17549
中　山					
惠　州					
肇　庆					

2-20 续表 26

(茶叶市场)

地　区	市场数量(个)	总摊位数(个)	年末出租摊位数(个)	营业面积(平方米)	成交额(万元)
三大地带合计	**13**	**4015**	**4005**	**356510**	**707216**
环 渤 海	**4**	**1219**	**1219**	**140000**	**231546**
北　京	1	139	139	7000	16946
天　津					
唐　山					
沈　阳					
大　连					
济　南	3	1080	1080	133000	214600
青　岛					
长 三 角	**6**	**1770**	**1761**	**139260**	**312942**
上　海	1	290	281	15000	84380
南　京					
苏　州					
无　锡					
常　州	1	420	420	39960	18000
镇　江					
南　通					
扬　州					
泰　州					
杭　州	3	475	475	36000	89879
宁　波					
嘉　兴					
湖　州					
绍　兴	1	585	585	48300	120683
舟　山					
台　州					
珠 三 角	**3**	**1026**	**1025**	**77250**	**162728**
广　州	3	1026	1025	77250	162728
深　圳					
珠　海					
佛　山					
江　门					
东　莞					
中　山					
惠　州					
肇　庆					

2-20　续表 27

(烟酒市场)

地　区	市场数量(个)	总摊位数(个)	年末出租摊位数(个)	营业面积(平方米)	成交额(万元)
三大地带合计	**2**	**560**	**398**	**20200**	**218750**
环 渤 海	**1**	**360**	**218**	**17000**	**200000**
北　京					
天　津					
唐　山					
沈　阳					
大　连					
济　南					
青　岛	1	360	218	17000	200000
长 三 角	**1**	**200**	**180**	**3200**	**18750**
上　海					
南　京					
苏　州					
无　锡					
常　州					
镇　江	1	200	180	3200	18750
南　通					
扬　州					
泰　州					
杭　州					
宁　波					
嘉　兴					
湖　州					
绍　兴					
舟　山					
台　州					
珠 三 角					
广　州					
深　圳					
珠　海					
佛　山					
江　门					
东　莞					
中　山					
惠　州					
肇　庆					

2-20 续表 28

(其他食品饮料及烟酒市场)

地　区	市场数量(个)	总摊位数(个)	年末出租摊位数(个)	营业面积(平方米)	成交额(万元)
三大地带合计	**14**	**5143**	**4784**	**754898**	**2842795**
环渤海					
北　京					
天　津					
唐　山					
沈　阳					
大　连					
济　南					
青　岛					
长三角	**12**	**4466**	**4137**	**714698**	**2682102**
上　海	1	389	389	12000	217058
南　京					
苏　州	2	470	470	9000	402800
无　锡	2	541	518	33580	339500
常　州	2	1736	1663	480000	1411530
镇　江					
南　通					
扬　州					
泰　州					
杭　州	1	400	377	133023	215786
宁　波					
嘉　兴	2	706	541	38670	53478
湖　州	1	107	69	2925	19500
绍　兴					
舟　山					
台　州	1	117	110	5500	22450
珠三角	**2**	**677**	**647**	**40200**	**160693**
广　州					
深　圳					
珠　海	1	375	375	2200	10693
佛　山					
江　门	1	302	272	38000	150000
东　莞					
中　山					
惠　州					
肇　庆					

2-20 续表 29

(纺织、服装、鞋帽市场)

地　　区	市场数量(个)	总摊位数(个)	年末出租摊位数(个)	营业面积(平方米)	成交额(万元)
三大地带合计	**194**	**266066**	**247670**	**10555683**	**53075839**
环 渤 海	**48**	**71752**	**69769**	**2072053**	**8294412**
北　　京	10	13531	13282	376497	293645
天　　津	7	5609	5595	303256	961744
唐　　山	5	5688	5688	114803	311770
沈　　阳	10	26404	25393	537741	4315915
大　　连	2	3058	3058	30800	177211
济　　南	6	5972	5861	405776	703375
青　　岛	8	11490	10892	303180	1530752
长 三 角	**90**	**140881**	**133514**	**6681889**	**37074619**
上　　海	14	11975	11039	314257	1160148
南　　京	3	4556	4543	92001	593335
苏　　州	4	31515	29423	1662883	12845915
无　　锡	2	2596	2429	157996	248850
常　　州	3	5116	5116	108000	350348
镇　　江	4	1625	1500	120919	139079
南　　通	4	8295	8131	621150	4837410
扬　　州	3	2816	2797	361000	366320
泰　　州	1	150	150	3500	11588
杭　　州	17	13727	13182	554105	3414979
宁　　波	5	4224	4224	112760	615908
嘉　　兴	10	18747	15894	638210	3069857
湖　　州	3	4054	3962	318382	1345656
绍　　兴	8	25685	25403	1457800	6906733
舟　　山					
台　　州	9	5800	5721	158926	1168493
珠 三 角	**56**	**53433**	**44387**	**1801741**	**7706808**
广　　州	45	36638	30474	1013527	5299754
深　　圳	1	2915	2915	47747	52541
珠　　海	1	220	220	31000	20412
佛　　山	3	5594	5494	535537	1961234
江　　门	1	390	228	1800	14520
东　　莞	2	2303	2260	60000	158600
中　　山	1	813	813	20130	16399
惠　　州	2	4560	1983	92000	183348
肇　　庆					

2-20 续表 30

(布料及纺织品市场)

地　区	市场数量(个)	总摊位数(个)	年末出租摊位数(个)	营业面积(平方米)	成交额(万元)
三大地带合计	**36**	**75653**	**68978**	**4647027**	**29040957**
环 渤 海	**3**	**1084**	**1032**	**76500**	**536220**
北　京	1	350	310	4500	13519
天　津	1	380	380	52000	368846
唐　山					
沈　阳					
大　连					
济　南					
青　岛	1	354	342	20000	153855
长 三 角	**24**	**56387**	**54531**	**3719682**	**23901901**
上　海	1	2300	2300	100000	166483
南　京					
苏　州	2	6830	6335	654883	7327546
无　锡	1	1300	1250	100000	126000
常　州					
镇　江					
南　通	2	7735	7576	610000	4811110
扬　州	2	916	897	181000	126300
泰　州					
杭　州	4	2623	2107	191009	1714333
宁　波	1	1638	1638	35700	288300
嘉　兴	3	4682	4378	93700	1131600
湖　州	2	3626	3546	310090	1332396
绍　兴	6	24737	24504	1443300	6877833
舟　山					
台　州					
珠 三 角	**9**	**18182**	**13415**	**850845**	**4602836**
广　州	4	11568	6931	264308	2541190
深　圳					
珠　海	1	220	220	31000	20412
佛　山	3	5594	5494	535537	1961234
江　门					
东　莞	1	800	770	20000	80000
中　山					
惠　州					
肇　庆					

2-20 续表 31

(服装市场)

地区	市场数量(个)	总摊位数(个)	年末出租摊位数(个)	营业面积(平方米)	成交额(万元)
三大地带合计	**121**	**155314**	**146855**	**4880819**	**20482118**
环渤海	**29**	**58685**	**57801**	**1705501**	**6595220**
北京	8	12081	11891	343997	257344
天津	4	4168	4168	213300	561465
唐山	3	4358	4358	70803	141760
沈阳	7	23112	22977	474941	3779385
大连					
济南	3	5220	5220	361800	580905
青岛	4	9746	9187	240660	1274361
长三角	**53**	**71969**	**66471**	**2525432**	**11851636**
上海	13	9675	8739	214257	993665
南京	1	1617	1617	33537	57851
苏州	2	24685	23088	1008000	5518369
无锡	1	1296	1179	57996	122850
常州					
镇江	2	1190	1065	59078	53051
南通	1	300	295	3500	13200
扬州					
泰州	1	150	150	3500	11588
杭州	13	11104	11075	363096	1700646
宁波	3	2231	2231	73260	303103
嘉兴	7	14065	11516	544510	1938257
湖州	1	428	416	8292	13260
绍兴	2	948	899	14500	28900
舟山					
台州	6	4280	4201	141906	1096896
珠三角	**39**	**24660**	**22583**	**649886**	**2035262**
广州	35	20394	19027	575956	1897579
深圳					
珠海					
佛山					
江门	1	390	228	1800	14520
东莞	1	1503	1490	40000	78600
中山	1	813	813	20130	16399
惠州	1	1560	1025	12000	28164
肇庆					

2-20 续表 32

(鞋帽市场)

地　区	市场数量(个)	总摊位数(个)	年末出租摊位数(个)	营业面积(平方米)	成交额(万元)
三大地带合计	**18**	**13217**	**12035**	**577028**	**1960241**
环渤海	**9**	**5663**	**4641**	**170796**	**787786**
北　京					
天　津	1	589	575	24000	12820
唐　山	1	600	600	24000	70000
沈　阳	3	3292	2416	62800	536530
大　连					
济　南	2	652	547	38976	98000
青　岛	2	530	503	21020	70436
长三角	**3**	**2878**	**2878**	**232969**	**311470**
上　海					
南　京					
苏　州					
无　锡					
常　州					
镇　江	1	98	98	46969	25200
南　通					
扬　州	1	1900	1900	180000	240020
泰　州					
杭　州					
宁　波					
嘉　兴					
湖　州					
绍　兴					
舟　山					
台　州	1	880	880	6000	46250
珠三角	**6**	**4676**	**4516**	**173263**	**860985**
广　州	6	4676	4516	173263	860985
深　圳					
珠　海					
佛　山					
江　门					
东　莞					
中　山					
惠　州					
肇　庆					

2-20 续表 33

(其他纺织服装鞋帽市场)

地 区	市场数量(个)	总摊位数(个)	年末出租摊位数(个)	营业面积(平方米)	成交额(万元)
三大地带合计	**19**	**21882**	**19802**	**450809**	**1592523**
环 渤 海	**7**	**6320**	**6295**	**119256**	**375186**
北 京	1	1100	1081	28000	22782
天 津	1	472	472	13956	18613
唐 山	1	730	730	20000	100010
沈 阳					
大 连	2	3058	3058	30800	177211
济 南	1	100	94	5000	24470
青 岛	1	860	860	21500	32100
长 三 角	**10**	**9647**	**9634**	**203806**	**1009612**
上 海					
南 京	2	2939	2926	58464	535484
苏 州					
无 锡					
常 州	3	5116	5116	108000	350348
镇 江	1	337	337	14872	60828
南 通	1	260	260	7650	13100
扬 州					
泰 州					
杭 州					
宁 波	1	355	355	3800	24505
嘉 兴					
湖 州					
绍 兴					
舟 山					
台 州	2	640	640	11020	25347
珠 三 角	**2**	**5915**	**3873**	**127747**	**207725**
广 州					
深 圳	1	2915	2915	47747	52541
珠 海					
佛 山					
江 门					
东 莞					
中 山					
惠 州	1	3000	958	80000	155184
肇 庆					

2-20 续表 34

(日用品及文化用品市场)

地　区	市场数量(个)	总摊位数(个)	年末出租摊位数(个)	营业面积(平方米)	成交额(万元)
三大地带合计	**46**	**37809**	**34817**	**1385036**	**4196245**
环 渤 海	**10**	**10987**	**10543**	**240417**	**1201208**
北　京	5	7791	7433	162917	399856
天　津					
唐　山					
沈　阳	2	2278	2192	9000	173352
大　连	2	733	733	59500	613000
济　南					
青　岛	1	185	185	9000	15000
长 三 角	**15**	**10581**	**10311**	**272868**	**931177**
上　海	2	124	119	7800	49700
南　京	2	3308	3150	142000	564783
苏　州	2	1803	1766	30400	41765
无　锡					
常　州	3	2558	2540	24448	145140
镇　江	1	142	131	5720	14200
南　通					
扬　州					
泰　州					
杭　州	3	1708	1708	37500	46139
宁　波					
嘉　兴					
湖　州					
绍　兴					
舟　山					
台　州	2	938	897	25000	69450
珠 三 角	**21**	**16241**	**13963**	**871751**	**2063860**
广　州	19	12873	12261	796397	2001249
深　圳	1	2800	1305	50000	50655
珠　海					
佛　山					
江　门					
东　莞					
中　山	1	568	397	25354	11956
惠　州					
肇　庆					

2-20 续表 35

(小商品市场)

地 区	市场数量（个）	总摊位数（个）	年末出租摊位数（个）	营业面积（平方米）	成交额（万元）
三大地带合计	**21**	**21710**	**19733**	**431539**	**828028**
环渤海	**3**	**6509**	**6461**	**91417**	**230741**
北 京	3	6509	6461	91417	230741
天 津					
唐 山					
沈 阳					
大 连					
济 南					
青 岛					
长三角	**6**	**5883**	**5854**	**72668**	**199340**
上 海					
南 京					
苏 州	1	1683	1683	19500	28000
无 锡					
常 州	3	2558	2540	24448	145140
镇 江	1	142	131	5720	14200
南 通					
扬 州					
泰 州					
杭 州	1	1500	1500	23000	12000
宁 波					
嘉 兴					
湖 州					
绍 兴					
舟 山					
台 州					
珠三角	**12**	**9318**	**7418**	**267454**	**397947**
广 州	10	5950	5716	192100	335336
深 圳	1	2800	1305	50000	50655
珠 海					
佛 山					
江 门					
东 莞					
中 山	1	568	397	25354	11956
惠 州					
肇 庆					

2-20 续表 36

(箱包市场)

地　区	市场数量(个)	总摊位数(个)	年末出租摊位数(个)	营业面积(平方米)	成交额(万元)
三大地带合计	**2**	**4324**	**4068**	**480526**	**1423556**
环渤海					
北　京					
天　津					
唐　山					
沈　阳					
大　连					
济　南					
青　岛					
长三角					
上　海					
南　京					
苏　州					
无　锡					
常　州					
镇　江					
南　通					
扬　州					
泰　州					
杭　州					
宁　波					
嘉　兴					
湖　州					
绍　兴					
舟　山					
台　州					
珠三角	**2**	**4324**	**4068**	**480526**	**1423556**
广　州	2	4324	4068	480526	1423556
深　圳					
珠　海					
佛　山					
江　门					
东　莞					
中　山					
惠　州					
肇　庆					

2-20 续表 37

(文具市场)

地 区	市场数量(个)	总摊位数(个)	年末出租摊位数(个)	营业面积(平方米)	成交额(万元)
三大地带合计	**2**	**425**	**315**	**15343**	**36915**
环渤海					
北京					
天津					
唐山					
沈阳					
大连					
济南					
青岛					
长三角					
上海					
南京					
苏州					
无锡					
常州					
镇江					
南通					
扬州					
泰州					
杭州					
宁波					
嘉兴					
湖州					
绍兴					
舟山					
台州					
珠三角	**2**	**425**	**315**	**15343**	**36915**
广州	2	425	315	15343	36915
深圳					
珠海					
佛山					
江门					
东莞					
中山					
惠州					
肇庆					

2-20 续表 38

(图书、报刊杂志市场)

地 区	市场数量(个)	总摊位数(个)	年末出租摊位数(个)	营业面积(平方米)	成交额(万元)
三大地带合计	**8**	**918**	**878**	**61889**	**169399**
环 渤 海	**3**	**480**	**480**	**20500**	**46810**
北 京	1	212	212	7000	18810
天 津					
唐 山					
沈 阳					
大 连	1	83	83	4500	13000
济 南					
青 岛	1	185	185	9000	15000
长 三 角	**4**	**350**	**310**	**28400**	**84715**
上 海	1	51	48	2500	16200
南 京	1	88	88	5000	30900
苏 州	1	120	83	10900	13765
无 锡					
常 州					
镇 江					
南 通					
扬 州					
泰 州					
杭 州	1	91	91	10000	23850
宁 波					
嘉 兴					
湖 州					
绍 兴					
舟 山					
台 州					
珠 三 角	**1**	**88**	**88**	**12989**	**37874**
广 州	1	88	88	12989	37874
深 圳					
珠 海					
佛 山					
江 门					
东 莞					
中 山					
惠 州					
肇 庆					

2-20 续表 39

(音像制品及电子出版物市场)

地区	市场数量(个)	总摊位数(个)	年末出租摊位数(个)	营业面积(平方米)	成交额(万元)
三大地带合计	**1**	**103**	**103**	**11000**	**24950**
环渤海					
北京					
天津					
唐山					
沈阳					
大连					
济南					
青岛					
长三角					
上海					
南京					
苏州					
无锡					
常州					
镇江					
南通					
扬州					
泰州					
杭州					
宁波					
嘉兴					
湖州					
绍兴					
舟山					
台州					
珠三角	**1**	**103**	**103**	**11000**	**24950**
广州	1	103	103	11000	24950
深圳					
珠海					
佛山					
江门					
东莞					
中山					
惠州					
肇庆					

2-20 续表 40

(体育用品市场)

地　区	市场数量(个)	总摊位数(个)	年末出租摊位数(个)	营业面积(平方米)	成交额(万元)
三大地带合计	**1**	**80**	**80**	**6700**	**11578**
环 渤 海					
北　京					
天　津					
唐　山					
沈　阳					
大　连					
济　南					
青　岛					
长 三 角					
上　海					
南　京					
苏　州					
无　锡					
常　州					
镇　江					
南　通					
扬　州					
泰　州					
杭　州					
宁　波					
嘉　兴					
湖　州					
绍　兴					
舟　山					
台　州					
珠 三 角	**1**	**80**	**80**	**6700**	**11578**
广　州	1	80	80	6700	11578
深　圳					
珠　海					
佛　山					
江　门					
东　莞					
中　山					
惠　州					
肇　庆					

2-20 续表 41

(其他日用品及文化用品市场)

地 区	市场数量 (个)	总摊位数 (个)	年末出租摊位数 (个)	营业面积 (平方米)	成交额 (万元)
三大地带合计	**11**	**10249**	**9640**	**378039**	**1701819**
环渤海	**4**	**3998**	**3602**	**128500**	**923657**
北 京	1	1070	760	64500	150305
天 津					
唐 山					
沈 阳	2	2278	2192	9000	173352
大 连	1	650	650	55000	600000
济 南					
青 岛					
长三角	**5**	**4348**	**4147**	**171800**	**647122**
上 海	1	73	71	5300	33500
南 京	1	3220	3062	137000	533883
苏 州					
无 锡					
常 州					
镇 江					
南 通					
扬 州					
泰 州					
杭 州	1	117	117	4500	10289
宁 波					
嘉 兴					
湖 州					
绍 兴					
舟 山					
台 州	2	938	897	25000	69450
珠三角	**2**	**1903**	**1891**	**77739**	**131040**
广 州	2	1903	1891	77739	131040
深 圳					
珠 海					
佛 山					
江 门					
东 莞					
中 山					
惠 州					
肇 庆					

2-20 续表 42

(黄金、珠宝、玉器等首饰市场)

地　区	市场数量(个)	总摊位数(个)	年末出租摊位数(个)	营业面积(平方米)	成交额(万元)
三大地带合计	**5**	**2986**	**2512**	**326973**	**1047537**
环 渤 海	**2**	**1922**	**1448**	**180000**	**456000**
北　京					
天　津					
唐　山					
沈　阳					
大　连					
济　南					
青　岛	2	1922	1448	180000	456000
长 三 角	**2**	**952**	**952**	**143973**	**575828**
上　海					
南　京					
苏　州	1	186	186	37000	128000
无　锡					
常　州					
镇　江					
南　通					
扬　州					
泰　州					
杭　州					
宁　波					
嘉　兴					
湖　州					
绍　兴	1	766	766	106973	447828
舟　山					
台　州					
珠 三 角	**1**	**112**	**112**	**3000**	**15709**
广　州					
深　圳					
珠　海					
佛　山					
江　门					
东　莞					
中　山					
惠　州					
肇　庆	1	112	112	3000	15709

2-20 续表 43

（电器、通讯器材、电子设备市场）

地 区	市场数量（个）	总摊位数（个）	年末出租摊位数（个）	营业面积（平方米）	成交额（万元）
三大地带合计	**60**	**33845**	**30800**	**886934**	**4046636**
环渤海	**14**	**7671**	**6868**	**250910**	**1679909**
北 京	7	4594	3901	113530	816443
天 津					
唐 山					
沈 阳	2	1165	1069	37841	280210
大 连					
济 南	2	627	613	45500	267206
青 岛	3	1285	1285	54039	316050
长三角	**27**	**10106**	**9934**	**339293**	**1308177**
上 海	5	1140	1100	45494	163617
南 京	1	248	248	4743	54400
苏 州	1	1648	1520	44283	30940
无 锡	2	393	393	14300	183090
常 州					
镇 江					
南 通					
扬 州	1	248	248	9000	85708
泰 州	1	200	200	11000	33124
杭 州	8	2650	2647	100293	360972
宁 波	2	995	995	37000	134159
嘉 兴	2	226	225	24000	27342
湖 州	1	300	300	11000	10000
绍 兴	1	185	185	5680	77048
舟 山					
台 州	2	1873	1873	32500	147777
珠三角	**19**	**16068**	**13998**	**296731**	**1058550**
广 州	10	2931	2741	92704	493747
深 圳	8	12278	10398	197839	535413
珠 海					
佛 山	1	859	859	6188	29390
江 门					
东 莞					
中 山					
惠 州					
肇 庆					

2-20 续表 44

(家电市场)

地 区	市场数量(个)	总摊位数(个)	年末出租摊位数(个)	营业面积(平方米)	成交额(万元)
三大地带合计	**13**	**3726**	**3492**	**180972**	**540625**
环渤海	**2**	**740**	**729**	**16841**	**71460**
北京					
天津					
唐山					
沈阳	1	595	584	7841	60210
大连					
济南					
青岛	1	145	145	9000	11250
长三角	**6**	**1569**	**1568**	**116000**	**319342**
上海	1	230	230	20000	98214
南京					
苏州					
无锡					
常州					
镇江					
南通					
扬州					
泰州	1	200	200	11000	33124
杭州	2	339	339	38000	92931
宁波	1	680	680	27000	85359
嘉兴	1	120	119	20000	9714
湖州					
绍兴					
舟山					
台州					
珠三角	**5**	**1417**	**1195**	**48131**	**149823**
广州	4	819	787	38050	130886
深圳	1	598	408	10081	18937
珠海					
佛山					
江门					
东莞					
中山					
惠州					
肇庆					

2-20 续表 45

(通讯器材市场)

地 区	市场数量(个)	总摊位数(个)	年末出租摊位数(个)	营业面积(平方米)	成交额(万元)
三大地带合计	**10**	**9273**	**8544**	**197141**	**616400**
环渤海	**1**	**570**	**485**	**30000**	**220000**
北 京					
天 津					
唐 山					
沈 阳	1	570	485	30000	220000
大 连					
济 南					
青 岛					
长三角	**3**	**2108**	**1980**	**54783**	**63083**
上 海					
南 京					
苏 州	1	1648	1520	44283	30940
无 锡					
常 州					
镇 江					
南 通					
扬 州					
泰 州					
杭 州	1	300	300	6000	20203
宁 波					
嘉 兴					
湖 州					
绍 兴					
舟 山					
台 州	1	160	160	4500	11940
珠三角	**6**	**6595**	**6079**	**112358**	**333317**
广 州	1	320	215	2010	14500
深 圳	5	6275	5864	110348	318817
珠 海					
佛 山					
江 门					
东 莞					
中 山					
惠 州					
肇 庆					

2-20 续表 46

(照相、摄像器材市场)

地 区	市场数量 (个)	总摊位数 (个)	年末出租摊位数 (个)	营业面积 (平方米)	成交额 (万元)
三大地带合计	**1**	**150**	**150**	**3900**	**18279**
环渤海					
北 京					
天 津					
唐 山					
沈 阳					
大 连					
济 南					
青 岛					
长三角	**1**	**150**	**150**	**3900**	**18279**
上 海	1	150	150	3900	18279
南 京					
苏 州					
无 锡					
常 州					
镇 江					
南 通					
扬 州					
泰 州					
杭 州					
宁 波					
嘉 兴					
湖 州					
绍 兴					
舟 山					
台 州					
珠三角					
广 州					
深 圳					
珠 海					
佛 山					
江 门					
东 莞					
中 山					
惠 州					
肇 庆					

2-20 续表 47

(计算机及辅助设备市场)

地 区	市场数量（个）	总摊位数（个）	年末出租摊位数（个）	营业面积（平方米）	成交额（万元）
三大地带合计	**31**	**12455**	**11685**	**369925**	**2483123**
环 渤 海	**11**	**6361**	**5654**	**204069**	**1388449**
北 京	7	4594	3901	113530	816443
天 津					
唐 山					
沈 阳					
大 连					
济 南	2	627	613	45500	267206
青 岛	2	1140	1140	45039	304800
长 三 角	**15**	**4266**	**4223**	**125610**	**761636**
上 海	3	760	720	21594	47124
南 京	1	248	248	4743	54400
苏 州					
无 锡	2	393	393	14300	183090
常 州					
镇 江					
南 通					
扬 州	1	248	248	9000	85708
泰 州					
杭 州	5	2011	2008	56293	247838
宁 波	1	315	315	10000	48800
嘉 兴	1	106	106	4000	17628
湖 州					
绍 兴	1	185	185	5680	77048
舟 山					
台 州					
珠 三 角	**5**	**1828**	**1808**	**40246**	**333038**
广 州	4	969	949	34058	303648
深 圳					
珠 海					
佛 山	1	859	859	6188	29390
江 门					
东 莞					
中 山					
惠 州					
肇 庆					

2-20 续表 48

(其他电器、熊市器材、电子设备市场)

地　区	市场数量(个)	总摊位数(个)	年末出租摊位数(个)	营业面积(平方米)	成交额(万元)
三大地带合计	**5**	**8241**	**6929**	**134996**	**388209**
环 渤 海					
北　京					
天　津					
唐　山					
沈　阳					
大　连					
济　南					
青　岛					
长 三 角	**2**	**2013**	**2013**	**39000**	**145837**
上　海					
南　京					
苏　州					
无　锡					
常　州					
镇　江					
南　通					
扬　州					
泰　州					
杭　州					
宁　波					
嘉　兴					
湖　州	1	300	300	11000	10000
绍　兴					
舟　山					
台　州	1	1713	1713	28000	135837
珠 三 角	**3**	**6228**	**4916**	**95996**	**242372**
广　州	1	823	790	18586	44713
深　圳	2	5405	4126	77410	197659
珠　海					
佛　山					
江　门					
东　莞					
中　山					
惠　州					
肇　庆					

2-20 续表 49

(医药、医疗用品及器材市场)

地 区	市场数量(个)	总摊位数(个)	年末出租摊位数(个)	营业面积(平方米)	成交额(万元)
三大地带合计	**3**	**865**	**661**	**48771**	**293635**
环渤海					
北 京					
天 津					
唐 山					
沈 阳					
大 连					
济 南					
青 岛					
长三角	**2**	**427**	**370**	**43800**	**277890**
上 海	1	317	260	7800	90000
南 京					
苏 州					
无 锡					
常 州	1	110	110	36000	187890
镇 江					
南 通					
扬 州					
泰 州					
杭 州					
宁 波					
嘉 兴					
湖 州					
绍 兴					
舟 山					
台 州					
珠三角	**1**	**438**	**291**	**4971**	**15745**
广 州	1	438	291	4971	15745
深 圳					
珠 海					
佛 山					
江 门					
东 莞					
中 山					
惠 州					
肇 庆					

2-20 续表 50

(中药材市场)

地　区	市场数量 (个)	总摊位数 (个)	年末出租摊位数 (个)	营业面积 (平方米)	成交额 (万元)
三大地带合计	**2**	**755**	**551**	**12771**	**105745**
环 渤 海					
北　京					
天　津					
唐　山					
沈　阳					
大　连					
济　南					
青　岛					
长 三 角	**1**	**317**	**260**	**7800**	**90000**
上　海	1	317	260	7800	90000
南　京					
苏　州					
无　锡					
常　州					
镇　江					
南　通					
扬　州					
泰　州					
杭　州					
宁　波					
嘉　兴					
湖　州					
绍　兴					
舟　山					
台　州					
珠 三 角	**1**	**438**	**291**	**4971**	**15745**
广　州	1	438	291	4971	15745
深　圳					
珠　海					
佛　山					
江　门					
东　莞					
中　山					
惠　州					
肇　庆					

2-20 续表 51

(其他医药、医疗用品及器材市场)

地 区	市场数量(个)	总摊位数(个)	年末出租摊位数(个)	营业面积(平方米)	成交额(万元)
三大地带合计	**1**	**110**	**110**	**36000**	**187890**
环 渤 海					
北 京					
天 津					
唐 山					
沈 阳					
大 连					
济 南					
青 岛					
长 三 角	**1**	**110**	**110**	**36000**	**187890**
上 海					
南 京					
苏 州					
无 锡					
常 州	1	110	110	36000	187890
镇 江					
南 通					
扬 州					
泰 州					
杭 州					
宁 波					
嘉 兴					
湖 州					
绍 兴					
舟 山					
台 州					
珠 三 角					
广 州					
深 圳					
珠 海					
佛 山					
江 门					
东 莞					
中 山					
惠 州					
肇 庆					

2-20 续表 52

(家具、五金及装饰材料市场)

地 区	市场数量(个)	总摊位数(个)	年末出租摊位数(个)	营业面积(平方米)	成交额(万元)
三大地带合计	**191**	**103923**	**97541**	**17375062**	**14393560**
环渤海	**51**	**25388**	**24195**	**7598674**	**3454064**
北京	17	6510	6270	5499564	737962
天津	9	5239	5093	988806	921844
唐山					
沈阳	10	7890	7585	445796	1036484
大连	4	2534	2333	152886	100116
济南	3	828	802	128000	87026
青岛	8	2387	2112	383622	570632
长三角	**124**	**73328**	**68496**	**8660917**	**10244843**
上海	16	15058	13954	1891945	930680
南京	7	6300	6267	719458	769564
苏州	8	7429	7087	1145624	1388873
无锡	5	2491	2395	461717	562600
常州	9	3661	3494	405703	788460
镇江	2	473	472	77202	61214
南通	8	2232	1968	252600	161899
扬州	8	2647	2596	489222	730632
泰州	2	2336	1716	246640	818470
杭州	20	9422	8192	926922	938160
宁波	15	3986	3913	376305	662305
嘉兴	4	3392	3332	122150	205632
湖州	4	1069	911	133480	261676
绍兴	5	5601	5351	937900	1431627
舟山					
台州	11	7231	6848	474049	533051
珠三角	**16**	**5207**	**4850**	**1115471**	**694653**
广州	7	3121	2843	188505	221156
深圳	1	210	203	26000	12000
珠海					
佛山	6	1683	1656	891617	342197
江门	1	70	53	3149	14300
东莞	1	123	95	6200	105000
中山					
惠州					
肇庆					

2-20 续表 53

(家具市场)

地 区	市场数量(个)	总摊位数(个)	年末出租摊位数(个)	营业面积(平方米)	成交额(万元)
三大地带合计	**57**	**24067**	**22051**	**8371464**	**2603031**
环 渤 海	**18**	**8272**	**7980**	**5814841**	**710546**
北 京	6	3139	3056	5218198	332719
天 津	1	258	258	45000	25079
唐 山					
沈 阳	3	1437	1398	155343	144638
大 连	3	2049	1879	135700	70116
济 南	2	672	672	102000	57226
青 岛	3	717	717	158600	80768
长 三 角	**37**	**15071**	**13354**	**2451615**	**1836227**
上 海	7	3273	3262	583259	219664
南 京	2	871	845	111000	26398
苏 州	3	4423	4412	714234	846403
无 锡	1	388	350	146517	38000
常 州	2	490	436	86385	132040
镇 江					
南 通	4	861	677	131000	84249
扬 州	1	644	644	131327	99800
泰 州					
杭 州	6	2035	805	297722	126687
宁 波	4	746	719	100705	48917
嘉 兴					
湖 州	2	820	692	28866	135500
绍 兴	2	153	153	65600	25361
舟 山					
台 州	3	367	359	55000	53208
珠 三 角	**2**	**724**	**717**	**105008**	**56258**
广 州	1	512	512	67008	37958
深 圳					
珠 海					
佛 山	1	212	205	38000	18300
江 门					
东 莞					
中 山					
惠 州					
肇 庆					

2-20 续表 54

(装饰材料市场)

地　区	市场数量(个)	总摊位数(个)	年末出租摊位数(个)	营业面积(平方米)	成交额(万元)
三大地带合计	**64**	**28925**	**27710**	**3442882**	**3600798**
环渤海	**18**	**7020**	**6500**	**514746**	**1135998**
北　京	7	1716	1652	113300	128763
天　津	3	1290	1290	53260	132780
唐　山					
沈　阳	4	2417	2217	178000	401000
大　连	1	485	454	17186	30000
济　南					
青　岛	3	1112	887	153000	443455
长三角	**36**	**18365**	**17922**	**1944237**	**1990856**
上　海	2	6104	5960	653000	476966
南　京	1	145	145	12000	15236
苏　州					
无　锡	2	633	633	133800	86800
常　州	1	160	145	36200	23110
镇　江	2	473	472	77202	61214
南　通	2	575	495	41600	33150
扬　州	4	953	902	113435	332800
泰　州	1	256	240	40000	36690
杭　州	6	1606	1606	185005	97862
宁　波	7	1730	1684	182300	386277
嘉　兴	4	3392	3332	122150	205632
湖　州	2	249	219	104614	126176
绍　兴					
舟　山					
台　州	2	2089	2089	242931	108943
珠三角	**10**	**3540**	**3288**	**983899**	**473944**
广　州	3	1789	1581	101133	123747
深　圳	1	210	203	26000	12000
珠　海					
佛　山	5	1471	1451	853617	323897
江　门	1	70	53	3149	14300
东　莞					
中　山					
惠　州					
肇　庆					

2-20 续表 55

(灯具市场)

地　区	市场数量 (个)	总摊位数 (个)	年末出租摊位数 (个)	营业面积 (平方米)	成交额 (万元)
三大地带合计	**7**	**3570**	**3478**	**320200**	**575062**
环渤海	**2**	**432**	**340**	**80000**	**89220**
北　京					
天　津					
唐　山					
沈　阳	1	276	210	54000	59420
大　连					
济　南	1	156	130	26000	29800
青　岛					
长三角	**5**	**3138**	**3138**	**240200**	**485842**
上　海	1	120	120	11200	13822
南　京					
苏　州					
无　锡					
常　州	3	2038	2038	181000	448520
镇　江					
南　通					
扬　州					
泰　州					
杭　州	1	980	980	48000	23500
宁　波					
嘉　兴					
湖　州					
绍　兴					
舟　山					
台　州					
珠三角					
广　州					
深　圳					
珠　海					
佛　山					
江　门					
东　莞					
中　山					
惠　州					
肇　庆					

2-20 续表 56

(厨具、盥洗设备市场)

地　区	市场数量(个)	总摊位数(个)	年末出租摊位数(个)	营业面积(平方米)	成交额(万元)
三大地带合计	**2**	**737**	**710**	**37300**	**120926**
环渤海	**1**	**237**	**210**	**36000**	**18926**
北　京					
天　津					
唐　山					
沈　阳					
大　连					
济　南					
青　岛	1	237	210	36000	18926
长三角	**1**	**500**	**500**	**1300**	**102000**
上　海					
南　京					
苏　州					
无　锡					
常　州					
镇　江					
南　通					
扬　州					
泰　州					
杭　州					
宁　波	1	500	500	1300	102000
嘉　兴					
湖　州					
绍　兴					
舟　山					
台　州					
珠三角					
广　州					
深　圳					
珠　海					
佛　山					
江　门					
东　莞					
中　山					
惠　州					
肇　庆					

2-20　续表 57

(五金材料市场)

地　区	市场数量(个)	总摊位数(个)	年末出租摊位数(个)	营业面积(平方米)	成交额(万元)
三大地带合计	**37**	**28260**	**25683**	**2735874**	**4771935**
环渤海	**5**	**5000**	**4854**	**891206**	**995433**
北　京	1	238	238	8794	10047
天　津	3	3562	3416	860959	735386
唐　山					
沈　阳	1	1200	1200	21453	250000
大　连					
济　南					
青　岛					
长三角	**28**	**22317**	**19984**	**1818104**	**3612051**
上　海	2	3200	2262	464448	123535
南　京	2	2280	2273	80110	151466
苏　州	2	1294	1026	51390	34920
无　锡	1	1072	1029	61400	204055
常　州	3	973	875	102118	184790
镇　江					
南　通	1	600	600	40000	18500
扬　州	2	520	520	64460	192380
泰　州	1	2080	1476	206640	781780
杭　州	3	2185	2185	87120	367654
宁　波	3	1010	1010	92000	125111
嘉　兴					
湖　州					
绍　兴	2	2328	2328	392300	1056960
舟　山					
台　州	6	4775	4400	176118	370900
珠三角	**4**	**943**	**845**	**26564**	**164451**
广　州	3	820	750	20364	59451
深　圳					
珠　海					
佛　山					
江　门					
东　莞	1	123	95	6200	105000
中　山					
惠　州					
肇　庆					

2-20 续表 58

(其他装修市场)

地　区	市场数量(个)	总摊位数(个)	年末出租摊位数(个)	营业面积(平方米)	成交额(万元)
三大地带合计	**24**	**18364**	**17909**	**2467342**	**2721808**
环渤海	**7**	**4427**	**4311**	**261881**	**503941**
北　京	3	1417	1324	159272	266433
天　津	2	129	129	29587	28599
唐　山					
沈　阳	1	2560	2560	37000	181426
大　连					
济　南					
青　岛	1	321	298	36022	27483
长三角	**17**	**13937**	**13598**	**2205461**	**2217867**
上　海	4	2361	2350	180038	96693
南　京	2	3004	3004	516348	576464
苏　州	3	1712	1649	380000	507550
无　锡	1	398	383	120000	233745
常　州					
镇　江					
南　通	1	196	196	40000	26000
扬　州	1	530	530	180000	105652
泰　州					
杭　州	4	2616	2616	309075	322457
宁　波					
嘉　兴					
湖　州					
绍　兴	1	3120	2870	480000	349306
舟　山					
台　州					
珠三角					
广　州					
深　圳					
珠　海					
佛　山					
江　门					
东　莞					
中　山					
惠　州					
肇　庆					

2-20 续表 59

(汽车、摩托车及零配件市场)

地　区	市场数量（个）	总摊位数（个）	年末出租摊位数（个）	营业面积（平方米）	成交额（万元）
三大地带合计	**125**	**24807**	**23232**	**4784409**	**22312879**
环 渤 海	**36**	**9894**	**9270**	**1599422**	**8888494**
北　京	13	4269	3879	787646	4274329
天　津	5	1346	1239	86500	2161368
唐　山	1	325	293	62400	62361
沈　阳	4	750	730	59538	132950
大　连	2	510	450	100000	1024439
济　南	6	2282	2282	418938	1038412
青　岛	5	412	397	84400	194635
长 三 角	**61**	**10777**	**9898**	**1714965**	**8642456**
上　海	11	1248	1215	187160	1588181
南　京	4	332	278	84596	234285
苏　州	3	402	380	126100	574144
无　锡	7	1420	1183	351080	750807
常　州	1	60	60	15000	24365
镇　江					
南　通	2	541	432	114600	182800
扬　州	3	315	218	72800	56936
泰　州					
杭　州	15	5356	5038	423565	3442986
宁　波	5	172	172	87475	228134
嘉　兴	2	208	200	46475	586861
湖　州	1	150	150	65000	79723
绍　兴	1	8	8	15000	36233
舟　山					
台　州	6	565	564	126114	857001
珠 三 角	**28**	**4136**	**4064**	**1470022**	**4781929**
广　州	20	3690	3630	662620	2781695
深　圳	3	128	124	181450	501022
珠　海					
佛　山	3	253	253	375952	978724
江　门					
东　莞					
中　山					
惠　州	2	65	57	250000	520488
肇　庆					

2-20 续表 60

(汽车市场)

地　区	市场数量(个)	总摊位数(个)	年末出租摊位数(个)	营业面积(平方米)	成交额(万元)
三大地带合计	**83**	**10538**	**9471**	**3453927**	**19487050**
环 渤 海	**20**	**3656**	**3215**	**934132**	**7887932**
北　京	7	1143	916	509732	3752627
天　津	5	1346	1239	86500	2161368
唐　山	1	325	293	62400	62361
沈　阳	1	130	130	2500	90000
大　连	2	510	450	100000	1024439
济　南	1	70	70	120000	720312
青　岛	3	132	117	53000	76825
长 三 角	**47**	**6030**	**5423**	**1274444**	**7261616**
上　海	9	385	352	117160	1299964
南　京	4	332	278	84596	234285
苏　州	3	402	380	126100	574144
无　锡	3	530	468	241500	505802
常　州	1	60	60	15000	24365
镇　江					
南　通	2	541	432	114600	182800
扬　州	1	15	15	5000	12000
泰　州					
杭　州	11	2917	2599	250650	2674994
宁　波	4	137	137	82475	214614
嘉　兴	2	208	200	46475	586861
湖　州	1	150	150	65000	79723
绍　兴	1	8	8	15000	36233
舟　山					
台　州	5	345	344	110888	835831
珠 三 角	**16**	**852**	**833**	**1245351**	**4337502**
广　州	8	406	399	437949	2337268
深　圳	3	128	124	181450	501022
珠　海					
佛　山	3	253	253	375952	978724
江　门					
东　莞					
中　山					
惠　州	2	65	57	250000	520488
肇　庆					

2-20 续表 61

(摩托车市场)

地 区	市场数量(个)	总摊位数(个)	年末出租摊位数(个)	营业面积(平方米)	成交额(万元)
三大地带合计	**3**	**409**	**372**	**36844**	**86970**
环 渤 海	**1**	**74**	**60**	**12038**	**15800**
北 京					
天 津					
唐 山					
沈 阳	1	74	60	12038	15800
大 连					
济 南					
青 岛					
长 三 角	**2**	**335**	**312**	**24806**	**71170**
上 海					
南 京					
苏 州					
无 锡	1	115	92	9580	50000
常 州					
镇 江					
南 通					
扬 州					
泰 州					
杭 州					
宁 波					
嘉 兴					
湖 州					
绍 兴					
舟 山					
台 州	1	220	220	15226	21170
珠 三 角					
广 州					
深 圳					
珠 海					
佛 山					
江 门					
东 莞					
中 山					
惠 州					
肇 庆					

2-20 续表 62

(机动车零配件市场)

地 区	市场数量(个)	总摊位数(个)	年末出租摊位数(个)	营业面积(平方米)	成交额(万元)
三大地带合计	**39**	**13860**	**13389**	**1293638**	**2738859**
环渤海	**15**	**6164**	**5995**	**653252**	**984762**
北 京	6	3126	2963	277914	521702
天 津					
唐 山					
沈 阳	2	546	540	45000	27150
大 连					
济 南	5	2212	2212	298938	318100
青 岛	2	280	280	31400	117810
长三角	**12**	**4412**	**4163**	**415715**	**1309670**
上 海	2	863	863	70000	288217
南 京					
苏 州					
无 锡	3	775	623	100000	195005
常 州					
镇 江					
南 通					
扬 州	2	300	203	67800	44936
泰 州					
杭 州	4	2439	2439	172915	767992
宁 波	1	35	35	5000	13520
嘉 兴					
湖 州					
绍 兴					
舟 山					
台 州					
珠三角	**12**	**3284**	**3231**	**224671**	**444427**
广 州	12	3284	3231	224671	444427
深 圳					
珠 海					
佛 山					
江 门					
东 莞					
中 山					
惠 州					
肇 庆					

2-20 续表 63

(花鸟鱼虫市场)

地 区	市场数量(个)	总摊位数(个)	年末出租摊位数(个)	营业面积(平方米)	成交额(万元)
三大地带合计	**15**	**8405**	**8008**	**5726172**	**1282632**
环 渤 海	**3**	**1209**	**1197**	**52000**	**45350**
北 京	1	200	188	2000	17900
天 津	2	1009	1009	50000	27450
唐 山					
沈 阳					
大 连					
济 南					
青 岛					
长 三 角	**9**	**5024**	**4675**	**426172**	**861571**
上 海	2	669	614	36800	55560
南 京					
苏 州	1	235	235	6000	16800
无 锡					
常 州	1	1000	1000	130000	456200
镇 江					
南 通	1	1080	994	135000	86800
扬 州	1	600	450	13000	90000
泰 州					
杭 州	3	1440	1382	105372	156211
宁 波					
嘉 兴					
湖 州					
绍 兴					
舟 山					
台 州					
珠 三 角	**3**	**2172**	**2136**	**5248000**	**375711**
广 州	2	1742	1706	1918000	256100
深 圳					
珠 海					
佛 山	1	430	430	3330000	119611
江 门					
东 莞					
中 山					
惠 州					
肇 庆					

2-20 续表 64

(花卉市场)

地　区	市场数量(个)	总摊位数(个)	年末出租摊位数(个)	营业面积(平方米)	成交额(万元)
三大地带合计	**12**	**7110**	**6713**	**5670628**	**1233171**
环渤海	**1**	**200**	**188**	**2000**	**17900**
北　京	1	200	188	2000	17900
天　津					
唐　山					
沈　阳					
大　连					
济　南					
青　岛					
长三角	**8**	**4738**	**4389**	**420628**	**839560**
上　海	2	669	614	36800	55560
南　京					
苏　州	1	235	235	6000	16800
无　锡					
常　州	1	1000	1000	130000	456200
镇　江					
南　通	1	1080	994	135000	86800
扬　州	1	600	450	13000	90000
泰　州					
杭　州	2	1154	1096	99828	134200
宁　波					
嘉　兴					
湖　州					
绍　兴					
舟　山					
台　州					
珠三角	**3**	**2172**	**2136**	**5248000**	**375711**
广　州	2	1742	1706	1918000	256100
深　圳					
珠　海					
佛　山	1	430	430	3330000	119611
江　门					
东　莞					
中　山					
惠　州					
肇　庆					

2-20 续表 65

(其他花鸟鱼虫市场)

地 区	市场数量（个）	总摊位数（个）	年末出租摊位数（个）	营业面积（平方米）	成交额（万元）
三大地带合计	**3**	**1295**	**1295**	**55544**	**49461**
环 渤 海	**2**	**1009**	**1009**	**50000**	**27450**
北 京					
天 津	2	1009	1009	50000	27450
唐 山					
沈 阳					
大 连					
济 南					
青 岛					
长 三 角	**1**	**286**	**286**	**5544**	**22011**
上 海					
南 京					
苏 州					
无 锡					
常 州					
镇 江					
南 通					
扬 州					
泰 州					
杭 州	1	286	286	5544	22011
宁 波					
嘉 兴					
湖 州					
绍 兴					
舟 山					
台 州					
珠 三 角					
广 州					
深 圳					
珠 海					
佛 山					
江 门					
东 莞					
中 山					
惠 州					
肇 庆					

2-20 续表 66

(旧货市场)

地　区	市场数量(个)	总摊位数(个)	年末出租摊位数(个)	营业面积(平方米)	成交额(万元)
三大地带合计	**17**	**7157**	**6803**	**411832**	**1192138**
环渤海	**2**	**3772**	**3772**	**86968**	**138642**
北　京	1	3196	3196	14968	20633
天　津					
唐　山					
沈　阳	1	576	576	72000	118009
大　连					
济　南					
青　岛					
长三角	**14**	**2755**	**2401**	**321864**	**1039396**
上　海					
南　京					
苏　州					
无　锡	2	126	102	56667	113338
常　州					
镇　江					
南　通					
扬　州	1	60	55	37000	12400
泰　州					
杭　州					
宁　波	5	1033	1017	128440	476845
嘉　兴	1	596	298	36529	22878
湖　州					
绍　兴	3	502	498	30728	370705
舟　山					
台　州	2	438	431	32500	43230
珠三角	**1**	**630**	**630**	**3000**	**14100**
广　州	1	630	630	3000	14100
深　圳					
珠　海					
佛　山					
江　门					
东　莞					
中　山					
惠　州					
肇　庆					

2-20 续表 67

（古玩、古董、字画市场）

地 区	市场数量（个）	总摊位数（个）	年末出租摊位数（个）	营业面积（平方米）	成交额（万元）
三大地带合计	**1**	**630**	**630**	**3000**	**14100**
环渤海					
北 京					
天 津					
唐 山					
沈 阳					
大 连					
济 南					
青 岛					
长三角					
上 海					
南 京					
苏 州					
无 锡					
常 州					
镇 江					
南 通					
扬 州					
泰 州					
杭 州					
宁 波					
嘉 兴					
湖 州					
绍 兴					
舟 山					
台 州					
珠三角	**1**	**630**	**630**	**3000**	**14100**
广 州	1	630	630	3000	14100
深 圳					
珠 海					
佛 山					
江 门					
东 莞					
中 山					
惠 州					
肇 庆					

2-20 续表 68

(其他旧货市场)

地　区	市场数量(个)	总摊位数(个)	年末出租摊位数(个)	营业面积(平方米)	成交额(万元)
三大地带合计	**16**	**6527**	**6173**	**408832**	**1178038**
环渤海	**2**	**3772**	**3772**	**86968**	**138642**
北　京	1	3196	3196	14968	20633
天　津					
唐　山					
沈　阳	1	576	576	72000	118009
大　连					
济　南					
青　岛					
长三角	**14**	**2755**	**2401**	**321864**	**1039396**
上　海					
南　京					
苏　州					
无　锡	2	126	102	56667	113338
常　州					
镇　江					
南　通					
扬　州	1	60	55	37000	12400
泰　州					
杭　州					
宁　波	5	1033	1017	128440	476845
嘉　兴	1	596	298	36529	22878
湖　州					
绍　兴	3	502	498	30728	370705
舟　山					
台　州	2	438	431	32500	43230
珠三角					
广　州					
深　圳					
珠　海					
佛　山					
江　门					
东　莞					
中　山					
惠　州					
肇　庆					

2-20 续表 69

(其他专业市场)

地 区	市场数量(个)	总摊位数(个)	年末出租摊位数(个)	营业面积(平方米)	成交额(万元)
三大地带合计	**12**	**3630**	**3421**	**476645**	**761457**
环渤海	**2**	**700**	**660**	**252000**	**154000**
北 京					
天 津					
唐 山					
沈 阳	1	200	200	5000	120000
大 连					
济 南	1	500	460	247000	34000
青 岛					
长三角	**8**	**2615**	**2459**	**175289**	**485316**
上 海	3	1189	1158	29239	296576
南 京					
苏 州	1	120	115	1700	10350
无 锡					
常 州					
镇 江	1	506	506	13350	144490
南 通					
扬 州	2	650	530	43000	21900
泰 州					
杭 州					
宁 波					
嘉 兴					
湖 州	1	150	150	88000	12000
绍 兴					
舟 山					
台 州					
珠三角	**2**	**315**	**302**	**49356**	**122141**
广 州	1	314	301	5400	22141
深 圳					
珠 海					
佛 山	1	1	1	43956	100000
江 门					
东 莞					
中 山					
惠 州					
肇 庆					

2-21 商品交易市场情况(按营业状态分)

(常年营业)

地 区	市场数量(个)	总摊位数(个)	年末出租摊位数(个)	营业面积(平方米)	成交额(万元)
三大地带合计	**1827**	**1167090**	**1067923**	**91425476**	**308540280**
环 渤 海	**451**	**378821**	**348394**	**29602121**	**72985470**
北 京	124	115514	100476	10875981	19076249
天 津	85	58862	54667	4389630	20151111
唐 山	20	20010	19015	1061740	1999365
沈 阳	66	62106	58606	2129564	10868869
大 连	49	37962	35079	4226113	8150799
济 南	43	30360	29549	2606714	3815311
青 岛	64	54007	51002	4312379	8923766
长 三 角	**1098**	**624916**	**576817**	**47035448**	**203023037**
上 海	163	74346	68714	7991140	45425069
南 京	54	32813	31218	2343576	6909263
苏 州	79	67235	62013	5331059	25280553
无 锡	65	47412	43121	4399107	25005269
常 州	54	32600	30160	2863312	10109772
镇 江	19	8201	7790	2612503	1367811
南 通	84	44382	38864	2728224	8261100
扬 州	56	18395	17408	1691240	4613998
泰 州	23	12606	11196	1248486	2224415
杭 州	160	81946	75970	3980239	27157732
宁 波	104	55649	53551	3811874	14828609
嘉 兴	47	34096	29584	1251964	5738843
湖 州	40	21639	19637	1509995	4193508
绍 兴	49	45551	44280	3517553	14835107
舟 山	7	4678	4453	178863	1154151
台 州	94	43367	38858	1576313	5917837
珠 三 角	**278**	**163353**	**142712**	**14787907**	**32531773**
广 州	156	84641	74800	6561744	18082585
深 圳	31	27310	23371	759102	3868769
珠 海	10	5120	4383	122540	786743
佛 山	36	19378	18197	5984052	5754247
江 门	11	3932	3432	174294	588329
东 莞	13	10552	9095	588366	2108205
中 山	6	3518	3252	88354	82718
惠 州	11	8163	5447	491343	1192055
肇 庆	4	739	735	18112	68122

2-21 续表 1

(季节性营业)

地 区	市场数量（个）	总摊位数（个）	年末出租摊位数（个）	营业面积（平方米）	成交额（万元）
三大地带合计	**33**	**16026**	**12502**	**1046964**	**2767229**
环 渤 海	**7**	**4055**	**1998**	**428365**	**386318**
北 京	2	2656	1042	265000	67561
天 津	1	110	110	5400	12000
唐 山	1	254	66	19965	10950
沈 阳	1	525	320	19000	151305
大 连					
济 南	1	310	300	19000	24502
青 岛	1	200	160	100000	120000
长 三 角	**22**	**11247**	**9780**	**563599**	**2076723**
上 海					
南 京					
苏 州	2	845	493	25444	30648
无 锡					
常 州					
镇 江					
南 通	1	600	600	40000	18500
扬 州	1	340	112	37000	39860
泰 州					
杭 州	1	165	154	6500	31500
宁 波	10	2940	2940	122400	342427
嘉 兴	5	5519	5201	260255	1420442
湖 州	1	808	250	65000	166020
绍 兴	1	30	30	7000	27326
舟 山					
台 州					
珠 三 角	**4**	**724**	**724**	**55000**	**304188**
广 州	1	80	80	2000	11572
深 圳					
珠 海	1	120	120	25000	250000
佛 山					
江 门					
东 莞					
中 山					
惠 州					
肇 庆	2	524	524	28000	42616

2-21　续表 2

(其他)

地　区	市场数量(个)	总摊位数(个)	年末出租摊位数(个)	营业面积(平方米)	成交额(万元)
三大地带合计	**1**	**600**	**590**	**8000**	**35600**
环渤海					
北　京					
天　津					
唐　山					
沈　阳					
大　连					
济　南					
青　岛					
长三角	**1**	**600**	**590**	**8000**	**35600**
上　海					
南　京	1	600	590	8000	35600
苏　州					
无　锡					
常　州					
镇　江					
南　通					
扬　州					
泰　州					
杭　州					
宁　波					
嘉　兴					
湖　州					
绍　兴					
舟　山					
台　州					
珠三角					
广　州					
深　圳					
珠　海					
佛　山					
江　门					
东　莞					
中　山					
惠　州					
肇　庆					

2-22　商品交易市场情况(按经营方式分)

(批发为主)

地　区	市场数量(个)	总摊位数(个)	年末出租摊位数(个)	营业面积(平方米)	成交额(万元)
三大地带合计	**1051**	**769188**	**697788**	**64110052**	**260410812**
环渤海	**277**	**264418**	**240654**	**19546271**	**59977081**
北　京	57	75141	62619	4201821	12225806
天　津	65	47154	43277	3762279	18752888
唐　山	14	13415	12266	771407	1617539
沈　阳	43	45918	43481	1633933	9510970
大　连	22	14541	13863	3355201	6723565
济　南	33	24373	23829	2282250	3374939
青　岛	43	43876	41319	3539380	7771374
长三角	**580**	**380809**	**349177**	**34975985**	**172850602**
上　海	90	46040	41758	6074435	40093670
南　京	19	12235	11407	1380228	4977093
苏　州	45	54875	50264	4429786	23498800
无　锡	39	21036	18981	2757897	20817513
常　州	29	18463	17001	2488664	9208028
镇　江	7	3630	3611	2336039	965037
南　通	31	20546	16004	1799175	6399284
扬　州	32	9326	8424	1018104	3513801
泰　州	14	7827	6863	1127340	1893285
杭　州	90	50586	48582	2605004	22339076
宁　波	63	35894	34537	2939534	11924429
嘉　兴	24	24331	21044	964743	5260530
湖　州	19	11864	10499	1258572	3403087
绍　兴	32	35425	34707	2736764	13756042
舟　山	3	2087	2053	156863	1057500
台　州	43	26644	23442	902837	3743427
珠三角	**194**	**123961**	**107957**	**9587796**	**27583129**
广　州	125	74420	65496	5803317	15427166
深　圳	15	13501	11678	400448	3150376
珠　海	5	1783	1660	116181	927708
佛　山	23	14223	13383	2158777	4430340
江　门	5	1596	1404	117479	442249
东　莞	10	9419	8136	545335	2065391
中　山	3	1807	1636	56484	46715
惠　州	6	6688	4040	361775	1050568
肇　庆	2	524	524	28000	42616

2-22 续表

(零售为主)

地 区	市场数量（个）	总摊位数（个）	年末出租摊位数（个）	营业面积（平方米）	成交额（万元）
三大地带合计	**810**	**414528**	**383227**	**28370388**	**50932297**
环 渤 海	**181**	**118458**	**109738**	**10484215**	**13394707**
北 京	69	43029	38899	6939160	6918004
天 津	21	11818	11500	632751	1410223
唐 山	7	6849	6815	310298	392776
沈 阳	24	16713	15445	514631	1509204
大 连	27	23421	21216	870912	1427234
济 南	11	6297	6020	343464	464874
青 岛	22	10331	9843	872999	1272392
长 三 角	**541**	**255954**	**238010**	**12631062**	**32284758**
上 海	73	28306	26956	1916705	5331399
南 京	36	21178	20401	971348	1967770
苏 州	36	13205	12242	926717	1812401
无 锡	26	26376	24140	1641210	4187756
常 州	25	14137	13159	374648	901744
镇 江	12	4571	4179	276464	402774
南 通	54	24436	23460	969049	1880316
扬 州	25	9409	9096	710136	1140057
泰 州	9	4779	4333	121146	331130
杭 州	71	31525	27542	1381735	4850156
宁 波	51	22695	21954	994740	3246607
嘉 兴	28	15284	13741	547476	1898755
湖 州	22	10583	9388	316423	956441
绍 兴	18	10156	9603	787789	1106391
舟 山	4	2591	2400	22000	96651
台 州	51	16723	15416	673476	2174410
珠 三 角	**88**	**40116**	**35479**	**5255111**	**5252832**
广 州	32	10301	9384	760427	2666991
深 圳	16	13809	11693	358654	718393
珠 海	6	3457	2843	31359	109035
佛 山	13	5155	4814	3825275	1323907
江 门	6	2336	2028	56815	146080
东 莞	3	1133	959	43031	42814
中 山	3	1711	1616	31870	36003
惠 州	5	1475	1407	129568	141487
肇 庆	4	739	735	18112	68122

2-23 商品交易市场情况(按经营环境分)

(露天式)

地 区	市场数量(个)	总摊位数(个)	年末出租摊位数(个)	营业面积(平方米)	成交额(万元)
三大地带合计	**240**	**113794**	**97350**	**13190041**	**38956186**
环 渤 海	**83**	**59787**	**48738**	**6695794**	**15445458**
北 京	17	23579	14439	2295415	7335369
天 津	15	9824	9234	1610007	2465053
唐 山	6	3105	3061	375984	638729
沈 阳	17	9427	8758	686300	3035273
大 连	4	1251	1251	122500	258424
济 南	12	9604	9176	992138	857479
青 岛	12	2997	2819	613450	855131
长 三 角	**126**	**39506**	**36644**	**5069434**	**19727921**
上 海	15	2774	2562	447077	2612782
南 京	8	2076	2012	258396	544219
苏 州	6	2250	1675	182700	353500
无 锡	11	2934	2398	724631	3133720
常 州	7	3616	3542	627327	1942286
镇 江	1	109	109	5000	389954
南 通	10	1546	1364	114080	289235
扬 州	6	1832	1816	80178	400644
泰 州	2	76	76	78000	184000
杭 州	14	2619	2555	338435	2621237
宁 波	24	10798	10777	1376713	3634448
嘉 兴	5	4813	4501	108550	1188177
湖 州	4	1548	880	416861	304026
绍 兴	6	1913	1796	237800	1913488
舟 山					
台 州	7	602	581	73686	216205
珠 三 角	**31**	**14501**	**11968**	**1424813**	**3782807**
广 州	10	4975	4270	303937	781697
深 圳	7	4583	3039	312350	1364601
珠 海	1	120	120	25000	250000
佛 山	7	3298	3167	476738	613759
江 门					
东 莞	2	526	424	123000	250500
中 山					
惠 州	3	587	536	158788	495343
肇 庆	1	412	412	25000	26907

2-23 续表 1

(封闭式)

地 区	市场数量(个)	总摊位数(个)	年末出租摊位数(个)	营业面积(平方米)	成交额(万元)
三大地带合计	**1364**	**903497**	**830882**	**61109881**	**210814702**
环渤海	**325**	**275639**	**256266**	**20734633**	**46133832**
北 京	97	80047	73498	8385810	9914348
天 津	51	36807	33331	2387067	11805492
唐 山	12	12879	11742	420436	954449
沈 阳	48	52818	49788	1441264	7849151
大 连	43	31174	28582	3823613	5973529
济 南	29	18475	18087	1532576	2797218
青 岛	45	43439	41238	2743867	6839645
长三角	**826**	**507195**	**466857**	**30909767**	**145367522**
上 海	115	56614	51693	3611477	36042353
南 京	43	29745	28335	2026730	6073594
苏 州	62	60644	56443	4412528	20077333
无 锡	39	32351	29342	2069701	11421069
常 州	34	21950	20639	1408164	6023623
镇 江	16	6109	5698	835534	653504
南 通	62	38122	33048	2351634	7418880
扬 州	42	13626	12617	1290242	3766085
泰 州	16	8691	7753	1071452	1730599
杭 州	120	64121	59448	2910451	15661498
宁 波	84	46208	44192	2384081	11015459
嘉 兴	45	34317	29799	1300335	5785647
湖 州	28	12166	11012	665367	1528245
绍 兴	40	41183	40029	3135146	12373131
舟 山	6	3498	3273	73863	695151
台 州	74	37850	33536	1363062	5101351
珠三角	**213**	**120663**	**107759**	**9465481**	**19313348**
广 州	135	66646	61927	3602330	11573613
深 圳	19	18321	16075	355802	2234779
珠 海	9	4300	3688	117381	769724
佛 山	22	10362	9482	4557547	1992677
江 门	7	2786	2380	113188	373731
东 莞	8	8094	6797	438066	1661106
中 山	4	2524	2429	52000	52402
惠 州	6	7059	4412	218555	613585
肇 庆	3	571	569	10612	41731

2-23 续表 2

(其他)

地 区	市场数量（个）	总摊位数（个）	年末出租摊位数（个）	营业面积（平方米）	成交额（万元）
三大地带合计	**257**	**166425**	**152783**	**18180518**	**61572221**
环 渤 海	**50**	**47450**	**45388**	**2600059**	**11792498**
北 京	12	14544	13581	459756	1894093
天 津	20	12341	12212	397956	5892566
唐 山	3	4280	4278	285285	417137
沈 阳	2	386	380	21000	135750
大 连	2	5537	5246	280000	1918846
济 南	3	2591	2586	101000	185116
青 岛	8	7771	7105	1055062	1348990
长 三 角	**169**	**90062**	**83686**	**11627846**	**40039917**
上 海	33	14958	14459	3932586	6769934
南 京	4	1592	1461	66450	327050
苏 州	13	5186	4388	761275	4880368
无 锡	15	12127	11381	1604775	10450480
常 州	13	7034	5979	827821	2143863
镇 江	2	1983	1983	1771969	324353
南 通	13	5314	5052	302510	571485
扬 州	9	3277	3087	357820	487129
泰 州	5	3839	3367	99034	309816
杭 州	27	15371	14121	737853	8906497
宁 波	6	1583	1522	173480	521129
嘉 兴	2	485	485	103334	185461
湖 州	9	8733	7995	492767	2527257
绍 兴	4	2485	2485	151607	575814
舟 山	1	1180	1180	105000	459000
台 州	13	4915	4741	139565	600281
珠 三 角	**38**	**28913**	**23709**	**3952613**	**9739806**
广 州	12	13100	8683	2657477	5738847
深 圳	5	4406	4257	90950	269389
珠 海	1	820	695	5159	17019
佛 山	7	5718	5548	949767	3147811
江 门	4	1146	1052	61106	214598
东 莞	3	1932	1874	27300	196599
中 山	2	994	823	36354	30316
惠 州	2	517	499	114000	83127
肇 庆	2	280	278	10500	42100

2-24 商品交易市场成交情况(按摊位分)

地区	食品、饮料、烟酒类		食品类		#粮油类	
	摊位数(个)	成交额(万元)	摊位数(个)	成交额(万元)	摊位数(个)	成交额(万元)
三大地带合计	**1022007**	**152599760**	**939457**	**140759607**	**77699**	**20105775**
环渤海	**124657**	**24855376**	**116216**	**22942051**	**7762**	**4090434**
北京	35384	10106785	31968	9315137	3138	1230815
天津	24548	5222678	23081	4858117	1328	1980994
唐山	8055	659137	7342	618421	546	29246
沈阳	8422	1710629	8195	1648205	598	173291
大连	9715	2028398	9080	1853301	1344	252257
济南	12172	1234058	10829	1006398	388	91441
青岛	26361	3893691	25721	3642472	420	332390
长三角	**195699**	**36451041**	**184328**	**34056658**	**12727**	**4650091**
上海	21916	5759878	20814	5460731	2448	1274088
南京	11252	1536901	11018	1496998	529	292613
苏州	12398	3864978	11723	3673958	629	174301
无锡	10396	2566070	9806	2374744	1292	439438
常州	8533	2202955	7169	1976722	592	254180
镇江	2284	236260	2088	208064	393	30448
南通	18852	1943970	17464	1796714	1031	88942
扬州	7059	1982125	6561	1790491	229	36355
泰州	3546	787275	3223	757029	164	316837
杭州	22389	5440162	20275	5034714	947	725994
宁波	28940	3604028	28298	3449199	730	321629
嘉兴	12929	1548586	12776	1486081	1769	216608
湖州	8969	1231859	8429	1083386	553	137045
绍兴	7210	1421435	6482	1216835	409	254305
舟山	3568	555108	3568	555108	128	3111
台州	15458	1769451	14634	1695884	884	84197
珠三角	**40071**	**11428991**	**37997**	**10818442**	**3652**	**1173801**
广州	11582	4232256	10297	4012974	1216	509419
深圳	6687	2578040	6465	2299965	714	224933
珠海	3454	991439	3370	986488	115	7149
佛山	6164	890950	5956	840455	271	34062
江门	2148	478551	2013	449284	208	52263
东莞	6193	1823284	6136	1799999	451	167979
中山	1560	43928	1522	43173	351	4723
惠州	1372	299245	1342	296346	268	163713
肇庆	911	91298	896	89758	58	9560

2-24 续表 1

地 区	#肉禽蛋类		#水产品类		#蔬菜类	
	摊位数（个）	成交额（万元）	摊位数（个）	成交额（万元）	摊位数（个）	成交额（万元）
三大地带合计	**126926**	**19304683**	**140129**	**27442992**	**407198**	**38510544**
环 渤 海	**10866**	**2109241**	**17239**	**5075014**	**53574**	**6080628**
北 京	4622	1067452	3636	1436409	10183	2568804
天 津	1503	229768	2255	813055	14828	1027540
唐 山	577	34567	1043	64867	3754	341449
沈 阳	844	150061	1215	640647	2670	256870
大 连	1252	271046	2209	533266	2205	193724
济 南	540	83906	828	272344	7167	480845
青 岛	1528	272441	6053	1314426	12767	1211396
长 三 角	**29362**	**5793204**	**43860**	**9907297**	**69501**	**6140290**
上 海	2733	737663	4223	1651059	9165	806205
南 京	2062	290683	1393	402112	5243	421955
苏 州	2613	1118721	2585	1093629	3150	415762
无 锡	938	422968	1188	649205	3730	296809
常 州	1450	232479	1242	618881	2827	514516
镇 江	695	50087	201	71932	634	31655
南 通	3527	505437	3614	555936	7293	362419
扬 州	1402	287000	1263	283753	2573	539775
泰 州	701	95551	578	240098	1449	70119
杭 州	3255	764528	2653	806857	9590	872390
宁 波	3007	583337	12856	1325417	9127	816717
嘉 兴	2526	135487	1729	135982	3662	328720
湖 州	1669	234317	1307	243788	3511	163835
绍 兴	756	106366	788	301830	3195	288631
舟 山	185	33854	2157	493376	1058	20418
台 州	1843	194726	6083	1033442	3294	190364
珠 三 角	**8920**	**2112050**	**5280**	**1385461**	**11722**	**2223848**
广 州	2085	653137	1587	555111	3696	900759
深 圳	1678	466271	1437	318105	1281	574970
珠 海	555	68147	718	267885	1487	279500
佛 山	2307	482237	576	109374	2487	137516
江 门	435	76809	249	60324	389	7677
东 莞	966	309206	325	41572	1419	288081
中 山	416	14553	246	11573	360	8389
惠 州	228	17214	101	12977	504	16161
肇 庆	250	24476	41	8540	99	10795

2-24 续表 2

地区	#干鲜果品类		饮料类		烟酒类	
	摊位数（个）	成交额（万元）	摊位数（个）	成交额（万元）	摊位数（个）	成交额（万元）
三大地带合计	**138847**	**26694651**	**43110**	**5824356**	**39440**	**6015797**
环渤海	**20500**	**4167557**	**4066**	**860635**	**4375**	**1052690**
北京	7255	2749970	1635	301986	1781	489662
天津	2927	420722	344	131604	1123	232957
唐山	1419	142112	399	16616	314	24100
沈阳	1149	135852	143	41564	84	20860
大连	1194	181126	292	83530	343	91567
济南	1906	77859	1152	219745	191	7915
青岛	4650	459916	101	65590	539	185629
长三角	**21848**	**6058591**	**7163**	**1472827**	**4208**	**921556**
上海	1591	839569	733	234356	369	64791
南京	1299	52439	75	7883	159	32020
苏州	1696	318408	317	100590	358	90430
无锡	2190	363045	370	131206	220	60120
常州	741	306152	983	193748	381	32485
镇江	165	23942	33	935	163	27261
南通	1406	164116	545	45742	843	101514
扬州	945	520458	220	64787	278	126847
泰州	94	24955	184	16134	139	14112
杭州	2852	1720789	1749	285719	365	119729
宁波	2159	392781	505	111854	137	42975
嘉兴	2227	653666	79	15843	74	46662
湖州	1130	273342	284	67789	256	80684
绍兴	1052	220273	662	160545	66	44055
舟山	40	3226				
台州	2261	181430	424	35696	400	37871
珠三角	**7378**	**3776270**	**1469**	**404538**	**605**	**206011**
广州	1099	1348298	1030	167222	255	52060
深圳	1355	715686	109	170904	113	107171
珠海	474	363807	41	2161	43	2790
佛山	314	58004	134	30504	74	19991
江门	323	229841	84	16373	51	12894
东莞	2975	993161	30	16380	27	6905
中山	149	3935	20	249	18	506
惠州	241	34351	14	623	16	2276
肇庆	448	29187	7	122	8	1418

2-24 续表 3

地区	服装鞋帽、针、纺织品类		服装类		鞋帽类	
	摊位数（个）	成交额（万元）	摊位数（个）	成交额（万元）	摊位数（个）	成交额（万元）
三大地带合计	**841627**	**96662153**	**507440**	**41328580**	**130740**	**10971997**
环渤海	**95088**	**9499664**	**62882**	**5838480**	**17693**	**1710144**
北京	23208	715332	16049	436740	2982	106938
天津	11531	1244881	8524	743104	2134	111942
唐山	4416	264827	2981	138537	1054	96479
沈阳	22835	3771634	14389	2405378	5416	801756
大连	12817	1029898	7307	501020	2533	181809
济南	7176	734662	5001	546234	1543	175595
青岛	13105	1738430	8631	1067467	2031	235625
长三角	**158233**	**39419205**	**76701**	**11682265**	**15969**	**2038320**
上海	12030	1175008	9268	1025026	1159	31363
南京	6197	552213	4231	333984	1011	90618
苏州	26869	12275013	17187	4118321	1998	510388
无锡	7490	880545	3037	352692	1539	177209
常州	5061	438813	2639	139274	954	58456
镇江	1623	142789	939	63781	410	43450
南通	11622	4954775	2167	75614	990	27497
扬州	1989	710625	560	156712	818	251802
泰州	2062	80994	1223	48285	406	15680
杭州	19897	4069557	13973	1986614	1921	148740
宁波	7356	1136829	3684	548710	1191	271084
嘉兴	15509	2916537	8841	1413461	177	5699
湖州	4685	1518621	2801	499855	234	41559
绍兴	27824	7121331	2631	135137	656	36871
舟山	12	543	12	543		
台州	8007	1445012	3508	784256	2505	327904
珠三角	**52216**	**8252443**	**30348**	**2366417**	**6439**	**1017641**
广州	33868	5586962	21086	1940860	4882	891738
深圳	3439	73682	2360	55299	455	8091
珠海	800	29379	500	6553	58	1227
佛山	6565	2048040	783	54827	183	18888
江门	723	44966	670	39979	43	2257
东莞	2425	159914	1623	79674	32	240
中山	1322	27562	1224	26499	79	856
惠州	2936	279498	1980	160556	707	94344
肇庆	138	2440	122	2170		

2-24 续表 4

地 区	针、纺织品类		化妆品类		金银珠宝类	
	摊位数（个）	成交额（万元）	摊位数（个）	成交额（万元）	摊位数（个）	成交额（万元）
三大地带合计	**203447**	**44361576**	**28473**	**2420012**	**10872**	**3152014**
环渤海	**14513**	**1951040**	**2618**	**226187**	**2418**	**515255**
北京	4177	171654	785	51421	382	20496
天津	873	389835	364	26149	4	146
唐山	381	29811	92	11968	110	15070
沈阳	3030	564500	505	21798	8	231
大连	2977	347069	487	80814	52	7118
济南	632	12833	136	8760	322	14000
青岛	2443	435338	249	25277	1540	458194
长三角	**65563**	**25698620**	**1634**	**229863**	**1130**	**588646**
上海	1603	118619	47	4214	7	269
南京	955	127611	65	5433	11	146
苏州	7684	7646304	71	1822	186	128000
无锡	2914	350644	168	20092	116	918
常州	1468	241083	107	4285	21	1149
镇江	274	35558	35	5787	6	890
南通	8465	4851664	195	22901	11	1740
扬州	611	302111	50	30056		
泰州	433	17029	285	23609		
杭州	4003	1934203	212	12715	4	536
宁波	2481	317035	178	33198		
嘉兴	6491	1497377	29	1115	1	15
湖州	1650	977207	54	51708		
绍兴	24537	6949323	3	3	766	447828
舟山						
台州	1994	332852	135	12925	1	7155
珠三角	**15429**	**4868385**	**2116**	**172940**	**1013**	**58729**
广州	7900	2754364	1575	118990	518	33125
深圳	624	10292	160	7364	333	4455
珠海	242	21599	24	725		
佛山	5599	1974325	25	12609		
江门	10	2730	23	8432		
东莞	770	80000				
中山	19	207	125	3908		
惠州	249	24598	184	20912	50	5440
肇庆	16	270			112	15709

2-24 续表 5

地 区	日用品类		#洗涤用品类		#儿童玩具类	
	摊位数（个）	成交额（万元）	摊位数（个）	成交额（万元）	摊位数（个）	成交额（万元）
三大地带合计	**172059**	**19221837**	**41548**	**3945600**	**26681**	**2456088**
环渤海	**28342**	**2393640**	**6192**	**576108**	**3069**	**150669**
北京	12176	780384	3006	361759	1131	30023
天津	1659	165661	173	18685	57	1818
唐山	742	16758	221	6044	497	8364
沈阳	8188	908720	1473	96267	518	61621
大连	2303	327589	433	12300	178	2199
济南	1650	64717	190	7286	372	13375
青岛	1624	129811	696	73767	316	33269
长三角	**31090**	**3570902**	**5994**	**620639**	**2340**	**252390**
上海	1814	185840	613	116556	23	6205
南京	2221	346420	997	190967	75	11658
苏州	2661	221418	644	53472	62	761
无锡	5194	583333	251	10063	487	89210
常州	5359	639281	222	7276	168	6510
镇江	308	19449	99	2080	12	1010
南通	1322	88899	290	42047	176	6723
扬州	962	190151	144	40654	625	42520
泰州	486	27565	172	1030	10	112
杭州	5369	502221	1765	51448	309	34125
宁波	1957	220924	323	24795	49	6578
嘉兴	635	176701	37	628	5	99
湖州	178	52508	102	31960	27	18674
绍兴	653	81456	146	7327	160	8504
舟山						
台州	1971	234736	189	40336	152	19701
珠三角	**13458**	**1852837**	**864**	**87146**	**973**	**91093**
广州	10567	1657942	74	15595	475	17822
深圳	1527	44961	141	8460	67	2412
珠海	78	2436	39	1659	18	647
佛山	429	110378	154	47232	267	62966
江门	335	15080	271	8872	48	1153
东莞	9	246	4	185	5	61
中山	188	4732	12	520	12	210
惠州	325	17062	169	4623	81	5822
肇庆						

2-24 续表 6

地 区	五金、电料类		体育、娱乐用品类		书报杂志类	
	摊位数（个）	成交额（万元）	摊位数（个）	成交额（万元）	摊位数（个）	成交额（万元）
三大地带合计	**87562**	**13295464**	**11424**	**1446572**	**4853**	**666647**
环 渤 海	**9205**	**1396718**	**1676**	**307988**	**1108**	**137367**
北 京	1416	67933	805	153041	245	19272
天 津	4097	875622	63	7399	24	264
唐 山	245	16637	255	87525	8	21
沈 阳	1335	193609	81	7133	513	90553
大 连	869	68665	105	2974	98	13054
济 南	360	7514	234	10889	44	1173
青 岛	883	166738	133	39027	176	13030
长 三 角	**26204**	**5286762**	**1056**	**118086**	**595**	**105215**
上 海	2733	184081	172	18686	51	18514
南 京	1828	245948	36	3247	99	31635
苏 州	2726	335048	14	864	50	9101
无 锡	2771	587926	80	7382	214	17456
常 州	1372	321143	9	676	1	200
镇 江	69	1180	3	270	5	160
南 通	925	48462	141	6084	36	2484
扬 州	684	300267			12	347
泰 州	1937	830331	18	101		
杭 州	3542	734213	292	17215	91	23850
宁 波	1797	221357	119	11748	34	1452
嘉 兴			3	135		
湖 州	192	26792	14	1315	1	7
绍 兴	2844	1165828	7	4063	1	9
舟 山						
台 州	2784	284186	148	46300		
珠 三 角	**3083**	**609634**	**438**	**55860**	**113**	**38651**
广 州	2325	419803	284	28749	100	38039
深 圳	359	9278	20	180	1	60
珠 海	10	583	4	291	4	158
佛 山	243	71059	57	20441	2	51
江 门			10	400		
东 莞	96	105036				
中 山	15	346	4	280	4	208
惠 州	35	3529	59	5519	2	135
肇 庆						

2-24 续表 7

地 区	电子出版物及音像制品类		家用电器和音像器材类		中西药品类	
	摊位数（个）	成交额（万元）	摊位数（个）	成交额（万元）	摊位数（个）	成交额（万元）
三大地带合计	**8218**	**1432232**	**33497**	**6323120**	**24006**	**3949662**
环 渤 海	**807**	**116879**	**3541**	**504121**	**73**	**6026**
北 京	24	440	1379	168517	24	1038
天 津	34	1628	184	19839	7	205
唐 山	125	43425	157	49347	10	4000
沈 阳	9	930	671	72488	13	300
大 连	359	42341	767	177441	6	431
济 南	88	2440	141	1119		
青 岛	168	25675	242	15370	13	52
长 三 角	**233**	**24358**	**3408**	**701132**	**378**	**268892**
上 海	57	4829	322	101464	263	90656
南 京	29	5851	155	17025	1	242
苏 州	5	265	306	48527	4	67
无 锡	20	2511	286	38457	15	24121
常 州	18	1500	52	53894	4	140892
镇 江	6	190	18	974	21	1407
南 通	27	308	113	15416	23	1780
扬 州	2	2900	123	26026	3	65
泰 州			206	24922	2	31
杭 州	2	536	430	111796	2	20
宁 波	33	195	849	106302	1	12
嘉 兴			59	7990		
湖 州	31	2164	138	18218	6	715
绍 兴	2	2109	5	2169		
舟 山						
台 州	1	1000	346	127952	33	8884
珠 三 角	**360**	**38280**	**2145**	**318812**	**450**	**25640**
广 州	323	36720	1453	218119	327	17297
深 圳	19	566	507	20456	22	211
珠 海	7	51	7	1276	43	4948
佛 山			122	67956	12	115
江 门			8	6145	5	611
东 莞					2	80
中 山	4	272	7	198	19	1261
惠 州	7	671	41	4662	20	1117
肇 庆						

2-24 续表 8

地区	#西药类		#中草药及中成药类		文化办公用品类	
	摊位数(个)	成交额(万元)	摊位数(个)	成交额(万元)	摊位数(个)	成交额(万元)
三大地带合计	**1092**	**261987**	**21650**	**3438017**	**57085**	**9469641**
环渤海	**50**	**5143**	**14**	**330**	**10336**	**2446389**
北京	8	495	10	167	5453	1012089
天津	2	30	4	163	492	42971
唐山	10	4000			353	54402
沈阳	13	300			262	17220
大连	4	266			1190	695240
济南					1164	282006
青岛	13	52			1422	342461
长三角	**41**	**138920**	**310**	**98859**	**7022**	**1286677**
上海	3	656	260	90000	685	117499
南京	1	242			648	175571
苏州	3	55	1	12	169	35977
无锡	8	1370	2	312	769	212215
常州	1	135092			90	8865
镇江	12	899	9	508	13	808
南通	8	498	5	269	271	56149
扬州	3	65			281	125551
泰州	1	28			92	424
杭州	1	15	1	5	2523	296819
宁波					755	93062
嘉兴					121	19760
湖州					129	10872
绍兴					215	80679
舟山						
台州			32	7753	261	52426
珠三角	**18**	**1172**	**424**	**23134**	**4239**	**517504**
广州	1	32	324	16677	1516	352920
深圳	2	71	20	140	1503	88093
珠海	1	109	41	4704	4	218
佛山			12	115	917	42547
江门					29	6669
东莞	1	18	1	62		
中山	3	319	16	942		
惠州	10	623	10	494	270	27057
肇庆						

2-24　续表 9

地　区	家具类		通讯器材类		煤炭及制品类	
	摊位数（个）	成交额（万元）	摊位数（个）	成交额（万元）	摊位数（个）	成交额（万元）
三大地带合计	**73803**	**10172808**	**19151**	**1849244**	**1997**	**3170003**
环渤海	**11351**	**1139137**	**2129**	**431308**	**451**	**1213239**
北　京	3754	506339	694	142306		
天　津	1173	86061	88	33135	444	1211139
唐　山	50	20000	20	8000		
沈　阳	2343	217014	492	220197		
大　连	2099	148449	585	9752		
济　南	1080	62076	166	1781		
青　岛	852	99198	84	16137	7	2100
长三角	**18639**	**2721261**	**2948**	**239747**	**115**	**730144**
上　海	4585	357301	89	19429	10	11725
南　京	1285	142508	5	292		
苏　州	4695	933880	1024	30850	8	3842
无　锡	548	68435	135	22206	7	4904
常　州	398	117256	2	100	10	8976
镇　江	34	2579	18	1382	7	283
南　通	688	101359	29	912		
扬　州	1182	214446				
泰　州	153	20521				
杭　州	709	125603	426	94022		
宁　波	1708	163517			67	676994
嘉　兴	65	1832				
湖　州	1462	273960	195	5600		
绍　兴	691	112532	120	125	6	23420
舟　山						
台　州	436	85532	905	64829		
珠三角	**665**	**80390**	**8581**	**483816**	**1**	**33**
广　州	370	38436	273	40248	1	33
深　圳			8265	422580		
珠　海	16	619	4	379		
佛　山	279	41335	13	13392		
江　门			1	20		
东　莞			20	6765		
中　山						
惠　州			5	432		
肇　庆						

2-24 续表 10

地区	木材及制品类		石油及制品类		化工材料及制品类	
	摊位数(个)	成交额(万元)	摊位数(个)	成交额(万元)	摊位数(个)	成交额(万元)
三大地带合计	**29403**	**6925078**	**1269**	**8990968**	**28718**	**21960899**
环渤海	**2750**	**407281**	**206**	**2102288**	**1069**	**872703**
北京	855	28144			170	12185
天津	440	172299	2	178	365	764108
唐山	180	65000			49	16250
沈阳	200	29990			392	64234
大连	379	60527	200	2100000	83	15820
济南						
青岛	696	51321	4	2110	10	106
长三角	**8568**	**2223549**	**580**	**6855158**	**9078**	**16383319**
上海	1449	269266	570	6850000	1076	860799
南京	424	199130			32	5370
苏州	537	148819			1171	4022486
无锡	92	48600			521	1357728
常州	2183	276809			582	1937028
镇江	71	6016	7	2178	49	62011
南通	268	42223			34	6362
扬州	246	64836			5	4915
泰州	99	9047			48	6878
杭州	239	56445			855	160444
宁波	799	181303	3	2980	2714	4435738
嘉兴					8	5980
湖州	1596	687831			11	1646
绍兴	170	217264			1776	3412434
舟山						
台州	395	15960			196	103500
珠三角	**1021**	**319067**	**2**	**18**	**254**	**230106**
广州	629	299896	2	18	253	230098
深圳	40	6160				
珠海	2	131				
佛山						
江门					1	8
东莞	350	12880				
中山						
惠州						
肇庆						

2-24 续表 11

地区	#化肥类		金属材料类		建筑及装潢材料类	
	摊位数（个）	成交额（万元）	摊位数（个）	成交额（万元）	摊位数（个）	成交额（万元）
三大地带合计	**3385**	**866580**	**84322**	**115297693**	**175844**	**32401271**
环渤海	**35**	**10596**	**8220**	**11406126**	**17303**	**2848753**
北京			369	131141	4608	495490
天津	3	2590	2698	7427364	2652	523168
唐山	22	7900	390	385387	724	184500
沈阳			3421	2216416	5799	743720
大连			160	19380	893	139547
济南			690	135490	624	162260
青岛	10	106	492	1090948	2003	600068
长三角	**20**	**5154**	**27056**	**60593302**	**48415**	**9929097**
上海	5	686	5217	24402038	10678	2806832
南京			1320	2504612	5069	860377
苏州			1494	1405175	3315	506970
无锡			5874	15923043	4093	1339176
常州			586	1588465	2551	916382
镇江	2	578	148	436818	622	68125
南通	9	722	313	114210	2426	531015
扬州	2	2800	831	326718	1840	383164
泰州			838	255570	1191	144417
杭州	2	368	3791	10235095	5483	980964
宁波			3678	2536957	2600	576904
嘉兴			627	262260	3614	246632
湖州			150	93700	1244	200045
绍兴			267	89113	939	201337
舟山			96	48000	462	31840
台州			1826	371528	2288	134917
珠三角	**1**	**8**	**1293**	**2226886**	**3251**	**537303**
广州			528	1427961	1531	186038
深圳			26	3020	215	12703
珠海						
佛山			739	795905	1451	323897
江门	1	8			54	14665
东莞						
中山						
惠州						
肇庆						

2-24 续表 12

地　　区	机电产品及设备类				汽车类	
			#农机类			
	摊位数（个）	成交额（万元）	摊位数（个）	成交额（万元）	摊位数（个）	成交额（万元）
三大地带合计	**42999**	**10319485**	**4549**	**1235315**	**61339**	**36084634**
环 渤 海	**2381**	**536203**	**236**	**91751**	**9481**	**8898627**
北　　京	1116	349645			4129	4285491
天　　津	64	13756			1260	2176139
唐　　山	50	20000			293	62361
沈　　阳	60	15800			670	117150
大　　连	747	33471			450	1024439
济　　南	136	11701	38	1451	2282	1038412
青　　岛	208	91830	198	90300	397	194635
长 三 角	**9392**	**2440679**	**343**	**52267**	**9906**	**8710564**
上　　海	317	57479			1221	1639031
南　　京	160	9606			278	234285
苏　　州	1387	112070	10	30	405	578444
无　　锡	459	366294			1092	704064
常　　州	933	120676	256	42117	63	27965
镇　　江	916	158832	71	9469	1	968
南　　通	136	38702	3	220	423	180373
扬　　州	3	920	1	56	233	73136
泰　　州	5	643	2	375		
杭　　州	3154	686322			5038	3442986
宁　　波	561	203337			171	227838
嘉　　兴					200	586861
湖　　州	9	790			431	153378
绍　　兴	202	69366			6	25404
舟　　山	315	518660				
台　　州	835	96982			344	835831
珠 三 角	**474**	**89529**	**184**	**50641**	**4066**	**4781953**
广　　州	272	32242	4	52	3632	2781719
深　　圳					124	501022
珠　　海						
佛　　山	202	57287	180	50589	253	978724
江　　门						
东　　莞						
中　　山						
惠　　州					57	520488
肇　　庆						

2-24　续表 13

地　区	种子饲料类		棉麻类		其他类	
	摊位数（个）	成交额（万元）	摊位数（个）	成交额（万元）	摊位数（个）	成交额（万元）
三大地带合计	**6786**	**886842**	**5540**	**4034611**	**161927**	**16871585**
环 渤 海	**76**	**5023**	**754**	**48231**	**14352**	**1057259**
北　京	2	108	86	935	4454	95278
天　津	6	1271	650	35300	1928	111750
唐　山	37	2700			2720	23000
沈　阳	14	585			2693	599823
大　连					715	125451
济　南			18	11996	1366	54759
青　岛	17	359			476	47198
长 三 角	**266**	**41724**	**1165**	**2249762**	**24377**	**3966275**
上　海	1	207			3404	490024
南　京					693	68051
苏　州	5	162	55	161662	2951	485761
无　锡	17	645			2764	229148
常　州	13	391	536	726309	1676	575762
镇　江	3	327			1523	218128
南　通	22	832	13	2597	1574	118047
扬　州	12	281			2003	217329
泰　州	3	30			225	12057
杭　州					1676	197711
宁　波	189	38809	125	72194	1857	625358
嘉　兴			436	1287000	549	97881
湖　州	1	40			391	27759
绍　兴					603	384528
舟　山						
台　州					2488	218731
珠 三 角	**16**	**467**	**2**	**104**	**4108**	**715968**
广　州	12	266			2939	316280
深　圳					124	95938
珠　海					46	4110
佛　山	4	201			720	279360
江　门					95	12782
东　莞						
中　山					4	23
惠　州			2	104	82	6184
肇　庆					98	1291

第三部分　市场篇

简要说明：

本篇资料的主要内容是按成交额排名居前列的大型商品交易市场的名称，包括按照市场类别划分的综合市场、专业市场等。

3-1　前100家商品交易市场

顺序	市场名称	顺序	市场名称
1	上海物贸有色金属交易市场	51	湖南钢材大市场(长沙)
2	中国东方丝绸市场(苏州)	52	广东鱼珠国际建材市场(广州)
3	中国常熟服装城	53	香河家具城(廊坊)
4	华油石油天然气化工交易中心(上海)	54	揭阳市国际金属材料市场
5	中国小商品城(金华)	55	泰安市泰山钢材大市场
6	浙江绍兴中国轻纺城	56	深圳市布吉农产品批发中心
7	新华集贸市场(石家庄)	57	广州市花都区狮岭皮革皮具城
8	浙江中国科技五金城(金华)	58	江苏凌家塘市场(常州)
9	石家庄市南三条小商品批发市场	59	苏州南环桥市场
10	沈阳市五爱市场	60	中昊化工市场(上海)
11	中储发展有限公司天津储宝分公司	61	杭州三里洋钢材市场
12	余姚市中国塑料城(宁波)	62	无锡招商城市场
13	钱清中国轻纺原料城(绍兴)	63	云南省钢材市场(昆明)
14	高碑店市白沟镇市场(保定)	64	中国茧丝绸交易市场(嘉兴)
15	北京市丰台新发地农副产品批发市场	65	江苏东方钢材城(无锡)
16	上海逸仙钢材市场	66	江苏湖塘纺织城(常州)
17	南通叠石桥国际家纺城	67	中国织里童装市场(湖州)
18	博兴县兴福镇黑白铁市场(滨州)	68	武汉白沙洲农副产品大市场
19	江苏无锡生产资料交易市场	69	淄博淄川建材城
20	无锡南方不锈钢市场	70	常州长江塑料化工交易市场
21	广州市海珠区中大布匹市场	71	天津空港国际汽车园(天津北方汽车交易市场)
22	中国铁路物资哈尔滨物流公司	72	南宁市虎邱城北钢材市场
23	北京市旧机动车交易市场	73	商丘农产品中心批发市场
24	海城市西柳服装市场(鞍山)	74	青岛市城阳蔬菜水产品批发市场
25	张家港保税区化工品交易市场	75	中国(十堰)汽配城
26	杭州萧山商业城	76	即墨市服装批发市场(青岛)
27	大连石油交易所	77	浙江纺织采购博览城(杭州)
28	安庆市光彩大市场	78	江苏华东石化物资交易市场(无锡)
29	南昌市洪城大市场	79	江苏宣武集团市场(徐州)
30	江阴市金属材料市场	80	北京大洋路农副产品市场
31	杭州运河钢材市场	81	柳州市生产资料大市场
32	浙江新世纪金属材料现货市场(杭州)	82	桐乡市濮院羊毛衫市场
33	广东西樵轻纺城(佛山)	83	北京城北回龙观商品交易市场
34	大连双兴商品城	84	徐州区域生产资料市场
35	杭州城北金属材料市场	85	邯郸永年县标准件市场
36	通州市志浩综合市场	86	福州市南方钢材物流中心
37	杭州物资城	87	北京锦绣大地农副产品批发市场
38	广州江南果菜批发市场	88	重庆绿云石都建材交易有限公司
39	重庆朝天门市场	89	重庆恒冠物流有限公司(重庆隆鑫物流有限公司)
40	江阴景澄物流交易市场	90	合肥周谷堆农产品批发市场
41	南京生产资料中心批发市场	91	湖南省三湘南湖大市场(长沙)
42	重庆市观音桥农贸市场	92	张家港保税区纺织原料市场
43	江阴长江港口物流园区交易中心	93	长春汽车批发中心市场
44	天津保税区大宗商品交易市场	94	成都市九龙广场
45	张家港保税区华东化工交易市场	95	安国市东方药城(保定)
46	绍兴越州轻纺工贸园区	96	重庆巨龙钢材市场
47	安徽省徽商钢材市场(合肥)	97	沈阳钢材中心批发市场
48	上海宝山钢材交易市场	98	贵阳市市西大市场
49	运城经济开发区禹都市场	99	上海长江有色金属现货市场
50	洛阳市洛龙区关林市场	100	常州钢材现货交易市场有限公司

3-2 前100家综合贸易市场

序号	市场名称
1	中国小商品城(金华)
2	浙江中国科技五金城(金华)
3	石家庄市南三条小商品批发市场
4	高碑店市白沟镇市场(保定)
5	北京市丰台新发地农副产品批发市场
6	杭州萧山商业城
7	安庆市光彩大市场
8	大连双兴商品城
9	重庆市观音桥农贸市场
10	运城经济开发区禹都市场
11	洛阳市洛龙区关林市场
12	苏州南环桥市场
13	无锡招商城市场
14	江苏湖塘纺织城
15	北京大洋路农副产品市场
16	北京城北回龙观商品交易市场
17	徐州区域生产资料市场
18	北京锦绣大地农副产品批发市场
19	合肥周谷堆农产品批发市场
20	南昌深圳农产品中心批发市场
21	湖南高桥大市场(长沙)
22	西安市新城区康复路工艺品批发市场
23	扬州曲江商品城有限公司
24	长沙市红星实业集团有限公司农副产品大市场
25	浙江省农都农产品市场(杭州)
26	深圳市福田农产品批发市场
27	江苏苏浙皖边界市场(常州)
28	聊城香江光彩大市场
29	上海江杨农产品批发市场
30	北京顺鑫石门农产品批发市场
31	无锡食品商城
32	烟台市三站市场
33	铁岭市贸易城
34	石家庄桥西蔬菜中心批发市场
35	珠海市农副产品批发物流中心
36	九江市京九农副产品中心批发市场
37	成都农产品中心批发市场
38	吉安农产品批发市场
39	路桥小商品批发市场(台州)
40	重庆马家岩板材批发市场
41	即墨小商品城(青岛)
42	北京鼎好天地电子市场
43	温州商贸城
44	宁波轻纺城
45	邵东县工业品市场(邵阳)
46	天津韩家墅农产品批发市场
47	涵江商贸批发中心(莆田)
48	皖西北商贸城(阜阳)
49	慈溪市工业品批发市场(宁波)
50	环渤海建材中心批发市场(天津)
51	无锡朝阳农产品大市场
52	河南周口市荷花市场
53	北京八里桥农产品中心批发市场
54	唐山玉田县鸦鸿桥镇河西日杂市场
55	乌鲁木齐西部边贸城(新疆华凌工贸集团责任公司)
56	天津万隆大胡同商业中心
57	余姚市农副产品批发市场
58	东莞市江南市场
59	江阴市江南农副产品批发交易市场
60	上海曹安农产品市场
61	邯郸市魏县天仙果菜批发市场
62	宜昌金东山市场
63	闽南商业城批发市场(漳州)
64	大连金三角大市场(大连东方投资置业有限公司)
65	陕西西北轻工业批发市场(西安)
66	北京农产品中央批发市场
67	杭州汽车东站小商品市场
68	湖州长兴金陵商城
69	四川好一新商贸城(达州)
70	清河县绒毛市场(邢台)
71	广东南国小商品城(佛山)
72	济南七里堡蔬菜综合批发市场
73	大连长兴购物中心
74	合肥市庐阳区城隍庙市场
75	中南农产品市场(佛山)
76	德州市恒玉黑马商贸市场
77	襄樊华中光彩大市场(湖北百盟投资集团有限公司)
78	江苏华东灯具城(镇江)
79	湖州市长兴县农副产品综合批发市场
80	宁波万国商城
81	柳州市柳邕农副产品批发市场
82	通辽市团结路贸易区
83	青岛抚顺路蔬菜副食品批发市场
84	无锡尤渡投资有限公司华东商贸城
85	天津市河东区粮油市场
86	重庆市万州区小天鹅批发市场
87	乌鲁木齐北园春市场
88	天津市王顶堤批发市场
89	上海市金山区市场
90	海门市东洲市场
91	佛山市综合批发市场
92	邯郸市永年县中原农副产品批发市场
93	慈溪市周巷副食品批发市场(宁波)
94	上海市闵行区永康水产批发市场
95	福州海峡糖烟酒批发市场
96	温州浙闽农贸综合市场
97	南宁农业市场
98	广州市南天(国际)酒店用品批发市场
99	成都国融金府机电城
100	公主岭市温州商城

3-3　前100家专业市场

序号	市场名称	序号	市场名称
1	上海物贸有色金属交易市场	51	中国茧丝绸交易市场（嘉兴）
2	中国东方丝绸市场（苏州）	52	江苏东方钢材城（无锡）
3	中国常熟服装城	53	中国织里童装市场（湖州）
4	上海华油石油天然气化工交易中心	54	淄博淄川建材城
5	浙江绍兴中国轻纺城	55	常州长江塑料化工交易市场
6	石家庄新华集贸市场	56	天津空港国际汽车园（天津北方汽车交易市场）
7	沈阳市五爱市场	57	南宁市虎邱城北钢材市场有限公司
8	中储发展有限公司天津储宝分公司	58	商丘农产品中心批发市场
9	余姚市中国塑料城（宁波）	59	中国（十堰）汽配城
10	钱清中国轻纺原料城（绍兴）	60	青岛即墨市服装批发市场
11	上海逸仙钢材市场	61	浙江纺织采购博览城（杭州）
12	南通叠石桥国际家纺城	62	江苏华东石化物资交易市场（无锡）
13	博兴县兴福镇黑白铁市场（滨州）	63	江苏宣武集团市场（徐州）
14	江苏无锡生产资料交易市场	64	柳州市生产资料大市场
15	无锡南方不锈钢市场	65	桐乡市濮院羊毛衫市场
16	广州市海珠区中大布匹市场	66	邯郸永年县标准件市场
17	中国铁路物资哈尔滨物流公司	67	福州市南方钢材物流中心
18	北京市旧机动车交易市场	68	重庆绿云石都建材交易有限公司
19	海城市西柳服装市场	69	重庆恒冠物流有限公司（重庆隆鑫物流有限公司）
20	张家港保税区化工品交易市场	70	湖南省三湘南湖大市场（长沙）
21	大连石油交易所	71	张家港保税区纺织原料市场
22	南昌市洪城大市场	72	长春汽车批发中心市场
23	江阴市金属材料市场	73	成都市九龙广场
24	杭州运河钢材市场	74	安国市东方药城（保定）
25	浙江新世纪金属材料现货市场	75	重庆巨龙钢材市场
26	广东西樵轻纺城（佛山）	76	沈阳钢材中心批发市场
27	杭州城北金属材料市场	77	贵阳市市西大市场
28	通州市志浩综合市场	78	上海长江有色金属现货市场
29	杭州物资城	79	常州钢材现货交易市场
30	广州江南果菜批发市场	80	浙江大唐轻纺袜业城
31	重庆朝天门市场	81	天津铁闽市场
32	江阴景澄物流交易市场	82	中南汽车世界大中南汽车贸易公司（长沙）
33	南京生产资料中心批发市场	83	安徽信地大市场（合肥）
34	江阴长江港口物流园区交易中心	84	宁波镇海液体化工产品交易市场
35	天津保税区大宗商品交易市场	85	无锡市广益装饰城
36	张家港保税区华东化工交易市场	86	吴江市再生资源回收市场
37	绍兴越州轻纺工贸园区	87	上海永翔钢材市场
38	安徽省徽商钢材市场（合肥）	88	荆州市蓝特商业城（蓝特集团有限公司）
39	上海宝山钢材交易市场	89	大连保税区国际车城
40	湖南钢材大市场（长沙）	90	上海柏树钢铁交易市场
41	广东鱼珠国际建材市场（广州）	91	新泰市青龙路市场（泰安）
42	揭阳市国际金属材料市场	92	宁波华东物资城
43	廊坊香河家具城	93	上海华东钢材市场
44	泰安市泰山钢材大市场	94	南京幕燕金属物流中心
45	深圳市布吉农产品批发中心	95	重庆铠恩国际家居名都有限公司
46	广州市花都区狮岭皮革皮具城	96	沧州肃宁县尚村皮毛交易市场
47	江苏凌家塘市场（常州）	97	湛江市霞山区水产品批发市场
48	中昊化工交易中心（上海）	98	青岛金属集团有限公司市场
49	杭州三里洋钢材市场有限公司	99	亳州（中国）中药材交易中心
50	云南省钢材市场（昆明）	100	江苏蠡口国际家具城（苏州）

3-4 前20家生产资料综合市场

序号	市场名称
1	浙江中国科技五金城（金华）
2	安庆市光彩大市场
3	徐州区域生产资料市场
4	重庆马家岩板材批发市场
5	环渤海建材中心批发市场（天津）
6	乌鲁木齐西部边贸城（新疆华凌工贸集团责任公司）
7	襄樊华中光彩大市场（湖北百盟投资集团有限公司）
8	江苏华东灯具城（镇江）
9	宁波万国商城
10	南宁农业市场
11	成都国融金府机电城
12	四川省成都木材综合工厂府河桥市场
13	上饶市信州区江南商贸城
14	天津环渤海家具购物广场
15	武汉市舵落口大市场
16	舟山市船用商品交易市场
17	中南汽车世界汽配五金机电城（长沙）
18	长春顺风大市场
19	湖州长兴轻纺国际贸易城
20	浙江汇宇棉纱市场（杭州）

3-5 前20家工业消费品综合市场

序号	市场名称
1	中国小商品城（金华）
2	石家庄市南三条小商品批发市场
3	高碑店市白沟镇市场（保定）
4	洛阳市洛龙区关林市场
5	无锡招商城市场
6	西安市新城区康复路工艺品批发市场
7	扬州曲江商品城有限公司
8	聊城香江光彩大市场有限公司
9	烟台市三站市场
10	路桥小商品批发市场（台州）
11	即墨小商品城（青岛）
12	北京鼎好天地电子市场
13	温州商贸城
14	宁波轻纺城
15	邵东县工业品市场（邵阳）
16	皖西北商贸城（阜阳）
17	慈溪市工业品批发市场（宁波）
18	河南周口市荷花市场
19	万隆大胡同商业中心（天津）
20	宜昌金东山市场管理有限公司

3-6 前20家农产品综合市场

序号	市场名称
1	北京市丰台新发地农副产品批发市场
2	重庆市观音桥农贸市场
3	苏州南环桥市场
4	武汉白沙洲农副产品大市场
5	青岛市城阳蔬菜水产品批发市场
6	北京大洋路农副产品市场
7	合肥周谷堆农产品批发市场
8	南昌深圳农产品中心批发市场
9	长沙市红星实业集团有限公司农副产品大市场
10	浙江省农都农产品市场（杭州）
11	深圳市福田农产品批发市场
12	上海江杨农产品批发市场
13	北京顺鑫石门农产品批发市场
14	无锡食品商城
15	铁岭市贸易城
16	石家庄桥西蔬菜中心批发市场
17	珠海市农副产品批发物流中心
18	成都农产品中心批发市场
19	慈溪市农副产品批发市场（宁波）
20	吉安农产品批发市场

3-7 前20家其他综合市场

序号	市场名称
1	杭州萧山商业城
2	大连双兴商品城
3	运城经济开发区禹都市场
4	江苏湖塘纺织城投资发展有限公司
5	北京城北回龙观商品交易市场
6	北京锦绣大地农副产品批发市场
7	湖南高桥大市场（长沙）
8	江苏苏浙皖边界市场（常州）
9	九江市京九农副产品中心批发市场
10	涵江商贸批发中心（莆田）
11	唐山玉田县鸦鸿桥镇河西日杂市场
12	闽南商业城批发市场（漳州）
13	大连金三角大市场（大连东方投资置业有限公司）
14	上海市金山区市场
15	慈溪市周巷副食品批发市场（宁波）
16	浙西南农贸城（丽水）
17	天津宁河县贸易开发区综合批发市场
18	天津市兴耀粮油食品批发市场
19	广德县太极商城（宣城）
20	吉首市雅溪民营小区（湘西）

3-8　16家农业生产用具市场

序号	市场名称
1	保定市高阳县庞口汽车农机配件城
2	邢台市宁晋县大陆村农机配件市场
3	许昌市长葛市金桥农机商贸市场
4	平度市农机及配件市场（青岛）
5	湖北农机市场（武汉）
6	常州市农机市场有限公司
7	佛山市南海东方国际机械广场
8	德州市临邑县农机大市场
9	山东农机产品大市场（聊城）
10	德州市陵县农机市场
11	银川博源物业服务有限公司（西北农资城）
12	通辽市瑞丰农机市场
13	南昌县农机大市场
14	石家庄新乐市机动三轮车市场
15	德州市武城县农机大世界
16	青岛市平度市机动车配件城

3-9　前20家农用生产资料市场

序号	市场名称
1	沈阳拆迁物资市场
2	重庆泰华牧业（集团）有限公司西部饲料兽药市场
3	南宁市种畜场饲料兽药禽苗市场
4	德州市临邑县金家园农资市场
5	德州市七西农资批发市场
6	滨州市博兴县吕艺镇生资市场
7	阿克苏市农哈哈农资市场
8	沧州市海兴县辛集镇鱼子鱼粉市场
9	闽西粮油饲料交易城（龙岩）
10	新沂市农资市场（徐州）
11	徐州大自然牧业市场
12	山东菏泽市农业科技市场
13	库尔勒市友好市场
14	湖南怀化市供销农资批发市场
15	南宁市武鸣县农资市场
16	宁波禽蛋市场
17	广西贺州市八步区八达饲料市场
18	邢台市农业生产资料批发市场
19	吉林市农业生产资料市场有限责任公司
20	新疆石河子种子交易市场

3-10　14家煤炭市场

序号	市场名称
1	天津考尔煤炭交易市场
2	宁波市镇海煤炭交易市场
3	通辽经济技术开发区煤炭市场
4	天津港散货交易市场有限责任公司
5	阳泉市盂县煤炭运销公司
6	江苏徐州港务集团有限公司煤炭交易市场
7	天津市煤炭交易市场
8	张家口市怀来县土木煤炭市场
9	张家口市万全县逯家湾煤炭市场
10	张家口市宣化区煤炭市场
11	宁夏平罗县崇岗镇煤炭市场
12	张家口市宣化县煤炭市场
13	大同市新荣区公路煤炭交易市场
14	上海华电煤炭交易市场

3-11　前20家木材市场

序号	市场名称
1	华东胶合板市场（临沂）
2	浙江南浔建材市场（湖州）
3	鲁北木材大市场（德州）
4	常州长贸中心市场
5	广东鱼珠国际木材市场（广州）
6	山东日照市碑廓木材市场
7	通辽经济技术开发区木材市场
8	山东德州市武城县木材市场
9	绍兴市塔山竹木交易市场
10	浙江衢州市贺村木业市场
11	上海金翔木材批发市场
12	湖州市南浔地板城
13	湖州市德清南方家园（国际）家俱广场
14	宁波现代家园市场
15	株洲江山建材大市场
16	徐州木材市场
17	柳南经济开发总公司柳邕竹木交易市场
18	德州市临邑县建材大市场
19	徐州市丰县木材市场
20	扬州兴森木业有限公司

3-12 前20家建材市场

序号	市场名称
1	重庆绿云石都建材交易市场
2	无锡市广益装饰城
3	上海永翔钢材市场
4	福州市南方建材市场
5	上海松江钢材城
6	成都富森美家居置业有限公司
7	江西省装潢建材大市场
8	上海长桥钢材市场
9	金华市浙中建筑装饰材料市场
10	南京跨世纪装饰建材集团有限公司
11	柳州西环装饰建材市场
12	上海恒大建材市场
13	徐州新世纪建材装饰城
14	青岛启城建材批发市场
15	广东天健国际家居装饰广场
16	长葛市九鼎美达建材市场（许昌）
17	临沂市罗庄建材批发市场
18	南通市汇晟建材市场
19	唐山市丰润区冀东建材市场
20	泉州磁灶镇新安工业区建材市场

3-13 前20家化工材料及制品市场

序号	市场名称
1	余姚市中国塑料城（宁波）
2	钱清中国轻纺原料城（绍兴）
3	张家港保税区化工品交易市场
4	张家港保税区华东化工交易市场
5	常州长江塑料化工交易市场
6	江苏华东石化物资交易市场（无锡）
7	宁波镇海液体化工产品交易市场
8	江苏国际塑化城（常州）
9	天津石化交易中心市场
10	上海危险化学品交易市场
11	德州市武城县鲁权屯镇中央空调配件暨玻璃钢原料交易市场
12	上海中山化工市场
13	成都坤泽物流有限公司
14	绍兴染料城
15	淄博市齐鲁化工商城
16	河北衡水橡胶城
17	天津危险化学品交易市场
18	成都西部化工市场
19	临沂鲁南化工市场
20	江苏宜兴化工交易市场

3-14 前20家金属材料市场

序号	市场名称
1	上海物贸有色金属交易市场
2	中储发展有限公司天津储宝分公司
3	上海逸仙钢材市场
4	博兴县兴福镇黑白铁市场（滨州）
5	江苏无锡生产资料交易市场
6	无锡南方不锈钢市场
7	中国铁路物资哈尔滨物流公司
8	江阴市金属材料市场
9	杭州运河钢材市场有限公司
10	浙江新世纪金属材料现货市场
11	杭州城北金属材料市场
12	杭州物资城
13	江阴景澄物流交易市场
14	南京生产资料中心批发市场
15	江阴长江港口物流园区交易中心
16	安徽省徽商钢材市场（合肥）
17	上海宝山钢材交易市场
18	湖南钢材大市场（长沙）
19	广东鱼珠国际建材市场（广州）
20	揭阳市国际金属材料市场

3-15 前20家机械设备市场

序号	市场名称
1	浙江舟山市船舶交易市场
2	成都万贯五金机电市场
3	无锡市机电五金市场
4	北京经开万佳国际机械商城
5	新疆乌鲁木齐亚中机电市场
6	湘潭市长株潭大市场
7	长沙市设备交易中心
8	杭州长城机电市场
9	宁波市象山县船舶交易中心
10	湛江海田新五金机电产品批发市场
11	杭州华东建设机械市场
12	乐清市柳市电器城
13	德州市庆云县金融机具礼品市场
14	四川成都市金科机电市场
15	娄底市双峰县湘中农机机电大市场
16	长沙市五金机电大市场
17	杭州南方浙金机电市场有限公司
18	南宁市大北大物资机电市场
19	北京市中发电子市场中心
20	二连浩特市盛同贸易商城

3-16　前20家其他生产资料市场

序号	市场名称
1	上海华油石油天然气化工交易中心
2	大连石油交易所
3	上海中昊化工交易中心
4	成都市金府五金机电交易市场
5	正定县恒山板材批发市场
6	常熟国际汽配城
7	中国轴承大世界（邢台）
8	滨州市新兴市场
9	湛江海田建饰材料综合批发市场
10	南通市奥华国际装饰城
11	莱阳市盛隆建材批发市场
12	华东物资城姚江市场
13	新疆华凌工贸（集团）有限责任公司华凌市场
14	张家口市张北县华北牲畜交易市场
15	黑龙江先锋农业生产资料交易市场
16	浙江皮革市场（温州）
17	长春生产资料交易市场
18	温州浙南鞋料市场
19	沈阳皮革电子市场
20	阿克苏市华能市场

3-17　前20家粮油市场

序号	市场名称
1	天津保税区大宗商品交易市场
2	商丘农产品中心批发市场
3	上海农产品中心批发市场
4	临沂鲁南国际粮油市场
5	松原市扶余县三井子农工商市场
6	德州市黄河商品交易市场
7	北京盛华宏林粮油批发市场
8	江苏泰州兴化市粮食交易市场
9	广州市瑞宝粮油食杂批发市场
10	德州市武城县龙湾粮食市场
11	杭州粮油批发交易市场
12	惠州江北农产品中心批发市场
13	安徽宣城广德县农贸市场
14	德州市庆云县粮油交易市场
15	金华市粮食批发市场
16	北京锦绣大地玉泉路粮油市场
17	九江市南方粮食交易市场
18	衢州市粮食批发交易市场
19	福州粮食交易批发市场
20	无锡市粮油中转储备仓库

3-18　前20家肉禽蛋市场

序号	市场名称
1	四川三联家禽批发市场（成都）
2	苏州食品有限公司肉食品批发交易市场
3	邯郸市馆陶县金凤禽蛋农贸批发市场
4	广西淡村商贸城（南宁）
5	武汉万吨冷储物流有限公司
6	广州市嘉禾禽畜交易服务中心
7	杭州市食品交易市场
8	黑龙江省新胜蛋禽批发市场（哈尔滨）
9	佛山市南海区大沥桂江市场
10	大连熟食品交易中心
11	南昌市南昌县小蓝禽蛋批发市场
12	合肥市洪福家禽批发市场
13	石家庄藁城市雉翔禽蛋市场
14	厦门海沧区畜禽蛋批发市场
15	广州百兴三鸟批发市场
16	宁波市海曙肉禽蛋批发市场
17	温州生猪肉品批发交易市场
18	江苏华东苗禽交易市场（苏州）
19	沈阳新民市公主屯鲜蛋交易市场
20	南昌市郊区佛塔生猪交易批发市场

3-19　前20家水产品市场

序号	市场名称
1	湛江市霞山区水产品批发市场
2	福州水产批发市场
3	北京大红门京深海鲜批发市场
4	重庆万吨冷储物流有限公司
5	上海铜川水产市场
6	日照市岚山区安东卫海货城
7	上海东方国际水产中心市场
8	舟山水产品中心批发市场
9	浙江松门水产品批发市场
10	山东日照岚山鲜活水产城
11	沈阳水产批发市场
12	大连水产品交易市场
13	杭州近江水产农副产品综合市场
14	山东日照安东卫国际水产城
15	温州浙福边贸水产城
16	济南海鲜大市场
17	南京惠民桥农副产品市场
18	瑞安市水产城（温州）
19	台州市水产品交易中心
20	黄沙水产交易市场

3-20 前20家蔬菜市场

序号	市场名称
1	成都龙泉聚合（国际）果蔬交易中心
2	德州市庆云县蔬菜水果批发市场
3	济宁市金乡县鱼山农副产品批发市场
4	江苏联谊农副产品批发市场（扬州）
5	秦皇岛市海阳镇农副产品批发市场
6	连云港市农副产品批发市场有限公司
7	青岛丁家庄蔬菜果品批发市场股份有限公司
8	中国武城辣椒市场（德州）
9	衢州农贸城
10	湖南长沙马王堆蔬菜批发市场
11	河北衡水饶阳县瓜菜果品交易市场
12	河北保定定州市鲜活农产品批发市场
13	上海市江桥批发市场
14	云南龙城农产品市场
15	南宁市桂果香果品有限公司五里亭蔬菜批发市场
16	牡丹江市绥阳黑木耳批发大市场
17	咸阳新阳光农副产品有限公司
18	贵阳市五里冲农副产品批发市场
19	郑州市农产品物流配送中心
20	德州运河经济开发区黑马农贸水产批发市场

3-21 前20家干鲜果品市场

序号	市场名称
1	广州江南果菜批发市场
2	湖北荆州蓝特商业城（蓝特集团有限公司）
3	东莞市信立大宗农产品交易市场
4	山东枣庄滕州市杏花村干杂货市场
5	杭州近江食品市场
6	徐州市农副果品批发市场（徐州源洋商贸发展有限公司）
7	温州市浙南农副产品中心市场
8	东莞市果菜副食交易市场
9	山东枣庄滕州市嘉誉市场
10	嘉兴农产品市场
11	沧州红枣交易市场
12	金华农产品批发市场
13	淄博市鲁中果品批发市场
14	浙江嘉善市嘉善商城
15	乌鲁木齐北园春农产品中心批发市场
16	扬州亚龙农副产品批发市场
17	江门市新会区水果食品批发市场
18	上海鑫品南北干货批发市场
19	山东省惠民县天天果蔬销售专业合作社
20	杭州果品批发市场

3-22 前20家棉麻土畜、烟叶市场

序号	市场名称
1	中国茧丝绸交易市场（嘉兴）
2	沧州肃宁县尚村皮毛交易市场
3	德州市武城县老城棉花交易市场
4	德州市武城县银山棉花市场
5	河北保定留史皮毛市场
6	河北秦皇岛昌黎县佳朋皮毛交易市场
7	德州市陵县棉花市场
8	德州市陵县皮毛市场
9	宁波市浙东棉纱市场
10	德州市夏津县棉花交易中心
11	承德市平泉县六河源牲畜交易市场
12	河南南阳新野县棉花交易市场
13	山东滨州无棣县西小王乡枣棉市场
14	安徽阜阳临泉县瓦店山羊交易市场
15	天津棉花交易市场有限公司
16	台州市椒江区上洋生猪交易市场
17	呼伦贝尔扎兰屯市蒙东牲畜交易市场
18	菏泽市巨野县锦源棉花加工市场
19	济南市商河县尹巷棉花市场
20	嘉兴海宁市西山皮革原辅料市场

3-23 前20家其他农产品市场

序号	市场名称
1	深圳市布吉农产品批发中心
2	天津市金钟河蔬菜贸易中心
3	北京京丰岳各庄农副产品批发市场中心
4	张家港市青草巷农副产品批发市场
5	成都市农副产品批发中心
6	绍兴市蔬菜果品批发交易市场
7	浙北农副产品交易中心
8	日照市金阳农贸中心
9	青岛即墨市农产品批发市场
10	甘肃省食品股份有限公司肉食水产批发市场
11	青州市海天水产干货综合批发市场
12	宁波宁海县跃龙综合市场
13	昆明骏骐干菜副食粮油批发市场
14	巢湖亚父农副产品批发市场
15	朝阳凌源市三十家子大牲畜交易市场
16	张家港市第一集贸市场有限公司
17	赤峰西城市场
18	重庆市农副产品综合批发市场
19	宁波市二号桥市场
20	北京清河镇农副产品交易市场

3-24 前20家食品饮料市场

序号	市场名称
1	泰安新泰市青龙路市场
2	浙江省金华市义乌农贸城
3	沈阳温州城商品交易市场
4	扬州大桥食品城
5	丽水市粮油副食品批发市场
6	杭州江南食品市场
7	潮州市枫春果菜水产品批发市场
8	重庆万隆小食品批发市场
9	承德市裕华路市场
10	台州浙东南副食品批发市场
11	绵阳市剑南批发市场
12	邵阳市湘运大市场
13	安徽宣城宣州市场
14	吴忠东郊农产品批发市场
15	银川市东环综合批发市场（环盛商贸有限公司）
16	无锡市金桥副食品市场有限公司
17	德州市迎宾大市场开办有限公司
18	河南商丘白云副食品批发市场
19	四川成都永川玉屏市场
20	河南郑州万客来食品城

3-25 前20家茶叶市场

序号	市场名称
1	安徽江南第一茶市（芜湖）
2	泉州安溪县茶都批发市场
3	德州金华茶城
4	济南博茗茶叶市场
5	浙江浙南茶叶市场
6	绍兴新昌县江南名茶市场
7	宜昌三峡国际旅游茶城
8	上海大宁国际茶城市场
9	杭州淳安千岛湖茶叶市场
10	济南广友茶叶市场
11	南宁市横县横州城北市场有限公司茶叶市场
12	广州南方茶叶中心馆
13	广州南方锦桂区茶叶市场
14	广州南方茶叶市场总汇
15	南宁横县横州城北有限公司茉莉花市场
16	浙江遂昌龙谷名茶市场（丽水）
17	常州茅山茶叶市场有限公司
18	北京市京华沅茶叶市场有限公司
19	杭州西湖茶叶市场
20	长沙茶市（长沙市泓泰物业管理有限公司）

3-26 12家烟酒市场

序号	市场名称
1	德州市庆云县酒水副食市场
2	合肥漕冲糖酒批发市场
3	青岛即墨市东关副食品批发市场
4	德州市陵县世纪商贸城
5	合肥恒通食品批发市场
6	邯郸市魏县当歌酒类专业批发市场
7	枣庄滕州市荆西副食品批发交易市场
8	江苏镇江丹徒区宝堰集贸市场
9	德州市临邑县副食品批发市场
10	遵义市北京路众发商场
11	德州市临邑县兴隆街综合市场
12	聊城市龙山副食批发城

3-27 前20家其他食品饮料烟酒市场

序号	市场名称
1	江苏常州凌家塘市场
2	赣州赣南贸易广场
3	贵阳海恒农副产品批发市场
4	常熟华东食品城
5	无锡广益商城副食品批发市场
6	上海漕宝路食品批发市场
7	浙江食品市场（浙江现代商贸物流发展有限公司）
8	温州浙闽副食品商城
9	江门市水产水果冻品批发市场
10	白山市星泰批发市场有限公司
11	安徽宣城九州市场
12	恒盛（菏泽）大市场
13	吴江市平望副食品市场
14	福鼎市闽浙边贸商城
15	湖南衡阳五一大市场
16	宜兴市金三角副食城
17	常州市横山桥农副产品批发市场
18	德州齐河县晏城大市场
19	遵义坪丰农副产品综合批发市场
20	滨州市姜家副食品批发市场

3-28 前20家布料及纺织品市场

序号	市场名称
1	中国东方丝绸市场（苏州）
2	浙江绍兴中国轻纺城
3	石家庄新华集贸市场
4	南通叠石桥国际家纺城
5	广州市海珠区中大布匹市场
6	广东广州西樵轻纺城
7	通州市志浩综合市场
8	绍兴越州轻纺工贸园区市场
9	中国织里童装市场（湖州）
10	浙江纺织采购博览城
11	张家港保税区纺织原料市场
12	浙江绍兴大唐轻纺袜业城
13	嘉兴海宁中国家纺装饰城
14	潍坊星河国际轻纺城
15	嘉兴南方丝绸市场
16	保定高阳县纺织商贸城
17	河北省邯郸市现代轻纺城
18	天津市轻纺万象城
19	嘉兴毛衫城
20	石家庄晋州市新世纪商城

3-29 前20家服装市场

序号	市场名称
1	中国常熟服装城
2	沈阳市五爱市场
3	重庆朝天门市场
4	青岛即墨市服装批发市场
5	嘉兴桐乡市濮院羊毛衫市场
6	成都市九龙广场
7	贵阳市市西大市场
8	台州路桥中国日用品商城
9	杭州四季青服装市场
10	嘉兴海宁中国皮革城
11	新疆乌鲁木齐边疆宾馆商贸市场
12	济南泺口服装批发市场
13	上海新七浦服装市场
14	泉州石狮市服装城
15	杭州环北小商品市场（红楼集团有限公司）
16	成都荷花池市场
17	哈尔滨玛克威商厦
18	福州市台江区台农服装城
19	石家庄青年街市场
20	广州白马服装市场

3-30 前20家鞋帽市场

序号	市场名称
1	广州荔湾站西鞋城
2	沈阳南塔鞋城
3	中国西部鞋都交易城（重庆）
4	临沂市鞋帽批发市场
5	扬州江都市苏中商贸市场
6	西安锦绣鞋城（明大企业集团有限公司）
7	沈阳金马鞋城
8	商丘市梁园区梁园市场
9	济南众鑫鞋城
10	广州新华南鞋业百货城
11	唐山鸦鸿桥河西村鞋市
12	沈阳中国鞋城（沈阳恒泰鞋业发展有限公司）
13	哈尔滨大新鞋城
14	青岛即墨市蓝村皮鞋专业市场
15	台州横峰鞋业市场
16	安阳市安阳县柏庄镇内衣加工贸易市场
17	沧州市站前鞋类专业市场
18	山东菏泽花都鞋城
19	武汉鼎立鞋市
20	湖北武汉银河鞋业市场

3-31 前20家其他纺织服装鞋帽市场

序号	市场名称
1	海城市西柳服装市场
2	南昌市洪城大市场
3	江苏徐州宣武集团市场
4	温州瑞安商城
5	南京玉桥市场
6	赣州市龙都商城
7	淮安市汇通市场
8	常德鼎城武陵镇桥南市场
9	重庆市万州商贸城
10	包头市东河区太平寺商业城
11	南京金榜佰业贸易有限公司
12	大连大商集团股份有限公司贸易大世界
13	营口市东升市场
14	惠州惠东县银基商贸城
15	常州溧阳市天目市场
16	怀化市中心市场
17	德州武城县老城华兴服装市场
18	株洲南大门市场
19	通辽市批发城
20	江苏九洲投资集团有限公司常州服装城

3-32 前20家小商品市场

序号	市场名称
1	德州中国庆云小商品城现代批发市场
2	临沂小商品城
3	邢台中国自行车零件城
4	北京天意新商城市场
5	温州永嘉县桥头钮扣市场
6	内蒙古通达商场
7	常州市九龙小商品批发市场
8	北京世纪天鼎商品交易市场
9	广州兴发广场
10	深圳市义乌小商品市场批发城
11	常州市金三角小商品批发市场
12	广州市白云南方钟表城
13	运城新绛县汾河湾市场
14	广州市万菱广场
15	山东菏泽小商品城
16	广州安华美博城
17	日照市东港区太阳城市场
18	广州市越秀区南方钟表交易中心
19	广州一德（国际）玩具文具精品广场
20	福州市台江区小商品批发市场

3-33 11家图书、报刊杂志市场

序号	市场名称
1	长沙文化广场定王台书市
2	武汉图书大世界
3	广州图书市场有限公司
4	南京长三角出版物批发市场
5	杭州文化商城有限公司
6	北京图书批发交易市场
7	上海文庙书刊交易市场
8	青岛市文化市场
9	苏州文化市场有限公司
10	大连市图书城管理服务中心
11	潍坊图书中心

3-34 前20家其他日用品及文化用品市场

序号	市场名称
1	广州市花都区狮岭皮革皮具城
2	大连奥林匹克电子城
3	南京金桥市场
4	海城市南台箱包市场
5	浙江东阳中国木雕城
6	温州礼品城
7	淄博博山区陶琉大观园国际商贸城
8	北京市永外城文化用品市场
9	锦州市辽西小商品批发市场
10	沈阳东北日杂市场
11	武汉莱特纸张油墨市场
12	临沂华东土杂综合市场
13	浙江金华缝配城
14	临沂华东塑料橡胶市场
15	武汉市科振经贸有限公司纸张油墨市场
16	汕头澄海区塑料玩具批发市场
17	湖南省纸业大市场
18	广州市新沙五金塑料城
19	临沂市大陆商业村
20	十堰鄂西北小商品批发市场

3-35 15家黄金、珠宝、玉器首饰市场

序号	市场名称
1	福州特艺城
2	诸暨华东国际珠宝城（绍兴）
3	中国玉都玉器展销市场（揭阳）
4	江苏连云港东海县水晶市场
5	青岛市中韩小商品城
6	青岛国际工艺品城
7	福州市光明桥珠宝玉石城
8	苏州渭塘珍珠市场
9	潍坊中国宝石城
10	莆田秀屿区上塘珠宝城
11	肇庆四会市玉器市场
12	福州鼓楼区福州珠宝城
13	鞍山市岫岩满族自治县荷花玉器交易市场
14	鞍山市岫岩满族自治县东北玉器交易市场
15	河南省南阳镇平县珠宝玉雕大世界

3-36 前20家家电市场

序号	市场名称
1	安徽合肥信地大市场
2	临沂家电厨卫城
3	商丘睢阳区港澳大世界
4	武汉多福家电专业市场
5	怀化河西家电城
6	南阳家电大世界
7	上海商务中心家电城市场
8	宁波颐高数码电子电器产品交易市场
9	遵义罗庄市场
10	浙江省家电市场
11	邵阳市日恒电器城
12	洛阳聚客隆实业有限公司家电市场
13	沈阳华大实业总公司南塔电子市场
14	西安赛格电脑城
15	广东电器市场（广州）
16	兰州市兰新电器综合市场
17	金华家电市场
18	温州家电市场
19	广州市越秀区海印电器总汇
20	菏泽市中原商城

3-37 19家通讯器材市场

序号	市场名称
1	沈阳东北通讯市场
2	深圳市新亚洲电子商城
3	深圳赛格电子市场
4	华中通信广场
5	范西路电子通讯市场
6	苏州赛格电子市场
7	深圳市赛博迈特数码科技市场
8	内蒙古呼和浩特市诚信数码广场
9	深圳市都会电子城
10	延吉市中关村电子科技大厦
11	义乌通信市场
12	杭州通信器材市场
13	广州市海印广场
14	郑州通讯大世界
15	温岭市海华数码广场
16	长沙市宝新通信器材批发市场
17	瑞安市数码广场
18	深圳市远望数码商城
19	长沙E时代市场

3-38 前20家计算机及辅助设备市场

序号	市场名称
1	哈尔滨船舶电子大世界
2	北京海龙电子城市场
3	河南郑州科技市场
4	济南科技市场
5	长春科技城
6	长沙国储电脑城
7	青岛兴旺电子信息城市场
8	重庆泰兴通信电脑市场
9	北京中关村科贸电子城
10	温州电脑市场
11	广西南宁电子科技广场
12	亿世界(北京)电子市场
13	温州数码科技广场
14	无锡市梦之岛数码港市场
15	广州市太平洋数码广场
16	福州大利嘉电子城
17	长沙鼎星投资咨询有限公司合峰电脑城
18	北京太平洋柏克莱年电脑市场
19	临沂桃源科技广场
20	盘锦市兴隆台区环球电子商贸中心

3-39 前20家中药材市场

序号	市场名称
1	安国市东方药城（保定）
2	亳州（中国）中药材交易中心
3	吉林白山抚松长白山人参市场
4	辽宁铁岭东北土特产品交易中心
5	西安市新城区万寿路药材市场
6	许昌禹州市中药材市场
7	宜春樟树中药材专业市场
8	上海维韩保健品市场
9	揭阳普宁市中药材专业市场
10	集安市清河人参交易市场
11	昆明市菊花园中药材市场
12	中卫市中宁县开元枸杞交易市场
13	文山三七国际交易中心
14	阜阳太和县李兴镇中药材交易市场
15	广西玉林玉州市中药材市场
16	山东省鄄城县舜王城中药材市场
17	浙江省磐安特产城
18	赤峰市牛营子药材交易中心
19	西安万寿路中药材市场
20	浙江磐安中药材市场

3-40 前20家家具市场

序号	市场名称
1	廊坊香河家具城
2	重庆铠恩国际家居名都
3	江苏蠡口国际家具城（苏州）
4	长沙万家丽家居建材市场
5	河南中博家具中心（郑州）
6	淄博市周村区沙发城市场
7	湖州南浔家私广场
8	常州市红星家具装饰城
9	北京城外诚家居广场
10	北京集美家居大世界市场
11	哈尔滨红旗家装饰城
12	吉盛伟邦长春家居广场
13	红星美凯龙全球家具生活广场
14	沈阳东行家私城
15	淄博鲁中家具城
16	石家庄正定县恒山家具市场
17	汇美家饰广场（盘锦）
18	成都太平园家私广场
19	温州家具市场
20	北京市定慧桥集美家具城

3-41 前20家装饰材料市场

序号	市场名称
1	淄博市淄川建材城
2	湖北黄冈鄂东建材城
3	上海九星综合市场
4	青岛胶州商城
5	德州庆云县装饰材料城
6	扬州商城
7	重庆马家岩大川建材市场
8	福州南方装饰材料市场
9	宁波现代建筑装潢市场
10	福州汇多利建材装饰材料市场
11	沈阳东贸装饰材料市场
12	邯郸魏县天龙建筑建材批发市场
13	佛山禅城区华夏陶瓷博览城
14	九江市华东装饰材料市场
15	窗纱马王堆陶瓷建材城
16	衢州中豪装潢材料市场
17	嘉兴市建材陶瓷市场
18	内蒙古润宇装饰城市场
19	石家庄长安装饰材料和平路市场
20	潍坊东方装饰建材批发市场

3-42 11家灯具市场

序号	市场名称
1	临沂灯具城
2	常州市武进邹区灯具城
3	温州东方灯具市场
4	常州市邹区灯具市场
5	成都金府灯具城
6	沈阳张士灯具市场
7	常州邹区发得灯具广场
8	云南菊花灯具市场
9	山东济南灯具批发市场
10	杭州灯具市场
11	上海好信家灯饰市场

3-43 前20家五金材料市场

序号	市场名称
1	江苏泰州姜堰华东五金城市场
2	绍兴诸暨华东汽配水暖城
3	天津国际轻工商贸城
4	浙江绍兴南方五金城
5	沈阳五金城
6	重庆大足县龙水五金城
7	无锡金桥商贸城市场
8	浙江建华五金机电市场（杭州）
9	临沂市五金市场
10	怀化河西建材市场
11	常州市江南五金机电城市场
12	台州市机电五金城
13	浙江温西工量刃具交易中心
14	天津市珠江达润五金城
15	江苏省扬州汽车运输集团公司福运门五金交电批发市场
16	邵阳邵东县中南五金大市场
17	天津新南马路五金城
18	东莞市石龙五金电子批发市场
19	重庆渝洲交易城
20	哈尔滨北环商城

3-44 前20家其他装修市场

序号	市场名称
1	湖南省三湘南湖大市场（长沙）
2	常熟市建筑装饰材料市场
3	南京红太阳商业大世界
4	浙江石狮国际商贸城（绍兴）
5	江苏省宜兴建材装璜市场
6	北京居然之家
7	南京金盛国际家居市场
8	杭州陶瓷品市场
9	沈阳中国家具城
10	江西南昌联信大市场
11	益阳市银城大市场
12	烟台胶东家具装饰材料批发市场
13	盐城高力国际家居港
14	杭州新时代家居生活广场
15	扬州市红星美凯龙家居生活广场
16	福州上渡林产品交易市场
17	张家港九洲家居装饰城市场
18	合肥东方商城大市场
19	福州南方石材市场
20	赣州市赣南建材市场

3-45 前20家汽车市场

序号	市场名称
1	北京市旧机动车交易市场
2	天津空港国际汽车园（天津北方汽车交易市场）
3	长春汽车批发中心市场
4	中南汽车世界大中南汽车贸易公司（长沙）
5	大连保税区国际车城
6	广州华南汽贸广场
7	浙江新世纪汽车城
8	杭州汽车城
9	山东济南匡山汽车大世界
10	广东汽车城（广州）
11	广东佛山华南汽车城
12	成都西部汽车城
13	嘉兴市汽车商贸园
14	上海市旧机动车交易市场
15	武汉竹叶山汽车市场
16	杭州机动车交易市场
17	常熟市汽车市场
18	惠州市江南汽车交易市场
19	天津滨海国际汽车交易市场
20	深圳市东益汽车交易有限公司

3-46 前20家摩托车市场

序号	市场名称
1	重庆外滩摩配交易市场
2	赣州市东门市场
3	合肥大地汽摩配市场
4	无锡太湖车辆交易市场
5	廊坊大城县东阜摩配市场
6	驻马店豪德贸易广场
7	郑州摩托城
8	兰州东部机动车配件中心
9	浙江台州路桥摩托车交易中心
10	株洲锦云摩配市场
11	喀什远方市场（喀什远方实业发展有限公司）
12	安徽合肥迅捷物流摩托车仓储批发市场
13	株洲市中南摩托市场
14	沈阳东北摩托车市场
15	西安铁马摩托城
16	柳州市锦环服务有限责任公司摩托车商城

3-47 前20家机动车零配件市场

序号	市场名称
1	中国（十堰）汽配城
2	杭州浙江汽配城
3	贵阳市机动车交易市场
4	河南郑州汽车配件物流贸易园
5	临沂汽摩配城
6	中国汽配城（徐州）
7	北京城环城国际汽车配件城
8	中国郑州汽配大世界
9	山东济南重汽配件城
10	上海东方汽配城
11	无锡市广益汽配城
12	北京五方天雅汽配城
13	河北省河间市米各庄汽配城
14	青岛汽车配件城
15	广州市湛隆广源汽配广场
16	广州市湛隆陈田汽配广场
17	南阳汽车配件市场
18	昆明大金马摩配市场
19	广州白云摩托车配件市场
20	昆明东聚汽配城

3-48 前20家花卉市场

序号	市场名称
1	常州市武进夏溪花木市场
2	昆明斗南花卉市场
3	郑州市陈砦花卉市场
4	广州花卉博览园
5	广东佛山陈村花卉世界
6	浙江花木城（杭州）
7	辽宁朝阳凌源市花卉市场
8	扬州阿波罗花卉园艺市场
9	南通如皋市花木大世界
10	广州岭南花卉市场
11	山东潍坊青州市黄楼镇万红花卉交易大厅
12	宿县沭阳县花木大世界
13	临沂鲁南花卉城
14	上海精盛花卉市场
15	成都高店子花卉市场
16	杭州萧山花木市场
17	河南许昌鄢陵县花木交易市场
18	北京莱太花卉交易中心
19	苏州市香雪花卉苗木市场
20	上海岚灵花鸟市场

3-49 16家旧货市场

序号	市场名称
1	绍兴市永宁废旧金属交易市场
2	绍兴市废旧金属交易市场
3	宁波慈溪市桥头废塑料市场
4	绍兴市东浦废丝市场
5	宁波北仑区甬港废旧物资交易市场
6	温岭市泽国第二旧机床交易中心
7	四川内江东兴区牛棚子废旧收购市场
8	宁波慈溪市旧货交易市场
9	嘉兴物资调剂市场
10	北京潘家园旧货市场
11	德州庆云县旧货市场
12	江西省旧货大市场（南昌）
13	广州源胜工艺城
14	台州路桥旧货市场
15	江苏省物联苏北废旧金属调剂市场（扬州）
16	吉林市西关旧货物资交易市场
17	山东临沂华苑企业集团旧货市场

3-50 前20家其他专业市场

序号	市场名称
1	聊城临清市烟店轴承批发市场
2	中国大营国际皮草交易中心（衡水）
3	上海毛家塘南北货批发市场
4	廊坊文安县小王东机床市场
5	通辽科左中旗舍伯吐镇成峰牲畜交易市场
6	镇江丹阳市华阳眼镜市场
7	郑州桑园兽药饲料批发市场
8	锦州辽中县顺发黄牛交易市场
9	佛山市三水区耕牛市场
10	四川省内江市隆昌县禽苗市场
11	赤峰市阿鲁科尔沁旗牲畜交易市场
12	临沂华丰汽车装具市场
13	石家庄市兽药市场
14	云南众天轮胎不锈钢建筑扣件工程建筑机械配件市场
15	德州庆云县塑料杂品市场
16	辽宁锦州绿源黄牛交易市场
17	山东济南泉胜物流市场
18	德州庆云县钢铁市场
19	阜阳市太和县马集乡人发马尾交易市场
20	昆明市嵩明县大营综合皮货市场

3-51 东部地区前100家商品交易市场

序号	市场名称	序号	市场名称
1	上海物贸有色金属交易市场	51	江苏东方钢材城（无锡）
2	中国东方丝绸市场（苏州）	52	江苏湖塘纺织城（常州）
3	中国常熟服装城	53	中国织里童装市场（湖州）
4	华油石油天然气化工交易中心（上海）	54	淄博淄川建材城
5	中国小商品城（金华）	55	常州长江塑料化工交易市场
6	浙江绍兴中国轻纺城	56	天津空港国际汽车园（天津北方汽车交易市场）
7	石家庄新华集贸市场	57	青岛市城阳蔬菜水产品批发市场
8	浙江中国科技五金城（金华）	58	即墨市服装批发市场（青岛）
9	石家庄市南三条小商品批发市场	59	浙江纺织采购博览城
10	中储发展有限公司天津储宝分公司	60	江苏华东石化物资交易市场
11	余姚市中国塑料城（宁波）	61	江苏宣武集团市场（徐州）
12	钱清中国轻纺原料城（绍兴）	62	北京大洋路农副产品市场
13	高碑店市白沟镇市场（保定）	63	桐乡市濮院羊毛衫市场
14	北京市丰台新发地农副产品批发市场	64	北京城北回龙观商品交易市场
15	上海逸仙钢材市场	65	徐州区域生产资料市场
16	南通叠石桥国际家纺城有限公司	66	邯郸永年县标准件市场
17	博兴县兴福镇黑白铁市场（滨州）	67	福州市南方钢材物流中心
18	江苏无锡生产资料交易市场	68	北京锦绣大地农副产品批发市场
19	无锡南方不锈钢市场	69	张家港保税区纺织原料市场
20	广州市海珠区中大布匹市场	70	安国市东方药城交易大厅（保定）
21	北京市旧机动车交易市场	71	上海长江有色金属现货市场
22	张家港保税区化工品交易市场	72	常州钢材现货交易市场
23	萧山商业城（杭州）	73	浙江大唐轻纺袜业城（绍兴）
24	江阴市金属材料市场	74	天津铁闽市场
25	杭州运河钢材市场	75	宁波镇海液体化工产品交易市场
26	浙江新世纪金属材料现货市场	76	无锡市广益装饰城
27	广东西樵轻纺城（佛山）	77	吴江市再生资源回收市场
28	杭州城北金属材料市场	78	上海永翔钢材市场
29	江苏南通通州市志浩综合市场	79	上海柏树钢铁交易市场
30	杭州物资城	80	泰安新泰市青龙路市场
31	广州江南果菜批发市场	81	宁波华东物资城
32	江阴景澄物流交易市场	82	扬州曲江商品城
33	南京生产资料中心批发市场	83	上海华东钢材交易市场
34	江阴长江港口物流园区交易中心	84	南京幕燕金属物流中心
35	天津保税区大宗商品交易市场	85	浙江省农都农产品市场（杭州）
36	张家港保税区华东化工交易市场	86	肃宁县尚村皮毛交易市场（沧州）
37	绍兴越州轻纺工贸园区	87	湛江市霞山区水产品批发市场
38	上海宝山钢材交易市场	88	青岛金属集团有限公司市场
39	广东鱼珠国际建材市场	89	江苏蠡口国际家具城
40	香河家具城（廊坊）	90	台州路桥中国日用品商城
41	揭阳市国际金属材料市场	91	深圳市福田农产品批发市场
42	泰安市泰山钢材大市场	92	广州华南汽贸广场
43	深圳市布吉农产品批发中心	93	泰州姜堰华东五金城市场
44	广州市花都区狮岭皮革皮具城	94	临沂华东胶合板市场
45	江苏凌家塘市场（常州）	95	福州特艺城
46	苏州南环桥市场	96	上海江杨钢材现货市场
47	中昊化工交易中心	97	浙江杭州新世纪汽车城
48	杭州三里洋钢材市场	98	江苏苏浙皖边界市场（常州）
49	无锡招商城市场	99	福州市南方建材市场
50	中国茧丝绸交易市场（嘉兴）	100	绍兴诸暨华东汽配水暖城

3-52 东北地区前100家商品交易市场

序号	市场名称	序号	市场名称
1	沈阳市五爱市场	51	齐齐哈尔市农副产品批发市场
2	中国铁路物资哈尔滨物流公司	52	大连熟食品交易中心
3	鞍山海城市西柳服装市场	53	牡丹江双合中蔬菜果品市场
4	大连石油交易所	54	长春果品市场
5	大连双兴商品城	55	锦州市辽西小商品批发市场
6	长春汽车批发中心市场	56	大庆市四季通达粮贸市场
7	沈阳钢材中心批发市场	57	长春市长运集团有限责任公司
8	大连保税区国际车城	58	凌源市八里堡蔬菜果品批发市场
9	铁岭市贸易城	59	凌源市三十家子大牲畜交易市场
10	哈尔滨古铁市场	60	长春顺风大市场
11	大连奥林匹克电子城	61	东北日杂市场（沈阳）
12	沈阳明廉钢材交易中心	62	沈阳佳农粮油食品市场
13	鞍山市钢材现货市场	63	大连大商集团股份有限公司昌林休闲购物广场
14	沈阳炉料市场	64	沈阳皇姑区北行农贸市场
15	松原市扶余县三井子农工商市场	65	沈阳辽中县顺发黄牛交易市场
16	哈尔滨玛克威商厦	66	沈阳东北机动车配件市场
17	沈阳水产批发市场	67	白山市星泰批发市场有限公司
18	大连金三角大市场	68	大连华南家居大世界购物广场
19	鞍山海城市南台箱包市场	69	大连金玛商城
20	沈阳南塔鞋城	70	沈阳东北陶瓷城
21	大连长兴购物中心	71	辽宁辽河油田康达实业集团有限公司钻井市场
22	大连水产品交易市场	72	哈尔滨北环商城
23	牡丹江绥阳黑木耳批发大市场	73	沈阳辽中县茨榆坨镇轻工市场
24	白山市抚松长白山人参市场	74	凌源市花卉市场
25	哈尔滨工程大学科技园船舶电子大世界	75	沈阳市金山建材市场
26	沈阳拆迁物资市场	76	沈阳新塔湾钢材市场
27	沈阳温州城商品交易市场	77	葫芦岛市玉皇商城装饰城
28	沈阳五金城（沈阳股份有限公司）	78	哈尔滨市旧机动车交易中心
29	长春科技城	79	哈尔滨红旗家装饰城
30	长春远东商品批发市场	80	长春吉盛伟邦家居广场
31	鞍山宁远钢材市场	81	沈阳市康平农贸大厅
32	四平公主岭市温州商城	82	沈阳市北市花鸟鱼市场
33	沈阳东北通讯市场	83	锦州凌海市建业乡唐家蔬菜批发市场
34	沈阳西湖市场	84	沈阳新民市公主屯鲜蛋交易市场
35	黑龙江省哈尔滨新胜蛋禽批发市场	85	沈阳二手车交易市场
36	沈阳东贸装饰材料市场	86	大连商业城
37	哈尔滨二三五处钢材市场	87	盘锦市兴隆台区环球电子商贸中心
38	长春蔬菜中心批发市场	88	哈尔滨香坊粮食物流中心
39	吉林市江山商业园	89	齐齐哈尔市哈达农副产品综合市场
40	大连旧机动车交易市场	90	阜新市瑞轩蔬菜农副产品综合批发市场
41	中国家具城（沈阳）	91	牡丹江绥芬河市青云经贸有限公司青云市场
42	东北土特产品交易中心（铁岭）	92	佳木斯市蔬菜副食品批发市场
43	哈尔滨哈达农副产品市场	93	大庆市农副产品综合批发大市场
44	长春钢材中心交易市场	94	通化市东昌区综合大市场
45	沈阳市于洪区东湖市场	95	长春长客隆批发市场
46	沈阳张士农副产品市场	96	通化市集安市清河人参交易市场
47	大商集团股份有限公司贸易大世界	97	沈阳东行家私城
48	营口市东升市场	98	沈阳果品批发市场
49	沈阳金马鞋城	99	辽宁省大连海洋渔业集团公司水产品交易中心
50	沈阳北陵废旧金属市场	100	大连开发区农副产品批发市场

3-53 中部地区前100家商品交易市场

序号	市场名称	序号	市场名称
1	安庆市光彩大市场	51	孝感市孝南区经济开发区南大水产水果批发市场
2	南昌市洪城大市场	52	河南科技市场（郑州）
3	安徽省徽商钢材市场	53	湖南汽车城（长沙）
4	运城经济开发区禹都市场	54	株洲市中南金属物流大市场
5	洛阳市洛龙区关林市场	55	安徽白马服装城（合肥）
6	湖南钢材大市场（长沙）	56	河南省开封市禹东蔬菜农产品批发市场
7	武汉白沙洲农副产品大市场	57	郑州银基商贸城
8	商丘农产品中心批发市场	58	许昌长葛市九鼎美达建材市场
9	中国（十堰）汽配城	59	长沙国储电脑城
10	合肥周谷堆农产品批发市场	60	宣城市广德县农贸市场
11	湖南省三湘南湖大市场（长沙）	61	湖北省金属材料交易市场（武汉）
12	中南汽车世界大中南汽车贸易公司	62	宜春市赣西农副新产品批发市场
13	安徽合肥信地大市场	63	荆州市洪城商港（荆州市洪泰置业投资有限公司）
14	南昌深圳农产品中心批发市场	64	河南中博家具中心（郑州）
15	湖北荆州蓝特商业城（蓝特集团有限公司）	65	株洲市杉木塘钢材市场
16	湖南高桥大市场（长沙）	66	临汾市尧都区奶牛场尧丰农副产品批发市场
17	长沙市红星实业集团有限公司农副产品大市场	67	南方粮食交易市场（九江）
18	亳州（中国）中药材交易中心	68	湘潭市长株潭大市场
19	许昌长葛市新区钢材市场	69	商丘市睢阳区港澳大世界
20	赣州市赣南贸易广场	70	宣城市广德县太极商城
21	江西钢材大市场（南昌）	71	怀化市河西建材市场
22	九江市京九农副产品中心批发市场	72	上饶市信州区江南商贸城
23	湖北黄冈市黄梅市场	73	武汉华南海鲜水产品市场
24	吉安农产品批发市场	74	太原市河西农产品市场
25	河南汽车配件物流贸易园	75	商丘创世钢材市场
26	淮南市淮矿物流大市场	76	九江市华东装饰材料市场
27	武汉竹叶山汽车市场	77	吉首市雅溪民营小区（湘西）
28	邵东县工业品市场（邵阳）	78	长沙马王堆陶瓷建材城
29	阜阳市皖西北商贸城	79	长沙中南二手车市场
30	河南周口市荷花市场	80	武汉市舵落口大市场
31	安徽省铜商品市场	81	安徽江南第一茶市
32	合肥国强钢材交易中心	82	长治市紫坊农产品综合交易市场
33	宜昌金东山市场	83	马鞍山市安民农副产品批发交易中心
34	长沙马王堆蔬菜批发市场	84	长沙市设备交易中心
35	赣州市龙都商城	85	亳州蔬菜批发市场
36	江西省装潢建材大市场（南昌）	86	武汉长空机械总厂旧车交易市场
37	武汉市琴台钢材市场	87	武汉万商白马服装交易中心市场
38	武汉万吨冷储物流有限公司	88	萍乡市安源春蕾农副产品市场
39	太原市和平北路兴业钢材市场	89	怀化市中心市场
40	中国郑州汽配大世界	90	武汉竹叶山钢材市场
41	中储发展股份有限公司洛阳分公司	91	阜阳市瑶海农产品市场
42	合肥市庐阳区城隍庙市场	92	江西联信大市场
43	襄樊华中光彩大市场（湖北百盟投资集团有限公司）	93	巢湖亚父农副产品批发市场
44	安徽国际汽车城（合肥瑶海实业集团公司）	94	中南汽车世界汽配五金机电城（长沙）
45	长沙万家丽家居建材市场	95	淮南市安成鑫海农产品批发市场
46	郑州市农产品物流配送中心	96	许昌禹州市中药材市场
47	郑州市陈砦花卉市场	97	郑州桑园兽药饲料批发市场
48	合肥漕冲糖酒批发市场	98	武汉多福家电专业市场
49	常德市鼎城武陵镇桥南市场	99	洛阳市涧西区上海市场
50	阳泉盂县煤炭运销公司发运站市场	100	南昌市南昌县小蓝禽蛋批发市场

3-54　西部地区前100家商品交易市场

序号	市场名称	序号	市场名称
1	重庆朝天门市场	51	乌鲁木齐北园春（集团）有限责任公司农产品中心批发市场
2	重庆市观音桥农贸市场	52	柳州市柳邕农副产品批发市场
3	云南省钢材市场（昆明）	53	通辽市团结路贸易区
4	南宁市虎邱城北钢材市场	54	重庆恒胜钢材市场
5	柳州市生产资料大市场	55	重庆龙文金属材料加工物流中心
6	重庆绿云石都建材交易市场	56	桂林市联坤商贸开发有限公司柳州西环装饰建材市场
7	重庆恒冠物流有限公司	57	重庆市万州区小天鹅批发市场
8	成都市九龙广场	58	乌鲁木齐北园春（集团）有限责任公司北园春市场
9	重庆巨龙钢材市场	59	重庆马家岩大川建材市场
10	贵阳市西大市场	60	新疆赛博特国际汽车城
11	西安市新城区康复路工艺品批发市场	61	甘肃省武山洛门森源蔬菜果品市场
12	重庆铠恩国际家居名都市场	62	重庆老顶坡汽摩综合市场
13	包头鹿畅达物流有限责任公司	63	重庆大足县西部金属交易城
14	南宁市荣宝龙钢材市场	64	南宁农业市场
15	成都龙泉聚合（国际）果蔬交易中心	65	成都国融金府机电城
16	重庆万吨冷储物流市场	66	重庆大足县龙水五金城
17	贵阳市机动车交易市场	67	西安西北商贸中心
18	新疆边疆宾馆商贸市场（乌鲁木齐）	68	达州市塔沱农副产品综合批发市场
19	兰州市西北物资市场	69	重庆泰兴通信电脑市场
20	四川三联家禽批发市场	70	甘肃省食品股份有限公司肉食水产批发市场
21	包头市钢材市场	71	兰州东部品牌服饰广场
22	新疆钢材加工配送中心（乌鲁木齐）	72	四川省成都木材综合工厂府河桥市场
23	成都农产品中心批发市场	73	新疆乌鲁木齐亚中机电市场
24	成都西部汽车城	74	通辽经济技术开发区木材市场
25	重庆外滩摩配交易市场	75	绵阳市高水农副产品批发市场
26	成都富森美家居置业广场	76	重庆市万州商贸城
27	重庆马家岩板材批发市场	77	包头市东河区太平寺商业城
28	宁夏昆仑建材市场	78	内蒙古呼和浩特市东瓦窑农贸市场
29	通辽经济技术开发区煤炭市场	79	西安朱雀农产品市场
30	贵阳东方金属材料交易中心	80	锦绣康复路鞋业批发市场（西安）
31	成都荷花池市场	81	柳州商港市场
32	成都市金府五金机电交易市场	82	西安市新城区万寿路药材市场
33	乌鲁木齐西部边贸城	83	重庆大足县龙水废金属市场
34	成都坤泽物流有限公司	84	通辽市科左中旗舍伯吐镇成峰牲畜交易市场
35	贵阳海恒农副产品批发市场	85	昆明骏骐干菜副食粮油批发市场
36	陕西西北轻工业批发市场（西安）	86	重庆市永川区商贸城
37	重庆金属材料现货交易市场	87	重庆万州区宏远批发市场
38	昆明斗南花卉市场	88	柳州顺达通综合批发市场
39	广西南宁淡村商贸城	89	重庆泰华牧业（集团）有限公司西部饲料兽药市场
40	四川好一新商贸城有限公司	90	成都西部化工市场
41	中国西部鞋都交易城（重庆）	91	广西南宁电子科技广场
42	成都万贯五金机电市场	92	西安粮油批发交易市场
43	云南昆明龙城农产品市场	93	兰州钢材交易市场
44	南宁市桂果香果品有限公司五里亭蔬菜批发市场	94	吐鲁番市盛达商贸有限公司
45	成都市农副产品批发中心	95	重庆旧车交易市场
46	咸阳新阳光农副产品市场	96	巴中市西城市场
47	贵阳市五里冲农副产品批发市场	97	内蒙古呼和浩特市润宇装饰城市场
48	成都市量力钢材物流中心	98	重庆市西三街水产品市场
49	甘肃兰海物流股份有限公司	99	赤峰市同兴市场
50	宁夏西夏建材城	100	南宁市武鸣县标营果菜批发市场

附录 主要统计指标解释

附录：主要统计指标解释

一、主要统计指标及市场分类

1. 亿元以上商品交易市场 指年成交额在亿元及以上的商品交易市场。商品交易市场是指经有关部门和组织批准设立，有固定场所、设施，有经营管理部门和监管人员，若干市场经营者入内，常年或实际开业三个月以上，集中、公开、独立地进行生活消费品、生产资料等现货商品交易以及提供相关服务的交易场所，包括各类消费品市场、生产资料市场等。

2. 营业状态 按照市场营业时间的连续性分为常年营业、季节性营业和其它等三种状态。常年营业指不受季节、时间等因素的影响，全年均营业的市场；季节性营业市场指受季节因素影响，全年间断营业的市场，如旅游旺季营业的交易市场等；其它市场指上述以外的其它营业状态的交易市场。

3. 经营方式 指市场直接从事商品流通的买卖形式，包括批发和零售两种方式。批发市场指专门从事批发业务活动或以批发业务为主的交易市场。零售市场指专门从事零售业务的活动，并直接向城乡居民销售日用消费品、农产品和农业生产资料的零售市场，或以零售业务为主，同时兼批发业务的交易市场。

4. 经营环境 指各市场经营场所具备的基本条件，分露天式、封闭式和其它。露天式市场指市场摊位完全在室外，或 70%以上的摊位在室外，包括柜台式市场及无设施市场；封闭式市场指市场摊位完全在室内（包括平房和楼房）；其它市场指上述以外的其它经营环境的交易市场。

5. 年末出租摊位数 指该市场年末实际出租的摊位数。

6. 成交额 指该市场所有摊位的全年商品交易额之合计。

7. 市场类别 指根据商品交易市场经营商品类别进行分类，包括综合市场和专业市场两大类。

8. 综合市场 指经营生产资料、工业消费品、农产品等多种商品的综合性现货商品交易市场。

9. 综合贸易市场 分为生产资料综合市场、工业消费品综合市场、农产品综合市场及其它综合市场。

—生产资料综合市场 指经营两类或两类以上生产资料的交易市场，包括工业生产资料交易市场、农业生产资料交易市场，交易对象主要是生产经营者，市场内摊位成交额主要集中在生产资料商品。

—工业消费品综合市场 指经营两类及两类以上工业消费品的交易市场，交易对象主要是商品使用者和消费者，市场内摊位主要经营食品、服装、日用品等商品。

—农产品综合市场 指经营两类及两类以上农产品的交易市场，交易对象主要是商品使用者和消费者。

—其它综合市场 以上未列明综合性现货商品交易市场。如果市场中农产品和工业品混杂经营，成交额难以分清主次的，市场类别应为其它综合市场。

10. 专业市场 指主要进行某一领域商品的交易活动的现货市场。根据所经营的商品类别，分为12 类专业市场。专业市场类别应根据摊位交易情况确定，即经营某类商品的摊位成交额超过总成交额的 60%，市场则确定为相应的专业市场。

（1）**生产资料市场** 主要经营某类生产资料的交易市场。

—农业生产用具市场 经营半机械化农机具及其配件、中小农具、园艺工具等为主。

—农用生产资料市场 经营农用生产资料为主，如农药、化肥、农膜、农用温室玻璃、园艺工具等。

—煤炭市场 经营煤炭及制品为主。

—木材市场 经营木、竹采伐产品和木材、竹非生活制品为主。

—建材市场 经营建筑材料、保温材料、玻璃制品等建筑施工用材为主，主要面向建筑设施的施工企业。

—化工材料及制品市场 经营生产经营用化工材料及制品为主。

—金属材料市场 经营各种黑色金属材料和有色金属材料为主。

—机械电子设备市场 经营机械设备、电子产品和仪器为主，面向生产经营单位。

—其它生产资料市场 以上未列明的生产资料专业市场。

（2）农产品市场 指主要经营某一类农产品的交易市场。

—粮油市场 经营谷物、大豆、玉米、食用油为主。

—肉禽蛋市场 经营肉禽蛋为主。

—水产品市场 经营水产品为主。

—蔬菜市场 经营蔬菜为主。

—干鲜果品市场 经营干鲜果品为主。

—棉麻土畜、烟叶市场 经营棉麻、土特产品、种畜、种禽、耕畜、烟叶为主。

—其它农产品市场 以上未提及的或经营两种以上农产品的农产品专业市场。

（3）食品、饮料及烟酒市场 指主要经营食品、饮料及烟酒等商品的交易市场。

—食品饮料市场 经营食品、饮料为主。

—茶叶市场 经营茶叶为主。

—烟酒市场 经营烟酒为主。

—其它食品饮料及烟酒市场 以上未提及的或主要经营两类以上食品、饮料及烟酒商品的专业市场。

（4）纺织、服装、鞋帽市场 指主要经营布料及纺织品、服装、鞋帽等商品的交易市场。

—布料及纺织品市场 经营布料及纺织品为主。

—服装市场 经营服装为主。

—鞋帽市场 经营鞋帽为主。

—其它纺织服装鞋帽市场 以上未提及的或主要经营两类以上纺织、服装、鞋帽商品的专业市场。

（5）日用品及文化用品市场 指主要经营各类日用品及文化用品等商品的交易市场。

—小商品市场 经营日用小百货为主。

—箱包市场 经营箱包为主。

—玩具市场 经营玩具为主。

—文具市场 经营文具为主。

—图书、报刊杂志市场 经营图书、报刊杂志为主。

—音像制品及电子出版物市场 经营音像制品及电子出版物为主。

—体育用品市场 经营体育用品为主。

—其它日用品及文化用品市场 以上未提及的或经营两类以上日用品及文化用品的专业市场。

（6）黄金、珠宝、玉器等首饰市场 指主要经营黄金、珠宝、玉器等首饰的交易市场。

（7）电器、通讯器材、电子设备市场 指主要经营电器、通讯器材、电子设备等商品的交易市场。

—家电市场 经营家电为主。

—通讯器材市场 经营通讯器材为主。

—照相、摄像器材市场 经营照相、摄像器材为主。

—计算机及辅助设备市场 以经营计算机及其配件、计算机辅助设备为主。

—其它电器、通讯器材、电子设备市场 以上未提及的或主要经营两类以上电器、通讯器材、电子设备商品的专业市场。

（8）医药、医疗用品及器材市场 指主要经营药材、中西药品、医疗器械等商品的交易市场。

—中药材市场 经营中药材为主。

—其它医药、医疗用品及器材市场 中药材专业市场以外的医药、医疗用品及器材专业市场。

（9）家具、五金及装饰材料市场 指主要经营家具、五金电料、各种家居装修装饰材料等商品的交易市场。

—家具市场 经营家具为主。

—装饰材料市场 经营装饰材料为主。

—灯具市场 经营灯具为主。

—厨具、盥洗设备市场 经营厨具、盥洗设备为主。

—五金材料市场 经营五金材料为主。

—其它家具、五金及装饰材料市场 以上未提及的或主要经营两类以上家具、五金或装饰材料商品的专业市场。

（10）汽车、摩托车及零配件市场 指专门从事新、旧机动车辆及其零配件交易的市场。

—汽车市场 经营汽车为主，包括新车市场和旧车市场。

—摩托车市场 经营摩托车为主。

—机动车零配件市场 经营机动车零配件为主。

（11）**花、鸟、鱼、虫市场** 指主要经营花、鸟、鱼、虫等商品的交易市场。

—花卉市场 经营鲜花、苗木及其制品为主。

—鸟市场 经营鸟类商品为主。

—观赏鱼市场 经营观赏鱼类商品为主。

—其它花鸟鱼虫市场 以上未提及的或主要经营两类以上花鸟鱼虫商品的专业市场。

（12）**旧货市场** 指经营各类旧货商品的交易市场。

—古玩、古董、字画市场 经营古玩、古董、字画商品为主。

—邮票、硬币市场 经营邮票、硬币商品为主。

—其它旧货市场 以上未提及的或主要经营两类以上旧货商品的专业市场。

（13）**其它专业市场** 以上未提及商品的专业市场。

二、商品分类及解释

1.**粮油、食品、饮料、烟酒类** 指供人们食用的各种粮油食品、饮料、酒和烟草加工品。

（1） **粮油、食品类** 指供人们食用的各种食品，如粮油、肉禽蛋、水产品、干鲜蔬果、食糖、糖果糕点、豆制品、滋补食品、食盐、调味品、罐头食品、奶及奶制品及其他食品加工制品等。

—粮油类 指供人们食用的粮食和食用油。其中：

粮食，包括小麦、稻谷、玉米、豆类、杂粮及其成品粮、磨粉、淀粉及其制品等；

淀粉及其制品，包括粉皮、粉丝、粉条、淀粉等；

食用油，包括食用植物和动物油等。

—肉禽蛋类 指供人们食用的肉类、禽类、蛋类商品。其中：

肉类，指供食用的活猪、活牛、活羊、家兔及其鲜（冻）肉和肉制品（不含各种肉罐头，统计在“粮油、食品类”）；

禽类，指供人们食用的活鸡、活鸭、活鹅和其他人工饲养的活禽类及其鲜（冻）、腌制和卤熟制品；

蛋类，指鸡、鸭、鹅和其他禽类的鲜蛋、再制蛋。

—水产品类 指各种海水、淡水产的鲜的或干的鱼、虾、蟹、藻类、贝类、软体类、腔肠类等水产品。

—蔬菜类 指各种新鲜的蔬菜，包括各种叶菜、茎菜、根菜、花菜、果菜以及各种食用菌等。

—干鲜果品类 包括新鲜瓜果、干果及蜜饯果脯等干鲜果。

（2）**饮料类** 指供人们食用的各种饮料，包括液体型饮料，如汽水、果菜汁、矿泉水等； 冷冻饮品；固体饮料；茶叶、咖啡、可可和其他饮料。

（3）**烟酒类** 包括酒和烟草加工品。酒，包括白酒、啤酒、黄酒、果露酒等。烟草加工品，包括卷烟、雪茄烟、烟丝、莫合烟、鼻烟等烟草加工品，不包括烤烟、晒烟等烟草加工原料（统计在“其他类”）。

2.**服装、鞋帽、针纺织品类** 指服装、鞋帽、针织品和纺织品的集合。

（1）**服装类** 指以棉布、棉化纤混纺布、化纤布、麻布、呢绒、绸缎、裘皮、化纤针织面料等为原料缝制的各种男、女、成人、儿童的单、夹、棉、皮等各种服装（包括内衣裤、外衣裤、衬衣、衬裤、胸罩、裙子等），包括以毛线、丝线、麻线和各种混纺线编织的各种服装，如毛衣、毛衫、毛裤。

（2）**鞋帽类** 鞋，指皮鞋、胶鞋、布鞋和全塑料鞋等，包括各种材料制作的靴子、凉鞋、便鞋、拖鞋、运动鞋、旅游鞋、春秋鞋等；帽，指各种面料、各种款式的男、女、童、婴儿帽子。

（3）**针、纺织品类** 针织品，指纯棉、纯化纤、化纤与棉（包括短涤纶）混纺的针棉织品、毛毯、线毯、地毯、毛巾、毛线、毛织物等纯纺、纯化纤、混纺针织品及化纤针织面料；纺织品，指布（包括棉布、棉花化纤混纺布、化纤布等外棉棉布、玻璃纤维布、再生纤维布、野杂纤维布、土纺布、无纺布、漆布等），呢绒（包括涤纶混纺物），绸缎，麻布，纱类（包括棉纱、等外棉棉纱、玻璃纤维纱、再生纤维纱、野条纤维纱、废纱、土纱、麻绒等纺织品）。针、纺织品包括除服装外的制成品，如床上用品、袜子、针纺织手套、窗帘等。

3.**化妆品类** 指洁肤护肤美容用品、洁发护发美发用品、药物美容美体用品等。

洁肤护肤美容用品，包括洁面乳、霜、油等洁肤用品，霜、香脂、乳液、润肤油、爽身粉等护肤品，香粉（粉饼）、胭脂、唇膏、眼影、眉笔、指甲油、各种化妆盒、假发等美容品；

洁发护发美发用品，包括洗发香波、洗发膏、洗发精、浴液、剃须膏、发油、发露、发腊、发宝、营养发水、护发素、发胶、摩丝、各种染发剂等；

药物美容美体用品，包括花露水、腋下香、香水、防秃生发水、浓眉露、止痒水（粉）、祛斑霜、粉刺露、防晒剂、痒子粉（水）、减肥霜等；其他化妆用品。

4. 金银珠宝类 指以金、银、铂等金属及钻石、宝（玉）石、翡翠、珍珠、水晶、象牙、骨角等为原料，经加工和连接组合、镶嵌等方法，制成各种图案造型的装饰品、饰品、工艺品等。包括首饰，如项链、戒指、耳环、手镯、脚链、挂件、别针、发卡等，珠宝饰品，如宝（玉）石、宝（玉）石饰品、钻石镶嵌、珍珠镶嵌以及其他金银珠宝饰品等。

5. 日用品类 指日用金属制品、日用搪瓷制品、日用塑料制品、天然皮革和人造皮革制品、玻璃器皿、日用百货、燃气灶具、儿童玩具、日用化工产品、照明器具、日用杂品、钟表眼镜及配件、各种工艺品、烟花炮竹、人力或助动车类及配件等。其中：

日用金属制品，包括精铝、铸铝、铝合金家用器皿，不锈钢制餐具，家用厨房用具及其他不锈钢制器皿等，不包括工业建筑的通用金属器皿（统计在“金属材料类”）；

日用搪瓷制品，包括单瓷、双瓷的面盆、口杯及其他搪瓷制品等，不包括工业建筑的通用搪瓷制品（统计在“建筑及装潢材料类”）；

日用百货，包括如缝纫机、保温瓶、雨衣、理发用具、剃须刀具、火柴、打火机、电池、腰带、刀、剪、锁、钳、卫生纸、卫生巾等；

日用化工产品，包括洗涤用品、杀虫剂、花肥等；

燃气灶具，包括燃气热水器、各种灶具等；

照明器具，包括各种灯具、灯泡、灯管、手电筒等；

日用杂品，包括铁锅、笼屉、瓷碗、碟等餐具和炊事用具，竹、木、藤、柳编制品，炉子、烟筒和取暖设备等；

钟，包括各种机械、石英电子的闹钟、挂钟、座钟等，表包括各种机械、石英电子手表、怀表、秒表、其他表、钟表零配件等，眼镜包括成品眼镜、眼镜架、眼镜片、眼镜毛坯、眼镜零配件等；

各种工艺品，包括雕塑工艺品、人造花卉、天然植物和纤维编织工艺品、刺绣工艺品、抽纱工艺品等，其中，雕塑工艺品包括玉雕、牙雕、金属工艺品、漆器工艺品、画类工艺品等，天然植物、纤维编织工艺品包括竹编工艺品、藤编工艺品、草编工艺品等；

人力或助动车类及配件，包括自行车、助动自行车、三轮车、残疾人座车（无论是否装有发动机）、婴儿推车和手推车等及配件。

（1）洗涤用品类 包括洗衣粉、肥皂、香皂、浴皂、药皂、牙膏及各种清洁洗涤剂（膏、液、粉）等日用洗涤用品。

（2）儿童玩具类 包括各种材质制作的玩具。

6. 五金、电料类 指五金工具、电工工具、工具配件、水暖器材、各种专用工具、五金杂品等，以及木瓦工具、电工电讯器材及配件等各类商品，如各种榔头、钳子、扳手、锉刀、泥刀、自来水管、各种水龙头、暖气片、阀门、螺丝、螺母、水表、电表、插座、插头、开关、电线、铁丝、镇流器、灯架、灯罩等。

7. 体育、娱乐用品类 指体育用品、健身器材、游艺器材、棋牌、戏装道具、乐器、照相器材及用品等。其中：

体育用品，包括球类、球类器材、体操运动器材、举重运动器材、田径运动器材、水上运动器材、冰雪运动器材、射击、射箭、击剑器材、场地器材、航空、航海模型材料、运动保护用具、钓鱼用具等；

健身器材，指各种用于达到锻炼身体、提高身体素质目的的器材，包括侧重于肌肉训练的，如扩胸机、举重床、自重式健力器、哑铃组合架、坐式后拉器、卧式后屈腿训练器等；包括侧重于身体素质训练的，如跑步机、健步器、骑马机、滑雪器、健骑机等以及集消除疲劳、减肥健身为一体的各种按摩机（非电动）、健腹器等；

游艺器材，包括游戏机、插卡式电脑学习机、儿童运动游艺器材等；

棋牌，包括象棋、国际象棋、围棋、克郎棋、军棋、跳棋、扑克牌、麻将牌等；

乐器，包括中西乐器、电子乐器、乐器辅助用品及配件，如钢琴、提琴、手风琴、吉他等；

照相器材，包括摄影用品、暗房用品、修相用品和其他照相器材，如摄影用品，包括照相机、座机、外拍机、胶卷胶片、相纸、放大机、照相镜头、摄像灯具照相零配件及其他摄影用品，上光机、反拍机、翻版机、冲片机等，修相油、上光用品、修底版用具等，洗相药品，如显影液、定影液等，不包括X光胶片和工业胶片（统计在“化工材料及制品类”）。

8. 书报杂志类 指各种以纸介质形态出版发行的中外文的书籍、工具书、课本、教材、图片、报纸和杂志等。

9. 电子出版物及音像制品类 指电子出版物和音像制品。其中：

电子出版物，指以数字方式将图文音像等信息编辑加工后存储在磁、光、电介质上，通过计算机或者具有类似功能的设备读取使用，用以表达思想、普及知识和积累文化，并可复制发行的大众传播媒介，其媒体形态包括软磁盘（FD）、只读光盘（CD-ROM）、交互式光盘（CD-Ⅰ）、照片光盘（PHOTO-ROM）、高密度只读光盘（DVD-ROM）、集成电路卡（IC CARD）等，及其他媒体形态；

音像制品，指各种磁、光、电介质的录音、录像的磁带、光盘（CD、LD、VCD、DVD）等，包括各种空白的录音带、录像带、光盘。

10. 家用电器和音像器材类 指洗涤电器、制冷电器、清洁电器、小家电、家用厨房电器具、家用保健电器和各类音像器材等。其中：

洗涤电器，包括洗衣机、甩干机等；

制冷电器，包括电冰箱、电冰柜、房间空调器等；

清洁电器，包括吸尘器、加湿器、空气净化器等；

小家电，包括电熨斗、电风扇、电淋浴器等；

家用厨房电器具，包括食品加工机、抽排油烟机、微波炉、电饭煲、电烤箱、洗碗机、消毒柜等；

家用保健电器，包括电取暖器、电动按摩器等；

音像器材，包括电视机、录音机、录像机、摄像机、收音机、幻灯机、组合音响、影碟机（LD、CD、VCD、DVD等）、专业音响器材、专业声像器材以及配件等，不包括照相器材及用具（统计在“体育、娱乐用品类”）。

11. 中西药品类 指人用各种中西药品、中药材以及各种小型医疗用品、敷料，不包括医疗用的各种大型设备，如CT机，核磁共振器等和兽用的各种药品、医疗器材（统计在“其他类”）。

（1）西药类 指以化学物质为原料根据药典或处方生产的用于预防、治疗、诊断人体的疾病，有目的地调节人体的生理机能并规定有适应症、用法和用量的物质，包括化学药品制剂、放射性药品、血清疫苗、血液制品和诊断药品等，但不包括化学试剂（统计在“化工材料及制品类”）。

（2）中草药及中成药类 指以天然的活性物质群为原料，根据中医药典或处方生产或配置，用于预防、治疗人体的疾病，有目的地调节人体的生理机能并规定有适应症、用法和用量的物质。包括中药材、中药饮片、中成药。其中：

中药材，指在自然界中天然生长或人工种植、养殖、采掘的可用于加工中药饮片和中成药的物质，包括各种植物、动物、矿物等；

中药饮片，指以中药材（包括各种药用植物、动物、矿物）为原料用于预防、治疗人体的疾病，有目的地调节人体的生理机能并规定有适应症、用法和用量的物质；

中成药，指以中药材（包括各种药用植物、动物、矿物）为原料根据药典或处方生产的用于预防、治疗人体的疾病，有目的地调节人体的生理机能并规定有适应症、用法和用量的制剂，包括各种剂型（丸、散、膏、丹、胶、药酒、露、冲剂及改良剂型）的中成药。

12. 文化办公用品类 指学习用品、办公用品和计算机及其配套产品。其中：

学习和办公用品，包括学习和办公用的纸张、本册、打字机、油印机、速印机、复印机、计算器、快译通、电子笔记本、算盘、文具、普通测绘仪器、印刷材料以及教学用的设备、器材、标本、模型等；

计算机及其配套产品，包括CPU在80186以上的大、中、小、微型、便携式电子计算机（包括多媒体计算机）和计算机的辅助设备，如服务器、打印机、扫描仪、不间断电源、多媒体配件、专用设备和零配件，计算机用键盘、鼠标、网卡、U盘、内存条、软盘、磁带、打印机用纸、色带、墨盒、硒鼓等，不包括单板机、插卡式电脑学习机（统计在“体育、娱乐用品类”），也不包括各种电子计算机软件（统计在“电子出版物及音像制品类”，随机附赠品除外）。

13. 家具类 指用木材、金属、塑料、藤、竹等为主要原料制成的供人们生活、学习、工作、休息用的各种普通家具和具有特定用途的专用家具，包括家用就寝、就餐、起居、书房使用的床、柜、箱、架、沙发、桌、椅、凳、茶几、屏风，以及成套或组合家具，也包括医院、学校、图书馆、旅游、办公等专用的办公桌椅、文件柜、书柜等家具。

14. 通讯器材类 指有线、无线通讯使用的各种器材和设备，包括电话机（普通电话机、无绳电话机、移动电话、小灵通等）、对讲机、寻呼机、传真机等以及配套产品。

15. 煤炭及制品类 包括原煤、煤炭和煤制品，如洗煤、筛选块煤、筛选混煤及混末煤、焦炭、石油焦、半焦、煤饼（块）、煤球等。

16. 木材及制品类 指木、竹采伐产品和木材、竹非生活制品等。此类商品销售一律按批发计算。其中：

木、竹采伐产品，包括原木、小规模木材、薪炭木材、毛竹、篙竹等；

木材、竹非生活制品，包括锯材、板材、人造板、木材防腐制品，木、竹工业、建筑业用品，藤、棕、柳条工业制品等。

17. 石油及制品类 包括原油、炼厂气体、汽油、煤油、柴油、燃料油、工业燃料、溶剂油、润滑油、石蜡、地腊、专用腊、凡士林、洗涤剂原料、石油腊类、石油沥青、标准油、白色油、软麻油、原料油、润滑脂、石油酸、石油皂、液化石油气等。

18. 化工材料及制品类 指化学矿采选品、化工产品、橡胶制品、塑料制品等。此类商品销售一律按批发计算。其中：

化学矿采选品，包括硫铁矿、磷矿、硼矿、钾矿、天然硫磺、钙芒硝矿、芒硝矿、蛇纹矿、天然矿、重晶石、督重石、天青石、雄黄石、明矾石等；

化工产品，不包括日用化工产品（统计在“日用品类”或“化妆品类”），包括无机化学品、化学肥料、化学农药、有机化学品、颜料、染料、催化剂、助剂、添加剂、粘合剂、高分子聚合物、信息用化学品、化学试剂、X光胶片、工业用胶片等；

橡胶制品，不包括日用橡胶制品（统计在“日用品类”），包括如橡胶运输带、橡胶类传输带、橡胶三角带、橡胶风扇带、橡胶胶管、再生胶、橡胶导风管、橡胶浮筒、橡胶杂品、乳胶制品、橡胶密封制品、特种橡胶制品、软胶壳、微孔橡胶隔板、胶绳、胶筋、胶液、密封腻子等；

塑料制品，不包括日用塑料制品（统计在“日用品类”），包括塑料薄膜、塑料板材、塑料管、塑料棒、塑料异型材、塑料丝、塑料人造革、塑料合成革、泡沫塑料、塑料工业配件、塑料包装箱及容器等塑料原料。

——化肥类 指氮肥、磷肥、钾肥、复合肥，不包括家庭使用的花肥（统计在“日用品类”）。此类商品销售一律按批发计算。其中：

氮肥，包括液氮、尿素、硝酸铵、氯化铵、硫酸铵、氨水等；

磷肥，包括重过磷酸钙、普通过磷酸钙等；

钾肥，包括氯化钾、硫酸钾、窑灰钾、钾镁肥等；

复合肥，包括氮磷肥、氮钾肥、磷钾肥、氮磷钾肥、硝酸磷、氮钾混合肥、铵磷钾、磷酸铵等。不包括磷矿粉肥和“土法”生产的各种化学肥料，如硫磺脚渣提炼的硫磺铵、硝酸钾、土制过磷酸钙和磷酸钾，也不包括微量元素的化学肥料（如钾酸铵）。

19. 金属材料类 指黑色金属矿采选品和黑色金属冶炼及其压延产品、有色金属矿采选产品和有色金属冶炼及其压延产品。此类商品销售一律按批发计算。其中：

黑色金属矿采选品，包括铁矿石原矿、铁矿石成品矿、人造富铁矿、锰矿石原矿、锰矿石成品矿、人造富锰矿、铬矿石原矿、铬矿石成品矿等；

黑色金属冶炼及其压延产品，包括钢、生铁、铁合金、钢材、钢坯、钎子钢、轧制钢球、重熔钢、炼铁副产品、球墨铸铁、金属化球团、海棉铁、钒渣和粗末冶金原料、钢板网等；

有色金属矿采选产品，包括重有色金属矿采选产品、轻有色金属矿采选产品、贵金属矿采选产品、稀有金属矿采选产品等；

有色金属矿冶炼及其压延产品，包括有色金属矿冶炼产品、轻有色金属矿冶炼产品、稀土金属冶炼产品。稀散金属及半金属冶炼产品、高纯及超纯有色金属、重有色金属合金、硬质合金、稀有稀土金属合金、稀有放射性金属冶炼产品、重有色金属加工材、双金属材、轻有色金属加工材、贵金属加工材、稀有金属加工材、有色金属加工材、半导体材料等。

20. 建筑及装潢材料类　指非金属矿采选成品、建筑材料及其他非金属矿物制品和各种办公或家庭用的室内装饰材料等。其中：

非金属矿采选成品，包括土砂石矿品、耐火土石开采及其初加工品、工艺美术品用非金属矿、石棉、工业原料用云母、石墨、石膏、工业原料滑石、滑石粉、金刚石、水晶、冰洲石、次土、膨润土及其初加工品、长石、叶腊石、蛭石、硅线石、凹凸奉石、海泡石、浮石、沸石、珍珠岩、霞石正方岩、刚玉、硅藻石、硅石灰石等；

建筑材料及其他非金属矿物制品，包括水泥、无熟料水泥、水泥熟料、水泥混凝土制品、水泥预制构件、纤维增强水泥制品、砖、瓦、建筑砌砖、石灰、轻质建筑材料、建筑用石材加工品、建筑防水材料、建筑保温材料、建筑用玻璃制品、平板玻璃、压延玻璃、磨砂玻璃、喷花玻璃、中空玻璃、热反射玻璃、吸热玻璃、玻璃砖、泡沫玻璃、工业技术玻璃、特种玻璃、玻璃纤维及其制品，石英玻璃及其制品、光学玻璃、玻璃仪器、绝缘玻璃、玻璃保温容器（不包括日用玻璃保温容器，统计在“日用百货类”）、普通陶瓷制品（不包括陶瓷餐具，统计在“日用品类”）、工业陶瓷、高压绝缘子、低压绝缘子耐火材料制品、玻璃窑专用耐火材料、石墨及碳素制品、碳化纤维、石墨热交换器。石棉制品、云母制品、磨料和磨具、铸石、化学石膏、人造水晶、合成云母、人造金刚石、晶体材料、晶体镀膜材料等；

办公和家庭用的室内装饰材料，包括地板、地板革、墙纸、墙布、涂料、乳胶漆及各种装饰用具等，但不包括家具（统计在“家具类”）、清洁电器和家用厨房电器具（统计在“家用电器和音响器材类”）。

21. 机电产品及设备类　指普通机械、交通运输机械、电器机械及器材、电子产品及通讯设备、各种农林牧渔业机械等。其中：

普通机械，包括锅炉及原动机、金属加工机械、通用机械、铸锻件及通用零部件、工业专用设备、建筑工程机械、钻探机械等；

交通运输机械，包括铁路运输设备、飞行器、工矿设备、船舶及其辅机、摩托车，不包括汽车、汽车底盘及汽车配件（统计在“汽车类”）；

电器机械及器材，包括电机、输变电设备、电工器材等；

电子产品及通讯设备，包括雷达和无线电导航设备、通讯设备、广播电视设备、电子原件、电子器件、仪器仪表、计量标准仪具及量具、衡器，不包括家用电脑机及其各种配套产品（统计在“文化办公用品类”）、电话机、移动电话、BP机等（统计在“通讯器材类”），也不包括家用电视机、录音机、录像机、摄像机等（统计在“家用电器和音像器材类”）。

——**农机类**　指各种农林牧渔业机械。包括农机具、农药具、农用车、农用动力机械等，如拖拉机、收割机、机引犁、机引耙、机引播种机、机动三轮车、拖车、机动植保机械、机动畜牧机械、机动脱粒机、内燃发动机组、水泵、喷灌机；以及各种零配件，如电动机、柴油机、手推车车轮等。此类商品销售一律按批发计算。

22. 汽车类　指由动力装置驱动，具有四个或以上车轮的非轨道无架线的车辆及其零配件，包括汽车、汽车底盘和汽车配件等。其中：

汽车包括载货汽车、越野汽车、自卸汽车、牵引汽车、专用汽车、客车、轿车等。

23. 种子饲料类　指各种农业或公共园艺使用的种子、种苗和饲养牲畜的草料、杂粮、杂豆等，不包括家庭使用的花种、种苗等，以及人们以娱乐、休闲为目的而饲养各种动物的从专门商店购买的宠物食品（统计在“其他类”）。此类商品销售一律按批发计算。

24. 棉麻类　指棉麻产品、蚕茧等。其中：

棉，包括籽棉、细绒棉、长绒棉、絮棉、棉短绒；

麻，包括黄麻、红麻、苎麻、大麻、亚麻、剑麻；

蚕茧，包括桑蚕茧、柞蚕茧、蓖蚕茧和其他蚕茧等。

25. 其他类　指以上未包括的商品类别，如大型医疗器材，文物、古董、邮票、硬币、现代绘画作品，土特产品和畜产品、禽畜或宠物用的药品、宠物食品、花鸟鱼虫，消防器材及设施，废旧物资等。其中：

畜产品包括各种牛皮、羊皮、猪皮及其他动物皮革，以及种畜、幼畜、幼禽绒毛、羽毛、鬃毛、肠衣等。